TEACHING
ENTREPRENEURSHIP
VOLUME TWO
A Practice-Based Approach

U0368780

如何教
创业

基于实践的百森教学法

| 第二卷 |

海迪·M. 内克 (Heidi M. Neck)
美国百森商学院杰弗里·A. 蒂蒙斯创业研究教授

[美]   坎迪达·G. 布拉什 (Candida G. Brush)   ◎著
美国百森商学院富兰克林·W. 奥林创业学杰出讲席教授

帕特里夏·G. 格林 (Patricia G. Greene)
美国百森商学院荣休教授

薛红志 李华晶 陈寒松 ◎译

机械工业出版社
CHINA MACHINE PRESS

图书在版编目（CIP）数据

如何教创业：基于实践的百森教学法 . 第二卷 /（美）海迪·M. 内克（Heidi M. Neck），（美）坎迪达·G. 布拉什（Candida G. Brush），（美）帕特里夏·G. 格林（Patricia G. Greene）著；薛红志，李华晶，陈寒松译 . —北京：机械工业出版社，2023.3

书名原文：Teaching Entrepreneurship, Volume Two：A Practice-Based Approach

ISBN 978-7-111-72628-9

Ⅰ. ①如… Ⅱ. ①海… ②坎… ③帕… ④薛… ⑤李… ⑥陈… Ⅲ. ①创造教育 – 教学法 Ⅳ. ① G40–012

中国国家版本馆 CIP 数据核字（2023）第 103899 号

机械工业出版社（北京市百万庄大街 22 号　邮政编码 100037）
策划编辑：吴亚军　　　　　　责任编辑：吴亚军
责任校对：王荣庆　卢志坚　　责任印制：郜　敏
三河市宏达印刷有限公司印刷
2023 年 7 月第 1 版第 1 次印刷
185mm×260mm·16.5 印张·409 千字
标准书号：ISBN 978-7-111-72628-9
定价：79.00 元

电话服务　　　　　　　　　　网络服务
客服电话：010-88361066　　机 工 官 网：www.cmpbook.com
　　　　　010-88379833　　机 工 官 博：weibo.com/cmp1952
　　　　　010-68326294　　金 书 网：www.golden-book.com
封底无防伪标均为盗版　　机工教育服务网：www.cmpedu.com

献给世界上所有的创业教育者，

感谢你们接受"如何教"与"教什么"

同等重要的观点。

作者介绍 | About the Author

海迪·M. 内克（Heidi M. Neck）

博士、美国百森商学院杰弗里·A. 蒂蒙斯创业研究教授。她目前担任百森研究会（Babson Academy）的学术主任，该研究会是百森商学院的一个专门部门，旨在激发高校在创业教学方式和创业教育生态系统上的变革。内克创建了百森合作组织（Babson Collaborative），这是一个全球性机构会员组织，旨在提高学院和大学在创业教育方面的能力。内克还是百森创业师资研讨会（Symposia for Entrepreneurship Educators, SEE）的负责人，该项目旨在进一步培养世界各地的师资在创业教学和创业教育项目打造上的能力。在内克上述工作的基础上，百森商学院成立了百森研究会。

作为屡获殊荣的教育家，她在教学和课程设计方面的卓越表现得到了美国管理学会（Academy of Management）与美国小企业和创业协会（United States Association of Small Business and Entrepreneurship，USASBE）等国际组织的认可。由于拓展了高等教育中创业教育的前沿，舒尔茨基金会（Schulze Foundation）和创业与创新交流中心（Entrepreneur and Innovation Exchange）授予她 2016 年"年度创业教育家"奖。

内克是 USASBE 的前任主席，该协会是一家致力于推动创业教育的学术组织。她在世界各地的演讲和教学内容，主要集中于培养创业思维和倡导将创业这股积极力量作为社会变革的推动力量。除了学术职责外，她还是顾问、创业者、董事会成员和投资者。

坎迪达·G. 布拉什（Candida G. Brush）

博士、美国百森商学院富兰克林·W. 奥林创业学杰出讲席教授，百森商学院戴安娜国际研究院（Diana International Research Institute）教务长。她是创业研究的先驱之一，并开展了一项美国最早、规模最大的女性创业者研究。她跟经济合作与发展组织（OECD）、全球创业观察（Global Entrepreneurship Monitor）、高盛基金会（Goldman Sachs Foundation）合作发布研究报告，并在达沃斯世界经济论坛和美国商务部展示了她的研究工作。

布拉什教授在创业领域撰写和发表了 180 余篇文章，出版了 14 部著作（如面向创业教学师资的畅销书《如何教创业：基于实践的百森教学法》[○]等），是该领域被引用率最高的研究人员之一。她是戴安娜国际项目（Diana International Project）的联合创始人，这是一个由 600 多名研究人员组成的合作研究项目，旨在调查世界各地以成长为导向的女性创业者。2007 年，全球创业中心联盟（Global Consortium of Entrepreneurship Centers）授予布拉什 21 世纪创业学者奖（21st-Century Entrepreneurship Scholar），并于 2015 年因其对百森商学院创业研究联盟（Entrepreneurship Research Consortium）的贡献而被授予终身会员资格。她还获得了 USASBE 和国际小企业会议（International Conference on Small Business，ICSB）颁发的终身成就奖。

布拉什教授是《创业理论与实践》（*Entrepreneurship Theory and Practice*）的高级编辑，并在其他几个编辑审查委员会任职。她目前研究了初创企业的天使投资基金和女企业家的风险投资基金的融资情况。

布拉什教授曾为数百家初创企业提供咨询和建议，是 Anchor Capital Advisors 和 Clarke's Organics（多米尼加共和国）的董事会成员、波士顿港天使投资集团（Boston Harbor Angels investment group）的成员，并参与了投资组合基金 Portfolia，这是一个支持高增长女性创业者的投资基金。她曾担任百森商学院全球创业领导力（Global Entrepreneurial Leadership）副教务长和系主任。她还拥有波士顿大学的博士学位和瑞典延雪平大学的荣誉博士学位。她是挪威诺德大学博德研究生院和爱尔兰都柏林城市大学的客座教授。

帕特里夏·G. 格林（Patricia G. Greene）

博士、美国百森商学院荣休教授。2017 ~ 2019 年，她担任美国劳工部妇女局第 18 任主任；早些时候，她曾任百森商学院保罗 T. 百森创业研究讲席教授；2006 ~ 2008 年担任百森商学院教务长，2003 ~ 2006 年担任本科生院院长；1998 ~ 2003 年担任密苏里大学堪萨斯分校尤因·马里昂·考夫曼 / 密苏里创业领导力项目主席（Ewing Marion Kauffman/Missouri Chair in Entrepreneurial Leadership）；1996 ~ 1998 年担任罗格斯大学小企业和创业的新泽西地区主席（New Jersey Chair of Small Business and Entrepreneurship）。她曾是罗格斯创业管理中心的创始成员和罗格斯创业课程的协调员，在密苏里大学堪萨斯分校帮助创立了堪萨斯分校资源链接（KC SourceLink）、创业成长资源中心（EGRC）、互联网战略工作室（iStrategy Studio）、商业和信息发展小组（BIDG）以及创业效应中心（Entrepreneurial Effect）。

格林博士是高盛公司 10 000 家小企业项目（10 000 Small Business）的创始全美学术总监，领导百森商学院团队为该项目设计、开发和部署课程，培训来自美国各地参与社区大学的师资并负责质量控制系统。她还担任高盛公司 10 000 名女性项目（10 000 Women）的

○ 本书中文版已由机械工业出版社出版。

全球学术总监。她是戴安娜项目的创始成员，曾被授予SFS-NUTEK奖。她还参与撰写了有关创业教育的文章，包括《创业教育》（*Entrepreneurship Education*，与 M. Rice 合著）和《大学创业生态系统的发展：全球实践》（*The Development of University-Based Entrepreneurship Ecosystems：Global*，与 M. Fetters，M. Rice，J. Butler 合著）。

格林博士曾任联邦政府小企业管理局下属的小企业发展中心（SBA's Small Business Development Centers）国家咨询委员会成员、妇女商业研究中心（Center for Women's Business Research）董事会主席，以及国际商学院协会创业关联群体指导委员会（Steering Committee for the Entrepreneurship Affinity Group of the AACSB）联席主席。

Babson College Contributors ┆ 百森商学院的贡献者

马特·艾伦（Matt Allen），创业学副教授

拉克希米·芭拉钱德拉（Lakshmi Balachandra），创业学副教授

劳伦·贝特尔斯帕克（Lauren Beitelspacher），营销学副教授

坎迪达·G. 布拉什（Candida G. Brush），富兰克林·W. 奥林创业学杰出讲席教授

丹尼斯·J. 切鲁（Dennis J. Ceru），创业学高级讲师

勒斯·查姆（Les Charm），创业学高级讲师

安德鲁·C. 科比特（Andrew C. Corbett），Paul T. Babson 创业研究杰出教授

埃利安娜·克罗西娜（Eliana Crosina），创业学副教授

苏珊·G. 达菲（Susan G. Duffy），女性创业领导力中心执行主管

玛丽·D. 盖尔（Mary D. Gale），创业学高级讲师

威廉·B. 加特纳（William B. Gartner），Bertarelli 基金会家族创业杰出教授

布拉德利·A. 乔治（Bradley A. George），创业学副教授

贝丝·戈尔茨坦（Beth Goldstein），创业学助理讲师

帕特里夏·G. 格林（Patricia G. Greene），创业学荣誉退休教授

安东尼特·何（Antonette Ho），2017 级 MBA、创业者项目前副主管

阿莉莎·乔诺·查尔斯（Alisa Jno-Charles），创业学副教授

唐娜·凯利（Donna Kelley），自由企业研究弗雷德里克·汉密尔顿教授

菲利普·H. 金（Phillip H. Kim），社会创新领域路易斯家族杰出教授

谢里尔·凯泽（Cheryl Kiser），路易斯学院与百森社会创新实验室执行主管

黛比·克莱曼（Debi Kleiman），阿瑟·布兰克创业研究中心前执行主管

辛迪·克莱因·马默（Cindy Klein Marmer），John E. and Alice L. Butler Launch Pad 副主管

海迪·M. 内克（Heidi M. Neck），杰弗里·A. 蒂蒙斯创业研究教授

埃里克·A. 诺伊斯（Erik A. Noyes），创业学副教授

安杰拉·F. 伦道夫（Angela F. Randolph），创业学助理教授

维奇·L. 罗杰斯（Vikki L. Rodgers），数学与科学学教授

基斯·罗拉格（Keith Rollag），管理学教授

劳里·尤尼恩（Lauri Union），家族创业学院纳尔森家族执行主管

贝丝·温斯特拉（Beth Wynstra），艺术与人文学助理教授

安东·亚库申（Anton Yakushin），2008 级学生、VentureBlocks 公司 CEO

山中康裕（Yasuhiro Yamakawa），创业学副教授

安德鲁·扎卡拉基斯（Andrew Zacharakis），小约翰·穆勒创业研究教授

Contents ｜ 目录

第 1 章

导　言

作者：海迪·M.内克　坎迪达·G.布拉什　帕特里夏·G.格林

现在，我们作为教育者应该比以往任何时候更加强调释放学生的创业精神，培育学生的实践思维并营造创业实践得以发生的环境。反过来，我们的学生通过新建立的行动导向偏好、行动中学习的偏好以及对模糊性的适应，可以产生更多的创业活动。（Neck，et al.，2014，p.1）

全球各地都在呼吁更多的体验式创业教育，作为直接回应，我们于2014年出版了《如何教创业：基于实践的百森教学法》第一卷。这些呼吁主要反映了这样一种观点：要想学习创业，我们必须实际开展创业。第一卷被广泛认可，打破了销售纪录，并被译成西班牙文和中文。来自教育者的反馈绝大多数是正面的，因为该书为创业学生创造更具体验性和吸引人的学习环境提供了急需的素材。因此，不管是过去还是现在，作为创业教育者，我们最重要且最紧急的事情是不仅要关注"教什么"，而且要关注"如何教"。为此，在第一卷中，我们提出了与创业教育相关的5种关键实践——玩耍、移情、创造、试验和反思，这些实践是与学生开展创业型思维和行动直接相关联的。紧随其后，我们呈现了与这些实践密切相关的教学练习。

在我们撰写第一卷时，创业教学的另外一些方法开始逐渐站稳脚跟。这些方法建立在实际开展创业、富有创业精神地采取行动与成为富有创业精神的人等事项的重要性之上。在此期间，精益创业（Ries，2011；Blank，2013［2020］；Blank，Dorf，2012［2020］）和设计思维（Dunne，Martin，2006；Brown，2009；Sarooghi，et al.，2019）等方法开始在美国西海岸慢慢浮现。创业思维与行动（Greenberg，et al.，2011；Schlesinger，Kiefer，2012）和自律型创业（Aulet，2013）等方法开始在美国东海岸慢慢浮现。效果导向理论（Sarasvathy，2008）被全球接受，但在欧洲最为流行。我们于2014年出版本书第一卷之后所涌现的绝大部分创业教育方法的共同主题是创业需要一种"基于实践的方法，作为支持创业行动的学习模型"（Neck，et al.，2014，p.13），从而拥抱不确定性，面对模糊性时往前推进，为学习而测试，以及在实践中反思并反思实践。很振奋地看到，创业教育领域已经收敛到一个更广阔但也更强有力的实践主题上，既能指引我们这些教育工作者，也将我们区分为一个独特领域。从本书第二卷开始，内克等（2020）的获奖教材《创业学：实践和思维》第2版已被各高校广泛采用，因为该书支持将创业视为一种行为和思维，同时采用了前面提到的所有方法。我们非常高兴地承认，并不存在唯一一种讲授和学习创业的最佳方法。

自从我们首次提出创业教育的 5 种实践（玩耍、移情、创造、试验和反思，见图 1-1）以来，我们为其广泛传播而受宠若惊，为读者的反馈而振奋，并对我们自己的思想进行评估。第二卷是对第一卷的反思和扩展。第二卷的目的与第一卷完全相同：我们想要用一种基于行动的方法来推进面向所有类型学生的创业教育，这种方法建立在一组特定的实践之上。第一卷探究了 5 种实践背后的理论并提供了与 5 种实践相关的 42 个练习。在本卷中，我们将简要地重新回顾 5 种实践，介绍创业教育中的最新思想，最为重要的是提供与 5 种实践相关的 43 个新练习。我们与百森商学院的 29 名同事非常兴奋于分享另一组多样化、体验性的练习（并附详细的教学说明），帮助教育从业者利用 5 种实践来更加富有创业精神地讲授创业。此外，正如第一卷那样，本卷中的每个练习都已经被学生测试过，并且有很多练习适用于在线环境。就我们所知，没有任何学生在我们的测试中受到过伤害。

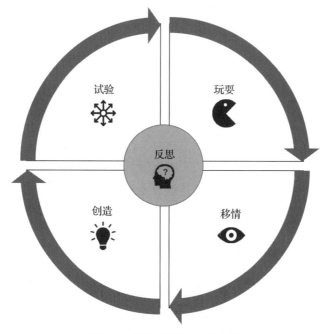

图 1-1　创业教育的 5 种实践

我们认为，自 2014 年本书第一次出版发行后，这 5 种实践的受重视程度得到了提高。当我们越来越频繁地学习并应用我们的 5 种实践，我们就越发认识到它们与培养学生的创业思维联系紧密并且贡献突出。因此，我们断定，与 2014 年相比，目前创业教育的最新研究甚至在更大程度上支持我们的成果。

1.1　创业教育与创业思维

研究已经证实，通过长时间的学习，人们可以变得富有创业精神（Busenitz，Barney，1997；Sarasvathy，2008）。但是，人们也普遍认可，新生创业者（如我们的学生）需要实践和体验才能感觉到自己富有创业精神以及构建识别机会并针对机会采取行动所需的思维模式

（Baron，Ensley，2006；Baron，Henry，2010；Cohen，et al.，2020a，2020b）。过去 7 年里的创业教育研究已经将创业思维这个概念打造为跨越商科和非商科领域的一个最为渴求的学习结果。然而，迄今为止，研究人员都未能在创业思维的单一且共同的定义和测量上达成一致意见，这也创造了一片摸索探求和学术对话的神奇沃土（Haynie，et al.，2010；Davis，et al.，2016；Neck 和 Corbett，2018；Kuratko，et al.，2020）。

斯坦福大学心理学教授卡罗尔·德韦克（Carol Dweck）是早期教育方面学生思维这一研究领域里的杰出研究者，她宣称，学生如何感知自己将显著影响他们的动机和成就（Dweck，2012）。她声称，"思维塑造了发生在人们头脑中的流水账"（Dweck，2015，p.20-24）。这种与我们如何看待世界的相关观点在这里是非常有意义的，因为这种思维框架类似于一个空白和透明的画框，是当我们在我们感知的世界中观察、解释、做出决策时所穿越的东西。因此，问题变成了：我们如何从当前的思维模式转向更富创业精神的思维模式？也许，这与其说是将创业思维视为一种具体的、可测量的状态，还不如说是关于思维转换——从思考、行动和存在的一个层次转向下一个层次。这样，一个重要的假定便是：每个学生可能有不同的起点和不同的终点。思维的变化要比是什么构成了一种切实的思维显得更加重要。由此导致的变化可能是由学生确定的感知性测量。

我们将创业思维转换概念化为学生的当前思维模式向更富创业精神的思维模式的转变，这需要练习——朝向"将找到或创造新机会的能力与基于机会采取行动的勇气组合起来的一种思考、行为和存在方式"的一场征程（Neck，et al.，2020，p.3）。尽管我们的方法因我们自己作为教育从业者的实践而演化拓展，但是学生产生思维转换的变化所必需的实践，被那些使用我们在本书第一卷中引入并在第二卷中进一步强调的基于实践的方法论的教育从业者所推动、促进。我们认为，如果教育从业者在教学中采用这 5 种实践，学生将从当前的思维方式转向更富创业精神的思维方式，接着，他们就可以开始打造针对新机会采取行动所必需的勇气和信心。

1.2　重新审视创业教育的实践[⊖]

我们将《如何教创业：基于实践的百森教学法》第一卷建立在这样一种思想之上：创业者通过实践变得富有创业精神，从而获得在高不确定性和模糊性环境下采取行动的信心与勇气。这个前提预设在第二卷中也是成立的。作为创业教育从业者，我们可以通过根植于创业教育 5 种实践的教学法（见图 1-1）来推动创业发展。每种实践都源于跨学科的可付诸行动的理论，共同构成了一种富有创业精神的思考和行动的方法，不管情境如何。

实践理论（Giddens，1984；Bourdieu，1990；Pickering，1992；Rouse，2007）源自这样一种信念，即特定类型的学习活动可以"产生对实践更丰富的理解，这些知识都是来自实践且是通过实践实现的，但不代表实践本身"（Billet，2010，p.29）。人们在创业研究中采用实践理论的兴趣越来越浓（Chalmers，Shaw，2017；Antonacopoulou，Fuller，2020；Thompson，et al.，2020），但关注点主要落在创业者如何把事情做成的有关实践上。我们的实践方法更为传统，强调为养成习惯而实践——特别是当这些习惯与建立一种更富创业精神的思维和行

⊖　本节内容是《如何教创业：基于实践的百森教学法》第一卷（Neck，et al.，2014）中各种实践的总结。

动方式相关联时。而且，我们建立在实践被定义为"构成职业的各类活动和交互行动的实施"（Billett，2010，p.22）的基础上，采用已经发现的显著的理论主题（Rouse，2007）来推动一种基于实践的创业教育方法：

1. 实践是受社会规则和规范支配的有意义的行动。
2. 实践成为文化形成的背景以及社会结构建构的平台。
3. 实践依赖于人类行动者和社会互动。通过持续的实践，可以形成扩展现有知识结构和鼓励新行动方式的习惯。
4. 实践通过共享的前提假设、概念框架、词汇或语言而创造了共享的意义（Rouse，2007）。
5. 实践在行动和思维方式上都创造了习惯。

不存在单一的创业教育实践。创业教育需要一种复杂的多学科方法，因此，我们提出的实践组合的设计目的是形成一种更为综合全面的教学方法，旨在帮助学生更富创业精神的思考和行动。因此，存在 5 种创业教育的实践：玩耍的实践、移情的实践、创造的实践、试验的实践、反思的实践。本书第一卷深入探讨了 5 种实践背后的理论，下面是对每种实践的简要回顾。

1.2.1 玩耍的实践

"玩耍是为了培养一种自由和充满想象力的思维，是可以让人们看到大量的可能性、众多的机会以及更多的创新方式的一种途径"（Neck，et al.，2014，p.25）。不仅仅是学生，我们所有人都是在高度投入时才会学得最好，而当我们在玩乐中做有趣的事情时才会高度投入。然而，有趣的事（fun）、玩耍（play）通常与高等教育没什么关联。可笑的是，玩耍和教育之间的关联被视为禁忌，以至于那些只用于教育目的的游戏被标签化为"严肃的游戏"（Abt，1970）。我们遵从 Kafai（1995）的哲学思想，即"只有当绝对严肃且非常有趣时，学习才能取得最佳效果"（p.314）。

有 3 种玩耍形式，分别代表了不同的认知水平。第一，社会戏剧型玩耍（sociodramatic play）建立在想象和幻想的基础之上。通过创造性练习最终帮助学生获得一个新颖的机会（在此练习中，平庸的创意可以转变为神奇的创意），便是一个社会戏剧型玩耍的例子。第二，功能型玩耍（functional play）要求与环境进行交互。例如，非常流行的商业模式画布（Osterwalder，Pigneur，2010）。在本书第一卷中，我们介绍了一个利用商业模式画布中 9 个模块的卡片游戏。学生小组被分配 9 张卡片，每张卡片代表了商业模式中的一个模块。要求学生在有限的时间范围内将模块从"最重要"到"最不重要"进行排序。这类卡片游戏就是一个功能型玩耍的例子，因为学生要实际移动卡片并讨论商业模式画布的每个组成部分，同时还要与其他小组争夺"正确"排序。第三，建设型玩耍（constructive play）鼓励学生提出或解决问题。本书第一卷中的"棉花糖塔"练习以及本卷中的"百森飞机制造公司"练习都是建设型玩耍的例子——学生利用各种材料来打造和测试解决方案。

这三类玩耍鼓励学生与创业概念进行实际交互，而不是消极被动地学习。吸引学生沉浸于玩耍型学习的体验中还能产生让学生逃离舒适区并克服恐惧感的神奇效果。然而，对我们而言，当我们想要在我们的课程中设计强有力的学习社区时，创业教育中使用玩耍也是为了打造一种文化。

1.2.2 移情的实践

移情是"一种社交和情感技能，帮助我们感受并理解他人的情感、境况、意图、思想和需求，这样我们就能提供敏感的、感知性的、恰当的沟通和支持"（McLaren，2013，p.11）。移情可以通过创建磨炼这种技能的体验或场景而随时间不断发展（Kouprie，Visser，2009）。普雷斯顿和德瓦尔（Preston，de Waal，2002）发现，移情随熟悉度（主体对客体的先前体验）、相似度（主体和客体的感知重叠，如物种、人格、年龄、性别）、先前经验（伴随遇险状态）和突出性（感觉信号的强度，如更大声、更近、更真实等）的上升而增强，换言之，变得善解人意需要实践。

移情实践之所以在创业教育中非常重要，有两方面的原因。第一，学生需要通过理解他们想要成为的创业者的生活来建立移情。本书第一卷中的"访谈创业者"练习帮助学生建立对一个实践创业者的移情，同时还能评估自己成为一名创业者的能力。第二，移情可以让学生为了识别尚未满足的需求（这是新产品、新服务和新组织的必要条件）而采用更加有意义和更加真正的方式与利害关系者建立联系。本卷中的"AEIOU 观察法"练习鼓励学生观察、倾听和感受特定环境中发生了什么，这种环境可能是一个杂货店、体育赛事、和平抗议，甚至是一场在线会议。设计思维在创业教育中的广泛流行（Hug，Gilbert，2017；Sarooghi，et al.，2019；Dunne，Martin，2006）恰恰说明建立移情是要包含在我们课程中的一个关键实践。IDEO 的灵感、创意和实施三阶段设计思维（Brown，2008）在本书第一卷的诸多练习中拥有一席之地。我们的读者将在本卷的练习中看到这些主题会进一步被保留。

1.2.3 创造的实践

受效果导向理论（Sarasvathy，2008）和创造力理论（Amabile，1983；Csikszentmihalyi，1996；de Bono，1985）学者的启发，创造的实践是与释放学生的创造性能力相关联的：利用手头之物生产一些有价值的东西，而不是基于他们认为自己需要的资源的限制条件而什么也不做。这种实践是多方面的，包括创造和找到机会、解决问题、搜索机会空间、产生创意以及对世界保持开放心态。萨阿斯瓦斯（Sarasvathy，2001，2008，2012）在效果逻辑上的开创性理论是最为理想的起点，因为遵循效果逻辑的创业者会创造机会，而不仅仅是找到或发现机会。开展一种创造机会的实践要基于下面的原则（Sarasvathy，2008；Dew，et al.，2009；Neck，2010；Schlesinger，Kiefer，2012）：

1. 对行动的渴望优先于一切其他事情。若没有对学习的热忱、不满足的好奇心以及不屈的精力，从长期来看很难维持并塑造机会。
2. 感到资源匮乏是对不采取行动进行合理化解释的一种轻松理由。创造要求学生从手头拥有之物而不是所需之物起步。效果逻辑理论鼓励学生回答三个基本问题："我是谁？""我知道什么？""我认识谁？"对这些问题的回答有助于学生计算他们立即启动某件事情时所拥有的资产。通过行动，资源和随后的机会将会随着时间而不断增长和变化。

3. 吸引他人加入创意（不是销售或推销）要求合作而不是竞争。分享创意并打造一个利益相关者网络将最终增加资源基础、验证创意并扩展可得的可能性。

4. 计算你采取下一步行动所愿意损失的（可承受损失）要比估计一个高度可变的内部收益率更加让人充满能量。起步阶段的小步行动不仅花费非常少（金钱、时间和声誉），而且可以塑造宝贵的自信。

5. 预期并利用失败。"失败"这个词经常在创业课堂中被忽视，但它是不可避免且必然的。从失败中学习是一种假定的事实，但是如何从失败中学习是一个困境。在创造的实践中，我们通常推荐小步行动及由此带来的小规模失败，因此从失败中学习并利用由此获得的新知识是非常重要的。[⊖]

上述 5 项原则鼓励学生在极端模糊性和不确定性条件下（没有完整的信息）采取行动，从而创造一些有价值的新事物。而且，创造力的障碍，如恐惧和感知到的限制条件，都被克服了。

本书第二卷在这个实践类别中引入了 8 个新的练习，但我们也认识到本卷中的很多练习同时涉及多个实践。例如，在本卷中，我们将第一卷中极为流行的"拼图和做被子"练习针对在线课程进行了重新设计。这个更新后的版本被称为"拼图游戏和故事绘图"，被分类在玩耍的实践类别中，但它明显可以让学生开展创造的实践并突出强调萨阿斯瓦斯的效果逻辑理论中所展现的管理思维和创业思维之间的差异。

1.2.4 试验的实践

创业教育中的试验借鉴了与基于问题的学习（Barrows，1985）、循证学习（Howard，et al.，2003）和意义建构（Weick，1995）相关的理论。基于问题的学习将引起认知冲突作为学习的一种刺激物。循证学习鼓励使用现有信息（尽管经常是不完整的）作为产生新知识的起点。意义建构则是基于问题的学习和循证学习的组合，这是由于学生对特定环境下的行动进行个体化的"意义建构"和"意义赋予"。根据韦克（Weick，1995）的研究，意义建构是"从创造秩序以及对发生的事情进行回顾性理解的努力中浮现出的连续性成就"。因此，学生是通过试验（不管试验是如何开展的）被鼓励采取行动，从行动中学习并将习得的知识用于下一次迭代（Schlesinger，Kiefer，2012；Neck，et al.，2020）。

试验的实践最好被描述为为了学习而行动，而不是在行动或应用之前学习。百森商学院在百森创业师资研讨会上讲授的创业思维与行动方法论（Schlesinger，Kiefer，2012；Neck，et al.，2020）、精益发射台（Lean Launchpad，Blank，Dorf，2012［2020］；Blank，2013［2020］）、商业模式画布（Osterwalder，Pigneur，2010）、创新自动记录仪工具包（Bruton，2020）等工具都要求经由试验的行动、走出办公大楼以及收集新的真实信息，而不是依靠谷歌搜索或丰富的大学数据库来测试新概念。与每个新创意和机会相伴随而来的是一组假设和问题。试验的实践鼓励学生验证每一个假设并回答每一个问题。

强大的试验有明确的目的并且应该会产生可信的结果。在本书第一卷中，"逐步升级的市场测试"练习是一个如何教授学生为了成长壮大而小规模测试的显著例子。鉴于这个主题的重要性，我们在本卷中包含了一个该练习的修订版。

⊖ Shepherd（2004）提出了更具破坏性的失败类型，并提供了有趣的例子来说明如何帮助学生应对企业失败。他融合了来自死亡和悲伤教育方面的理论。

为了将那些纠结于新问题并尝试新概念的学生囊括进来，我们还拓展了对试验的定义。例如，我们涉及了性别智慧和性别差异在开展创业时扮演的角色（见练习6-1）。此外，我们还考察了供应链上的微小变化如何降低环境中的负面影响（见练习6-4）。

1.2.5 反思的实践

反思的实践位于图1-1的中心位置，因为它既能将其他实践连接起来，又能丰富其他实践。反思的实践需要元认知——为了对个人的学习进行编码而思考本身的一种实践（Schraw，Dennison，1994）。鉴于前面所有实践都是行动导向的，反思在这里被用作另一种行动，但这种行动有助于理解玩耍、移情、创造和试验的实践中所要求的其他行动。

这种实践的理论基础来自舍恩（Schön，1983）的反思性实践者研究以及布罗克班克和麦吉尔（Brockbank，McGill，2007）关于高等教育中反思性学习的研究。反思的目的是超越表面学习而进入深度学习——"一种积极的学习方法和一种掌握要点、建立连接、得出结论的渴求"（Brockbank 和 McGill，2007，p.42），让创业课的学生"感到自己是学习的主人"（Marton，1975）。舍恩认为，"反思实践""在实践中反思"对一个连续学习周期中的体验学习是非常重要的。布罗克班克和麦吉尔（2007，pp.126-127）以及内克等（2014）提供了6种不同的反思方法（见《如何教创业：基于实践的百森教学法》第一卷）。我们认为，正如我们现在所做的，这些不同形式的反思可以诱导并固化来自行动导向、基于实践的创业教育方法的学习。

1. 叙述性反思：描述发生了什么。
2. 情感性反思：关注你感觉怎样、为什么有这样的感觉、你怎么处理情感。
3. 洞察性反思：考虑你和他人的感知，以及这将如何影响体验。
4. 分析性反思：解释事件的流程或重要因素，它们是如何相互连接或关联的。
5. 评估性反思：评估体验并识别用于评估的标准。
6. 批判性反思：考虑体验和方法，识别备选方案或冲突以及反思在此过程中你学到了什么。

每种类型的反思代表了不同水平的深度和认知复杂度。例如，对学生而言，叙述性反思要比批判性反思更容易实现。我们建议，随着你的课程在一学期中的进展伴随而来的复杂度的增加，要为你的反思实践搭建脚手架。本书第二卷提供了与反思实践相关的8个练习。这些练习更多的是反省性的。例如，"谋划未来愿景"练习要求学生想象未来一个时间点，"透视新事业创建过程中的创业者身份"练习有助于学生尽力应对在新企业创建中很少谈及的身份角色。尽管在本卷中有完全不同的关于反思的练习，但是我们建议将一个或更多的6种类型反思纳入每个体验性练习中。

1.3 如何在创业教育中使用5种实践

5种实践已经成为一种课程开发框架，并将我们需要在学生中培养的能力区分开来。它们是我们开发的一种方法——旨在以富有创业精神的方式帮助学生改进思维，从而产生一种思维转换，这种转换包括一种高度的勇气以及与之相关的在不确定环境下针对机会采取行动的技能组合。我们最初采用 5 种实践的框架是想确保我们的教育项目可以让学生在课程结束后能比参加课程之前更富创业精神地开展行动。现在，这种方法还引导我们进行课程以及课程体系开发的咨询工作，因为我们鼓励教育从业者使用个体练习、群体活动、模拟、游戏、项目、实地探访以及其他一个或多个与实践相关的体验。根据我们的经验，我们现在知道，如果我们能精心策划一门课程可以多次应用前面提到的每个实践并且同时应用多个实践，那么学生在课程结束后将会在思维和行动上更富创业精神。

我们以内克和布拉什都讲授的一门课程来举例。她们讲授一门 MBA 课程——"创业导论"。这门课时为 7 周的课程将带领学生了解早期阶段创业活动的模糊前端，并非要对创业进行一个完全的纵览。该课程的学习目标包括：

- 体验百森商学院创业思维与行动方法论。
- 区分创业思维和管理思维。
- 实践创意构思方法，帮助你更好地创造和塑造创意，将其转化为大胆的机会。
- 采用旨在促进快速学习的、反复迭代的、快步伐的分析来评估机会，以支持紧张的调整。
- 开发、分析并明确沟通一个可能的新企业概念的技术可行性、财务收益性和顾客渴求性。

学习目标背后的逻辑必须要在课程大纲中有所交代。教学目标是确保学生在课程结束后能更富创业精神地思考和行动。课程主题包括创业思维与行动、创意构思、设计思维、商业模式设计、低精确度或快速原型制作、市场测试、顾客开发和建立网络，这些内容是一个典型的创业入门课程的基本标准。然而，内克和布拉什利用 5 种实践的框架（见图 1-1）精心打造了所有的练习和课后作业。表 1-1 显示了该课程使用的每种活动是如何与一个或多个实践相关联的。

表 1-1 应用的实践

实践类型	练习
玩要	帆船制作，拼图游戏和故事绘图，商业模式画布游戏，食品卡车挑战模拟，收入模式寻宝游戏，T 恤标语之夜
移情	寻找需求的访谈，观察性任务，客座嘉宾，顾客反馈访谈，播客报告，机会分析项目
创造	拼图和做被子，低保真度原型，清空大脑构思创意，精益画布设计，机会分析项目
试验	市场测试，食品卡车挑战模拟，原型制作练习，机会分析项目
反思	食品卡车挑战模拟，思维的转变练习，思维模式维生素，模拟讨论会，顾客反馈访谈，播客报告

注：表中的很多练习不止与一种实践相联系。实践之间的平衡很重要。这些练习的一些教学说明可以在本书第一卷和本卷中找到。

在最近的一次课程问卷调查中，内克加入了下面的表述："我认为，上完这门课后，自己在思考和行动上更富创业精神了。"学生的回答选项包括"是""否""不确定"。86% 的学生选择了"是"，14% 的学生选择了"不确定"，没有一个学生选择"否"。总共有 47 个学生。这种调研结果科学吗？绝对不科学，但是我们觉得我们正在朝着正确的方向前进，并且学生的感知确实是他们的真实状态。

1.4　第二卷的结构安排

　　本书是针对所有类型创业教育从业者的一个工具，共有 43 个按照基本实践类型来组织的教学说明。我们称其为基本实践是因为每个练习通常与多种实践相联系（见表 1-1）。第 3 章主要是关于玩耍实践的练习，第 4 章主要是关于移情实践的练习，第 5 章主要是关于创造实践的练习，第 6 章主要是关于试验实践的练习，第 7 章主要是关于反思实践的练习。每个练习会使用图示法。第一个图标表示主要实践，而第二个图标则表示次要实践，依此类推。表 1-2 列示了要使用的图标。

　　除了 5 种实践外，这些练习还涵盖了大量创业主题，包括商业模式开发、顾客开发、设计思维（包括原型制作）、创业融资、创业营销、创业团队、失败、家族创业、创意构思、市场或竞争分析、思维模式、建立网络、机会评估、推介、资源获取、规模化与成长管理，以及测试等。因此，你可以使用本书的附录按照内容主题搜索相对应的练习。我们认为，大部分练习可以用于多种情境，包括新企业创建、公司创业和社会创业。因此，我们并没有将这些情境作为内容主题来对待。然而，有两个练习是专门用于家族创业情境的。每个教学说明都提供了足够多的细节，完全能够让你在课堂上开展练习。我们还建议了课堂形式，如在线、面对面、或二者的融合。我们还在本卷中共同努力，将能在线开展的练习纳入进来。最后，尤其要关注每个教学说明的"教学小贴士"部分。本卷中的所有练习都已被百森商学院的老师测试过。我们希望你能从我们的错误中受益良多。

表 1-2　不同实践类型对应的图标

图标	实践
	玩耍
	移情
	创造
	试验
	反思

　　然而，在你翻阅后面的练习之前，有一件有意思的事情——一项反思性活动，在第 2 章等着你，目的是帮你盘点一下自己的创业教育方法并识别你是否已经准备好了利用本书提供的实践方法来开展你的教学。

参考文献

Abt, C.C. (1970), *Serious Games*, New York: Viking Press.

Amabile, T.M. (1983), 'The social psychology of creativity: a componential conceptualization', *Journal of Personality and Social Psychology*, **45** (2), 357–76.

Antonacopoulou, E.P. and T. Fuller (2020), 'Practising entrepreneuring as emplacement: the impact of sensation and anticipation in entrepreneurial action', *Entrepreneurship & Regional Development*, **32** (3-4), 257–80.

Aulet, B. (2013), *Disciplined Entrepreneurship: 24 Steps To a Successful Startup*, Marblehead, MA: John Wiley & Sons.

Baron, R.A. and M.D. Ensley (2006), 'Opportunity recognition as the detection of meaningful patterns: evidence from comparisons of novice and experienced entrepreneurs', *Management Science*, **52** (9), 1331–44.

Baron, R.A. and R.A. Henry (2010), 'How entrepreneurs acquire the capacity to excel: insights from research on expert performance', *Strategic Entrepreneurship Journal*, **4** (1), 49–65.

Barrows, H. (1985), 'A taxonomy of problem based learning methods', *Medical Education*, **20** (6), 481–6.

Billett, S. (ed.) (2010), *Learning through Practice*, New York: Springer.

Blank, S. (2013), *The Four Steps to the Epiphany: Successful Strategies for Products that Win*, repr. 2020, Marblehead, MA: John Wiley & Sons.

Blank, S. and B. Dorf (2012), *The Startup Owner's Manual: The Step-By-Step Guide For Building A Great Company*, repr. 2020, Marblehead, MA: John Wiley & Sons.

Bono, E. de (1985), *Six Thinking Hats*, New York: Little Brown.

Bourdieu, P. (1990), *The Logic of Practice*, Stanford, CA: Stanford University Press.

Brockbank, A. and I. McGill (2007), *Facilitating Reflective Learning in Higher Education*, London: McGraw-Hill Education.

Brown, T. (2008), 'Design thinking', *Harvard Business Review*, June, 84–92.

Brown, T. (2009), *Change By Design: How Design Thinking Transforms Organizations and Inspires Innovation,* New Yorker: Harper Collins.

Bruton, A. (2020), 'The innographer', accessed 4 August 2020 at https://theinnographer.com/.

Busenitz, L.W. and J.B. Barney (1997), 'Differences between entrepreneurs and managers in large organizations: biases and heuristics in strategic decision-making', *Journal of Business Venturing*, **12** (1), 9–30.

Chalmers, D.M. and E. Shaw (2017), 'The endogenous construction of entrepreneurial contexts: a practice-based perspective', *International Small Business Journal*, **35** (1), 19–39.

Cohen, D., D.K. Hsu and R.S. Shinnar (2020a), 'Identifying innovative opportunities in the entrepreneurship classroom: a new approach and empirical test', *Small Business Economics*, 30 July, 1–25, accessed 1 August 2020 at https://link-springer-com.ezproxy.babson.edu/article/10.1007/s11187-020-00387-z#citeas.

Cohen, D., G. Pool and H. Neck (2020b), *The IDEATE Method: Identifying High-Potential Entrepreneurial Ideas*, Thousand Oaks, CA: Sage.

Csikszentmihalyi, M. (1996), *Creativity Flow and the Psychology of Discovery and Invention*, New York: Harper Collins.

Davis, M.H., J.A. Hall and P.S. Mayer (2016), 'Developing a new measure of entrepreneurial mindset: reliability, validity, and implications for practitioners', *Consulting Psychology Journal: Practice and Research*, **68** (1), 21–48.

Dew, N., S. Read, S.D. Sarasvathy and R. Wiltbank (2009), 'Effectual versus predictive logics in entrepreneurial decision-making: differences between experts and novices', *Journal of Business Venturing*, **24** (4), 287–309.

Dunne, D. and R. Martin (2006), 'Design thinking and how it will change management education: an interview and discussion', *Academy of Management Learning & Education*, **5** (4), 512–23.

Dweck, C. (2012), *Mindset: Changing the Way You Think to Fulfil Your Potential*, London: Hachette UK.

Dweck, C. (2015), 'Carol Dweck revisits the growth mindset', *Education Week*, **35** (5), 20–24.

Giddens, A. (1984), *The Constitution of Society*, Berkeley, CA: University of California Press.

Greenberg, D., K. McKone-Sweet and H.J. Wilson (2011) *The New Entrepreneurial Leader: Developing Leaders Who Shape Social and Economic Opportunity*, San Francisco, CA: Berrett-Koehler.

Haynie, J.M., D. Shepherd, E. Mosakowski and P.C. Earley (2010), 'A situated metacognitive model of the entrepreneurial mindset', *Journal of Business Venturing*, **25** (2), 217–29.

Howard, M.O., C.J. McMillen and D.E. Pollio (2003), 'Teaching evidence-based practice: toward a new paradigm for social work education', *Research on Social Work Practice*, **13** (2), 234–59.

Hug, A. and D. Gilbert (2017), 'All the world's a stage: transforming entrepreneurship education through design thinking', *Education + Training*, **59** (2), 155–70.

Kafai, Y.B. (1995), *Minds in Play: Computer Game Design as a Context for Children's Learning*, Hillsdale, NJ: Lawrence Erlbaum Associates.

Kouprie, M. and F.S. Visser (2009), 'A framework for empathy in design: stepping into and out of the user's life', *Journal of Engineering Design*, **20** (5), 437–48.

Kuratko, D.F., G. Fisher and D.B. Audretsch (2020), 'Unraveling the entrepreneurial mindset', *Small Business Economics*, 17 June, 1–11, accessed 1 August 2020 at https://link-springer-com.ezproxy.babson.edu/article/10.1007%2Fs11187-020-00372-6.

Marton, F. (1975), 'What does it take to learn?', in N.J. Entwistle (ed.), *Strategies for Research and Development in Higher Education*, Amsterdam: Swets & Zeitlinger, pp. 125–5-8.

McLaren, K. (2013), *The Art of Empathy*, Boulder, CO: Sounds True.

Neck, H.M. (2010), 'Idea generation', in B. Bygrave and A. Zacharakis (eds), *Portable MBA in Entrepreneurship*, Hoboken, NJ: Wiley, pp. 27–52.

Neck, H.M. and A.C. Corbett (2018), 'The scholarship of teaching and learning entrepreneurship', *Entrepreneurship Education and Pedagogy*, **1** (1), 8–41.

Neck, H.M., P.G. Greene and C.G. Brush (eds) (2014), *Teaching Entrepreneurship: A Practice-Based Approach*, Cheltenham, UK and Northampton, MA, USA: Edward Elgar.

Neck, H.M., C.P. Neck and E.L. Murray (2020), *Entrepreneurship: The Practice and Mindset*, 2nd edn, Thousand Oaks, CA: Sage.

Osterwalder, A. and Y. Pigneur (2010), *Business Model Generation: A Handbook for Visionaries, Game Changers, and Challengers*, Marblehead, MA: John Wiley & Sons.

Pickering, A. (1992), *Science as Practice and Culture*, Chicago, IL: University of Chicago Press.

Preston, S.D. and F.B.M. De Waal (2002), 'Empathy: its ultimate and proximate bases', *Behavioral and Brain Sciences*, **25** (1), 1–20.

Ries, E. (2011), *The Lean Startup: How Today's Entrepreneurs Use Continuous Innovation to Create Radically Successful Businesses*, New York: Crown.

Rouse, J. (2007), 'Practice theory', in S. Turner and M. Risjord (eds), *Philosophy of Anthropology and Sociology*, Amsterdam: North-Holland, pp. 639–81.

Sarasvathy, S.D. (2001), 'Causation and effectuation: toward a theoretical shift from economic inevitability to entrepreneurial contingency,' *Academy of Management Review*, **26** (2), 243–63.

Sarasvathy, S.D. (2008), *Effectuation: Elements of Entrepreneurial Expertise*, Cheltenham, UK and Northampton, MA, USA: Edward Elgar.

Sarasvathy, S. (2012), 'Worldmaking', in A.C. Corbett and J.A. Katz (eds), *Entrepreneurial Action*, Bingley: Emerald, pp. 1–24.

Sarooghi, H., S. Sunny, J. Hornsby and S. Fernhaber (2019), 'Design thinking and entrepreneurship education: where are we, and what are the possibilities?', *Journal of Small Business Management*, **57** (S1), 78–93.

Schlesinger, L.A. and C.F. Kiefer, with P.B. Brown (2012), *Just Start: Take Action, Embrace Uncertainty, Create the Future*, Cambridge, MA: Harvard Business Review Press.

Schön, D.A. (1983), *The Reflective Practitioner: How Professionals Think in Action*, New York: Basic Books.

Schraw, G. and R.S. Dennison (1994), 'Assessing metacognitive awareness', *Contemporary Educational Psychology*, **19** (4), 460–75.

Shepherd, D.A. (2004), 'Educating entrepreneurship students about emotion and learning from failure', *Academy of Management Learning & Education*, **3** (3), 274–87.

Thompson, N.A., K. Verduijn and W.B. Gartner (2020), 'Entrepreneurship-as-practice: grounding contemporary theories of practice into entrepreneurship studies,' *Entrepreneurship & Regional Development*, **32** (3–4), 247–56.

Weick, K.E. (1995), *Sensemaking in Organizations*, Thousand Oaks, CA: Sage.

第 2 章

你在富有创业精神地开展教学吗？ 一项自我评估

作者：海迪·M.内克　坎迪达·G.布拉什　帕特里夏·G.格林

如果我们在自己的教学中没有采用富有创业精神的方法，又怎么能期望我们的学生会被培养出富有创业思维呢？在第1章中，我们介绍了创业教育的5种实践方法：玩耍、移情、创造、试验和反思，我们还讨论了各个练习在不同实践方法上保持平衡的重要性。为了帮助你思考在教学中是否同等重视这些方法，我们提供了一项关于四个步骤的快速自我评估。[○]

第一步，针对下面的问题，请思考你讲授的一门或多门创业课程。

评估问题	是 / 否
A1：你的学生认为你的课堂 / 课程提供了一个好玩或有意思的环境吗	
A2：玩游戏是课程作业的一部分吗	
A3：学生体验过任何游戏机制吗？比如为完成挑战或任务而赚取点数和徽章	
A4：你会使用模拟或其他手段来让学生参与沉浸式虚拟现实的创业活动吗	
B1：你的学生在你的课程中接受过任何访谈或观察方法的培训吗？比如访谈顾客、企业高管、创业者，以及其他专业人士	
B2：你的学生有机会接触创业导师以促进他们从经验中学习吗	
B3：你会使用那些引发深思熟虑的讨论和争论的案例研究吗	
B4：你在课堂上使用过任何角色扮演练习吗	
C1：你的学生在你的课程中学习或使用过任何创造力技术吗	
C2：你会要求学生创造一些新颖或新奇的东西作为课程作业的一部分吗	
C3：学生们在上完你的课程后会说他们被培养出了创造性解决问题的技能吗	
C4：你会花费大量时间为你的教学素材创造新的方法吗	
D1：你允许你的学生犯错但免于惩罚吗	
D2：学生有机会基于最初的努力"修正并再次提交"成果吗	
D3：你的课程会讨论（企业情境下的）失败吗	

○ 这项评估主要是基于由菲利普·金（Phil Kim）和海迪·M. 内克为百森创业师资培训项目而开发的原创性评估。

（续）

评估问题	是 / 否
D4：你的课程会有一些可以让学生尝试新事物、从尝试中学习并再次尝试的活动吗	
E1：你的学生有结构化的反思任务吗？这些任务可以是书面的、口头的或基于其他媒介的	
E2：学生会与其他学生分享或讨论他们的反思吗	
E3：你会反思你自己的教学吗	
E4：你会在课程中对进展顺利之事比进展不顺之事反思得更多吗	
F1：你真心喜欢教学并非常乐于将你课堂上的实践讲给他人听吗	

第二步，数一数有多少个回答为"是"（从 A 到 F）并将数字记录在下面，然后利用所提供的公式计算你的总分。

类别和实践	回答为"是"的数量	备注
A：玩耍实践		在 4 个问题当中
B：移情实践		在 4 个问题当中
C：创造实践		在 4 个问题当中
D：试验实践		在 4 个问题当中
E：反思实践		在 4 个问题当中
F：加分题		在 1 个问题当中
从 A 到 F 累加		在 21 个问题当中
乘以 5	×5	—
得分		不超过 100 分

第三步，利用下面的说明来解释你的分数。

创业师资的水平	得分	评述
黄金	90 分及以上	表现优异的基于实践的课程；高度的投入且富有创业精神的教学
白银	80 ～ 89 分	需要一些改进。如果想做得更好，你会做些什么呢
青铜	70 ～ 79 分	大量的改进机会。我们对你感到非常振奋
非金属	70 分以下	感谢你阅读本书。请马上进入下一章

第四步，反思并采取行动。

返回第二步并识别你的优势和劣势领域。你是否有可以改进的某些实践方法？你是否在某个领域重视过度而在其他领域没什么投入？当你通读后面的章节时，我们希望你在你的创业教学中使用它们来改进你的实践平衡度。要在课堂上有勇气开展试验，从失败中学习并享受高水平的参与感。在思考我们学生的思维模式时，创业确实是"将找到或创造机会的能力与针对机会采取行动的勇气组合起来的一种思考、行动和存在的方式"（Neck，et al.，2020，p.3）。

将"机会"替换为"讲授创业的新方法"，你就可称得上我们所谓的拥有创业思维的创业教育师资。然而，不要忘记你的教学也需要实践！坚持下去，因为你如何讲授创业与你讲授什么是同等重要的。

参考文献

Neck, H.M., C.P. Neck and E.L. Murray (2020), *Entrepreneurship: The Practice and Mindset*, 2nd edn, Thousand Oaks, CA: Sage.

第 3 章

玩耍：想象力训练

玩耍的实践是要培养一种自由和充满想象力的心智，能让我们看到大量的可能性、丰富的机会，也是让我们变得富有创业精神的一种更具创新性的途径。只有当学生高度投入时，他们才会取得最佳的学习效果；但只有当他们充满兴趣且感到非常好玩时，才会更加投入。本章提供了与玩耍实践相关的8个教学练习。

练习3-1 合作完成艺术作品

作者：坎迪达·G.布拉什

与实践类型的联系：（图标）（图标）（图标）

涉及的主要创业主题

设计思维；创业团队；思维模式。

基本描述

这是一个团队练习，要求学生在短时间内创造一个"合作完成的"艺术作品。希望学生在创造过程中玩得高兴，其中，每人每次只能画一个线条。随着艺术作品的"慢慢浮现"，学生可以借机思考团队如何在结果并不明确的情况下共同合作并完成一个项目，事实也确实如此。本练习建立在创造性逻辑之上，其中，结果是不明确的。这是一个手段驱动的练习，允许参与者在相互努力的基础上进一步做出贡献，艺术作品随着每个人对整体的贡献而不断演化。

使用建议

本练习的内容适合所有类型的受众，学生或其他实践者皆可。本练习非常适合新学期刚开始的时候或相互之间并不怎么了解的新团队。团队规模在 20～60 人时效果最好。当学生被安排到一个新团队时，这个练习可以用来"破冰"。

开展方式

面对面。

学习目标

- 识别团队成员角色是如何在最终结果慢慢浮现出来的创造性活动中逐渐明确的。
- 探索团队动态是如何逐渐成形的，从而影响一个创造性项目的最终结果。
- 通过合作共同创造画作（艺术作品）来鼓励促进创造力。

理论基础和素材

Neck, H.M, C.P. Neck and E.L. Murray (2020), *Entrepreneurship*: *The Practice and Mindset*, 2nd edn, Los Angeles, CA: Sage, pp. 2-29.

Noyes, E. and C. Brush (2012), 'Teaching entrepreneurial action: application of creative logic', in A.C. Corbett and J.A. Katz (eds), *Entrepreneurial Action*: *Advances in Entrepreneurship and Firm Emergence and Growth*, Bingley: Emerald, pp. 253-80.

Sarasvathy, S.D. (2001), 'Causation and effectuation: toward a theoretical shift from economic inevitability to entrepreneurial contingency', *Academy of Management Review*, 26 (2), 243-63.

材料清单

- 多种颜色的记号笔（每组有 6 ~ 8 支笔）。
- 每组两张挂图活页纸。
- 不同艺术作品的复制版，每组一张，复制在 8.5 英寸[⊖]×11 英寸的白纸上——最好每个小组有不同的画作，但也可以所有小组都使用同样的画作。

学生的事先准备工作

无。

时间计划（60分钟）

0:00 ~ 0:03　首先向大家说明这是一个团队练习，目标是通过合作的方式共同创作原始画作。本练习分为两个部分。

0:03 ~ 0:06　将班里同学分成小组，每组 4 ~ 6 人，用报数或其他方式来分组都可以。给每个小组分配一盒记号笔和两张大幅的挂图活页纸。

0:06 ~ 0:10　在练习的第一部分，我们希望你们尽最大可能在 8.5 英寸 ×11 英寸的白纸上"复制"分发给你们的艺术作品。你有 3 分钟时间用来复制作品。

0:10 ~ 0:12　要求每个小组分享原始艺术作品以及它们再创作的艺术作品。

0:12 ~ 0:23　汇报总结

- 你们是如何完成这项任务的？你们首先做的是什么？
- 你们做计划了吗？
- 你们从哪里开始画起的？
- 有人带头先画吗？你们讨论过任务分工或把画作分为几个部分吗？
- 你们关心的是"精确无误"还是"艺术破格自由"？为什么？
- 一个明确的结果对你有帮助吗？

在汇报总结的过程中，寻找计划性行为的例子。做计划是否最终产生了一个更好的仿制品？有没有小组在做计划上花的时间远多于绘画本身？看看是否有人领导这个过程或这个过程是不是合作性质的。

0:23 ~ 0:24　现在要转向本练习的第二部分。在这里，艺术作品是慢慢浮现的，我们将要思考每个小组创作它们自己的原始画作的过程。下面的操作指南应以幻灯片或讲义的形式呈现给学生。如果你利用幻灯片来展示，在整个练习过程中都要将幻灯片投影在屏幕上。告诉各个小组，它们有 5 分钟时间完成画作。

- 每个人拿一支彩色记号笔。
- 第一个人在挂图活页纸上画一条波形曲线或直线抑或其他什么形状的线条。
- 将挂图活页纸传给下一个人来画下一个线条，但这个线条绝对不能与前一人的线条相交叉。然后将挂图活页纸再传给下一个人，直到小组里的每个人都在纸上绘制了线条。
- 将挂图活页纸在小组内每个人中传递尽可能多的次数，直到还剩 2 分钟的时候结束，但必须保证不能有线条相交叉。

⊖　1 英寸 =0.025 4 米。

学生不能将线条交叉，这非常重要，因为在创作过程中总是有局限条件或限制性因素。

0:24 ~ 0:34　参与者按照操作指南开展行动。

0:34 ~ 0:36　接着，再给同学们一条指示："作为一个小组，研究你们合作完成的艺术作品并为作品构思一个名称。"

0:36 ~ 0:50　汇报总结

- 这个练习怎么样？
- 你们的过程是什么样的？
- 你们在做练习的过程中说话了吗？为什么？
- 有没有人在这个项目中拥有设计的所有权和领导权并告诉其他人如何行动？你们对领导者指定的行动方向感到适应吗？你们讨论这个问题了吗？你们是如何沟通愿景的？或者这个愿景是共同讨论并达成一致的吗？
- 第一个"被画出的线条"是什么？这会影响最终结果吗？其他人遵循了最初这个线条的逻辑还是进行了全新的线条绘制或设计？
- 你们知道最终结果将会是什么样的吗？这会让你们感到困惑吗？
- 不能画交叉线条这个限制条件阻碍了你们的设计吗？为什么我们会有这个限制条件？
- 这幅被画完的作品很难"命名"吗？
- 你们更喜欢哪个练习？结果已知的练习还是结果未知的练习？

在这个汇报过程中，老师应该寻找一些创造性逻辑和预测性逻辑的例子。有没有哪个小组更倾向于采用某种逻辑？或者有没有小组能有效使用两种逻辑或在两种逻辑上都不擅长？

看看是否有人承担了领导者角色。有没有人率先试图执行"他个人的愿景"？这与初创企业的相似之处是什么？愿景是事先清楚阐述的还是慢慢浮现出来的？小组对愿景做了充分沟通吗？

看看学生是否相互交谈了。在很多情况下，学生认为他们必须要保持安静，但实际上他们无须保持安静。为什么他们不交谈？关于团队动态，存在相互竞争的创意吗？

0:50 ~ 0:60　总结：从这个练习可以得出三个关键要点。

1. **团队动态**。当环境不确定时，小组可能会选择不同的运转方式，比如共同合作创造愿景，追随一个愿景并在其基础上发展，或者从一个愿景起步并不断改进它。对于新成立的小组或团队，这可以作为看待团队角色是如何慢慢浮现（存在模糊性时，有的人承担了领导角色，有的人会承担追随者角色）的一种有用方式。一个员工拥有"愿景"并试图规划画作会如何慢慢浮现，而其他小组成员仅仅是据此采取行动并直接开始绘制图画，在何种程度上会是这样一种状况呢？

2. **观察和注意水平**。当第一个人在绘画时，小组里其他成员应该集中注意力、观察并认真思考如何才能在第一个人的创造性作品的基础上进一步打造。认真的观察是移情的根基所在。你越是将你的注意力集中在一个人身上，并以深思熟虑的方式观察一个人，移情的纽带就越有可能变得牢固。

3. **创造性逻辑**。不同于预测性逻辑，本练习的结果是不确定的并且是"手段导向"的，而不是"目标导向"的。在预测性逻辑中，你可以选择不同的方法，你对各种方法进行评估（优势、劣势），从中做出选择，然后采取行动并执行计划。这是一种"计划性"方法，如果你遵从计划过程，你将会实现期望的结果。在创造性逻辑中，你从手头拥有之物以及了解的知识开始起步；你观察和反思，与他人一起采取行动；结果是慢慢浮现的而不是事先已知的。创造性逻辑是一种行动方法而不是计划方法。与此极为相似，当创建一家新企业时，你知道你正在创建一家企业，但是在此过程中的实际行动将会定义和重新定义最终结果。考虑到团队成员的投入，愿景和随后的执行是不断演化的（见表3-1）。

表 3-1 预测性逻辑与创造性逻辑

预测性逻辑的步骤	预测性逻辑的假定	创造性逻辑的方法	创造性逻辑的假定
识别机会	已知的投入和已知的结果	知识/资源的自我评估	个体的技能和能力
评估机会	确定的步骤	观察和反思	机会可以被创造
识别并量化所需的资源	精密方法	行动和试验	富有创造性的和反复迭代的
制订计划	线性的	会聚利益相关者	交互性的
执行计划	被验证过的且可预测的	在前一步行动结果的基础上进一步打造	手段导向，已知的投入

课后作业

学生可能需要对他们的团队动态进行反思。什么发挥作用以及什么没有发挥作用？谁扮演了什么角色？他们对行动之前制订计划更适应还是对直接采取行动并在行动中学习更适应？学生对他所在小组的运转能得出什么样的结论？要想提高合作能力，小组还需要做些什么？如果他们开始创办一家新企业，他们想要把何种类型的工作投入原则纳入团队协议里？

教学小贴士

变化：如果目标是更多地关注团队打造活动，那么可以再补充第二个练习。在这个练习中，小组里的每个人在3分钟时间里同时在挂图活页纸上绘制画作，但遵循同样的标准——线条不能交叉。这需要将本练习的时间延长15分钟，应该在上面提到的练习之前完成。汇报总结的内容如下：

- 有人有愿景吗？你如何确定你在画什么？
- 画作是事先规划的吗？或者，它仅仅是同时创作的吗？（预测性逻辑还是创造性逻辑？）
- 你们讨论了你们要画的内容还是仅仅自己画自己的？（有凝聚力的愿景还是支离破碎的愿景？）

- 小组成员之间有工作分工吗？
- 对创办一家新企业有何启示？

资料来源

本练习改编自"Regional Alliance for Healthy Schools Youth Advisory Councils based on the Kellogg Community Partners Youth Civic Engagement Program，Logic Model Development，Michigan，August 2006"。

练习3-2　百森飞机制造公司

作者：布拉德利·A. 乔治

与实践类型的联系：

涉及的主要创业主题

规模化与成长管理；设计思维。

基本描述

　　快速成长经常被描绘为正面和可取的。然而，创业者在应对快速成长时会遭遇众多挑战。本练习对于学生理解创业者角色如何随着企业扩张而变化是非常重要的。本练习将学生置于经营纸飞机制造公司的角色中，该公司经历了快速成长，因此他们可以看到创业者的角色变化并认识到在计划和管理企业成长时的关键考虑点。

使用建议

　　本练习适用于所有类型的受众，本科生、研究生、管理者或实践者皆可。本练习非常适用于"新企业创建"课程、创业新手训练营或工作坊。在大部分的项目或课程中，本练习最好定位于课程后期，因为它涉及的是一家企业的成长和经营问题。但"成长管理"这门课除外，在这门课中，本练习可以在课程早期使用，作为为实现企业成长而制订行动计划的一个平台。

开展方式

　　面对面。

学习目标

- 体验创业者角色如何随着企业的成长而变化。
- 厘清企业成长不同阶段所面临的挑战。
- 举例说明特定成长阶段的挑战与创业者角色的关系。

理论基础和素材

　　本练习是基于 Neil Churchill、Virginia Lewis（1983）关于成功企业经历的不同成长阶段的研究成果。Churchill、Lewis（1983）在 Steinmetz（1969）和 Greiner（1972）早期研究成果的基础之上，利用 83 家处于不同成长阶段的企业验证了他们的模型。

　　尽管本练习不会让学生体验企业成长的全部 6 个阶段，但确实能帮助他们理解企业成长（尤其是快速成长）如何带来了不同的挑战，并要求创业者要想取得成功必须承担不同的角色。

Churchill, N.C. and V.L. Lewis (1983), 'The five stages of small business growth', *Harvard Business Review*, 61 (3), 30-50.

Greiner, L.E. (1972), 'Evolution and revolution as organizations grow', *Harvard Business Review*, 50 (4), 37-46.

Steinmetz, L.L. (1969), 'Critical stages of small business growth: when they occur and how to survive them', *Business Horizons*, 12 (1), 29.

材料清单

- 不同颜色的纸张（3 种颜色，每种颜色 100 ～ 150 张）。
- 多种颜色的记号笔。
- 剪刀。
- 胶带。
- 你想用来鼓励创造性设计的任何其他材料（贴纸、冰棒木棍、吸管等）。

学生的事先准备工作

无。

时间计划（90分钟）

0:00 ～ 0:10　创造产品创意

首先选择 5 对或 6 对"创始"创业者，精确数量取决于班里同学的数量，但最好是将班里同学数量的 1/3 作为创始团队。在选择初始的配对时，你可以先询问有多少同学曾经制作过纸飞机。而且，在每个配对中，选择至少一名非常善于交际且精力旺盛的同学是很有帮助的。

将各种材料放在屋子里的一张课桌或台子上。然后告诉各小组，它们有 3 分钟时间来设计并打造一架原创性的纸飞机，可以使用桌子上提供的任何材料。如何设计完全由小组决定，但在练习结束时，它们必须要让顾客（班里的其他同学）相信它们的设计才是顾客应该购买的设计，因此鼓励它们制作的纸飞机要独一无二且原创性极高。

告知班里其他同学，他们将会成为潜在顾客，因此他们应该认真观察，看看哪个设计是自己最想要购买的。如果你想要他们参与得更多，可以在小组设计并打造飞机原型之前，让他们指出他们想要在产品中看到的特征。

如果你喜欢，可以在行动之前给各创始团队一些时间来讨论飞机的设计，但重要的是要保证练习的这个部分足够简短，因为班里的其他同学很容易变得无聊、不耐烦。

0:10 ～ 0:20　概念验证

一旦各创始团队将飞机打造完成，让他们把飞机摆放在房间里。告诉班里其他同学，他们代表寻找新飞机的航空公司并且正要参加一个贸易展览会，在那里，所有的新飞机设计都会被展示。每个"顾客"必须选择一个他们要购买的设计。

给每个创始团队 30 秒钟的时间来向班里其他同学推介他们的设计，然后让同学们来回走动并查看不同的设计。应该告诉创业者，他们必须获得的最低订单数量，否则，他们将会花光所有钱并被迫破产。老师需要基于班里同学的数量选择顾客的数量。在理想情况下，本轮结束时应该只剩下 2 ～ 3 个团队。或者，老师可以告诉班里同学，只有2家公司可以存活下来，因为飞机制造产业是高度资本密集且只有那些拥有足够人气的公司才能产生充足的收入来实现成长并募集到更多的资本。

在这个阶段结束时，要求"顾客"识别出他们已经确定要购买的飞机模型（每个顾客只能购买一个模型），将投票在黑板上计数以确定哪个团队能进入下一阶段。

询问"创始人"团队他们是如何花费时间的，以及他们面对的最大挑战是什么么。回答一般会集中在对顾客产生吸引力的设计、构建和推介一个概念上面。

0:20 ～ 0:40　**满足需求**

目前，存活下来的公司已经证实了它们的概念，它们需要开始进一步扩大规模以满足需求。在这个阶段，给它们7分钟时间来打造5个一模一样的飞机并找到5个付费顾客。现在，不再要求"顾客"必须购买。它们的设计越复杂，越难以创造出一模一样的复制品。在此期间，班里的其他同学应该既要观察各团队如何完成任务，又要扮演潜在顾客的角色。这意味着，除了打造飞机，创业者还需要努力将其销售出去。务必要提醒扮演潜在顾客的同学，他们不是必须要购买——只有当创业者让他相信产品确实满足了自己的需求时才需要购买。应该告诉同学们，尤其要关注各个团队在完成任务时面临的挑战以及创业者的角色、活动与第一阶段相比发生了什么样的变化。

一旦5架飞机制造完成，老师应该询问那些之前同意购买飞机的顾客是否对飞机复制品满意。你可以通过提出如下问题来做出提示：

- 飞机与原型相一致吗？
- 飞机与创业者所承诺的相一致吗？
- 质量保持了连贯性吗？

在这个阶段，创业者面临的一个关键挑战是他们仍旧必须自己完成大部分工作，但与此同时他们一般尚未建立质量控制体系。提醒各位同学，如果创业者不能保证质量，即便存在市场需求，产品或服务的不稳定可能会导致公司失败。此外，学生发现在此阶段越来越难以同时打造飞机并进行销售。这就是企业通常发现自己需要进行招聘的时候，但仍旧缺乏资源来开展招聘。

这时，老师可以对本阶段进行简短的汇报总结。下面是一些可以向班里同学和创业者提出的合适问题：

- 与第一阶段相比，创业者的角色发生了何种变化？他们在时间花费上有何不同？
- 对满足生产目标而言，你觉得创业团队面临的最大挑战是什么？
- 对创业团队而言，体验如何？他们感受到了日益增大的压力吗？什么改变了？为什么？

一般来说，创业者会提出有时间限制的问题，他们仍旧是完成所有任务的人员。这有助于开展一场有关如何在自己的企业中处理此类状况的富有成效的讨论。创业者在企业中的角色可能发生了轻微的变化，因为销售和营销变得更加重要，只有这样企业才能产生现金流。很多因为"爱好"而创建企业的创业者在这个阶段就会停止了，他们只会承担他们能应对的工作量。通常在此阶段，创业者必须做出借钱和花钱的决策来努力到达下一个阶段。

0:40～1:05　快速成长

告知学生，一个关键的竞争对手正在苦苦挣扎，因此，他们的订单数量快速增长。这意味着他们将必须在15分钟内打造40架一模一样的飞机（精确数量可以向上或向下进行调整，取决于设计的复杂度，你只想确保在规定的时间内生产给定数量的飞机，这将是一个挑战）。

若没有招聘新员工，完成这项任务是不可能的。因此，给他们3分钟时间来从班里同学中招聘员工。不属于任何一个创始团队的每个学生都需要被剩余团队中的一个所雇用（你也可以选择指定一些观察员来记录创业者如何应对需求的增长）。

接下来，给学生15分钟时间打造飞机。在此期间，你可以做大量的其他事情，这些事情可以让你讨论快速成长阶段创业者一般会面临的挑战。大部分团队会建立某种类型的组装线来打造飞机。你可以寻找一些似乎对本团队的流程吹毛求疵的学生，然后告诉他们，另外一个团队可以提供涨薪40%的条件。一旦有学生离开，创业者就需要思考如何替换他们。在离开的学生与新加入的团队共同工作几分钟后，你可以告知他们的一些队友，这些外来者是以非常高的工资水平招聘过来的，尽管队友从一开始就在这家公司兢兢业业地付出。询问队友他们对此感受如何，通常他们会因此而"辞职"。最后，告知一些学生，他们已经做出决定，这种创业企业的环境并不是他们所想象的那样，因此决定到大公司里去工作——再次抛弃一个创业团队。

1:05～1:30　汇报总结

在15分钟结束时，看看每个团队是否实现了他们的生产指标并讨论所遇到的问题。

- 在实现生产指标时，面临的最大挑战是什么？
- 他们试图如何来解决这些挑战？
- 为了改进绩效，他们本来还可以做些什么？

这里的一个关键讨论方面是关于标准化流程、正式系统和员工培训的需求的，如果他们忽视了这些问题，将会导致企业的失败。

另一个重要讨论方面是关于创业者的角色的。询问创始团队，与之前轮次相比，这一轮他们是如何花费时间的。在大多数情况下，与直接采取行动相比，他们现在将会更多地关注培训、指导和监督。这可以提供一个机会来讨论他们想要在企业中承担何种角色，从而理解这会如何影响他们对企业的激情。随着企业不断成长，要想取得更大的成功，需要把更多的精力和时间花在找到并培养人才、建立标准和流程、将决策权授予他人上，因为创业者不再能像早期阶段那样坚持自己亲自做每件事情。与授权和管理的能力相比，高层管理者亲自动手的能力变得不再那么重要。

还可能会产生另外一个问题（取决于他们的设计），他们可能已经用光了所有资源（特定颜色的纸张等）按照既定设计和营销来打造飞机。这可以用来讨论提前思考如何应对企业潜在增长以及如何获得可能会影响产品或服务设计的特定资源的必要性。

对于练习的总结，你可以在结束时做简短讲解，强调每个成长阶段的关键挑战以及这些挑战如何反映在创业者（或高层领导者）为了成功所需要的技能上。相关信息可以在前面推荐的文章（Churuchill，Lewis，1983）中找到。

课后作业

无。

教学小贴士

本练习的主要目标之一是将不同轮次之间的汇报总结的时间压缩下来。如果你针对特定轮次的汇报总结时间过长，学生将开始失去活力，练习的效果也会大打折扣。最后一轮通常是混乱的，对于讨论在实施控制与保证质量的同时努力招募新员工并应对比以往流程更快的速度来生产产品的需求，这是非常有好处的。

练习3-3　拼图游戏和故事绘图

作者：海迪·M. 内克

与实践类型的联系：⚫ 💡

涉及的主要创业主题

创意构思；思维模式。

基本描述

这是《如何教创业：基于实践的百森教学法》第一卷中深受欢迎的练习"拼图和做被子"（Neck，Greene，2014，pp.105-9）的线上版。练习的设计目的是帮助区分创业思维与管理思维，强调了效果导向理论的核心原则之一，即从手头之物而不是你认为你所需要的资源起步。本练习也反映出为了学习而必须行动的必要性，传统的规划方法在不确定环境下效果不佳，另外，在创业企业环境下迭代性合作取代了竞争。

本练习包括两个部分，均发生在视频会议软件 Zoom 的分组讨论室。第一部分是一个拼图游戏竞赛，每个小组被分配一个在线拼图游戏的链接。第二部分是绘图练习，每个小组被分配一个 Google Drawing 空间的链接，在那里，要求每个小组绘制一个故事——任何故事都可以，只要是基于老师给定的一个关键词。汇报总结部分将拼图游戏视为管理思维，将故事绘图视为创业思维。

使用建议

本练习适用于所有类型的受众，本科生、研究生或实践者皆可。本练习非常适合于新学期刚开始的时候。本练习已经在 50 人或更小规模的小组中测试过。

开展方式

在线。

学习目标

- 体验管理思维与创业思维之间的差异。
- 参与到充满不确定性和模糊性的环境中。
- 强调指出两种思维方法对创业者而言都是重要的。

理论基础和素材

Neck, H.M., and P.G. Greene (2014), 'Puzzle and quilts', in H. Neck, P. Greene and C. Brush (eds), *Teaching Entrepreneurship*: *A Practice- Based Approach*, *Volume One*, Cheltenham, UK and Northampton, MA, USA: Edward Elgar, pp. 105-9.

Sarasvathy, S. (2008), *Effectuation*: *Elements of Entrepreneurial Expertise*, Cheltenham, UK and Northampton, MA, USA: Edward Elgar.

Schlesinger, L.A. and C.F. Kiefer. (2012), Just Start: *Take Action*, *Embrace Uncertainty*, *Create the Future*. Cambridge, MA: Harvard Business Review Press.

材料清单

网络接入：Google Docs、Google Drawings 以及一个在线游戏网站，比如 https://jigsawpuzzles.io/。在撰写本案例时，这是我发现的唯一允许在线上以小组方式进行的拼图游戏，在这里，你可以限制参与游戏的人选。这是该产品的测试版，务必不要使用超级链接 https://jigsawpuzzle.io（缺少字母"s"）。尽管是同一家公司，但只有 https://jigsawpuzzles.io/ 拥有经由一个链接来邀请他人一起玩游戏的能力。

学生的事先准备工作

无。

时间计划（60分钟）

本练习大约需要 1 个小时的时间来推进，但是有一个显著的教师设定时间区间。

本练习首先在 Zoom 或类似视频会议平台上在线启动，在那里有分组讨论室。每个分组讨论室的成员数量不超过 5 人。分组可以手动（如果你有偏好的小组）或随机（在 Zoom 上是允许的）组织。在练习正式开始之前，教师设定是必要的环节。下面的准备工作假定有 5 个小组，每个小组 5 名成员。

教师设定

1. 创建一个 Word 或 Google 文档，在其中存储你将要在这个教师设定过程中要创建的链接。这可以让学生在进行练习时很容易接入相关链接。我建议将此文档作为你的"链接存储文档"。本教学说明的最后部分就是我自己的链接存储文档的样子；然而，重要的是你要利用下面的设定程序来建立自己的链接。

2. 为每个小组设定一个拼图游戏链接。进入 https://jigsawpuzzles.io/ 页面并注册账户，账户设置只需要输入你的名字。在撰写本教学说明时，这个网站是测试版状态，因此账户设置可能对你现在使用的网站而言有所不同。点击"新的拼图"按钮并选择一个你喜欢的拼图。当你选择一个拼图时，它会给你一个关于拼图碎片数量的选项。我发现 70～72 片是最理想的。接下来，选择游戏模式。选择"私人"按钮并点击"开始"。然后你就会看到，拼图已经开始等待被完成，但设置并未结束。在屏幕的顶部，你会看到一个"邀请"按钮。点击"邀请"，你将会看到一个链接，你可以将其复制并分享给他人。将链接复制到你的链接存储文档里。链接类似于 https://jigsawpuzzles.io/g/efb22e18-7557-447d-877c-0d93ce9429ed。再重复此过程 4 次，这样你就有 5 个不同的链接。你将为 5 个小组分别提供不同的链接。确保你自己要记录清楚给每个小组的链接是什么。例如：
   a. 第 1 组：https://jigsawpuzzles.io/g/efb22e18-7557-447d-877c-0d93ce9429ed。
   b. 第 2 组：https://jigsawpuzzles.io/g/8c3778c5-8861-470e-b9db-4a22fffc5339。

3. 为每个小组准备一个 Google Drawing 空间。Google Drawing 与 Google Docs、Google Sheets 和 Google Slides 共同位于 Google 产品套装里。学生可以利用 Google Drawing 里的一些工具，包括手绘工具（free hand），插入来自网页的图片，添加文本、直线和形状。图 3-1 是第 1 组的绘图空间的例子。不要忘记在顶部添加老师的指令。你使用的词汇不一定是"相机"，但这个词汇应该给出建议，目的是帮助学生以更快的速度往前推进。这也是后面要解释的汇报总结的一个组成部分。将分享选项设定为"任何有此链接的人皆可进行编辑"。复制链接并将其添加到你的链接存储文档中。你需要为每个小组创建一个独立的 Google Drawing 链接。在这里，你将需要 5 个绘画空间。

图 3-1　Google Drawing 空间示例

4. 准备好一个汇报总结 Google 文档，这样全班同学就可以在上面汇报。创建一个有两列的表格，其中，学生可以敲入类似于图 3-2 第 1 列中"我非常喜欢拼图游戏，因为……"或者第 2 列中"我非常喜欢故事绘图，因为……"的文字答案。将分享选项设定为"任何有此链接的人皆可进行编辑"。复制链接并将其添加到你的链接存储文档中。

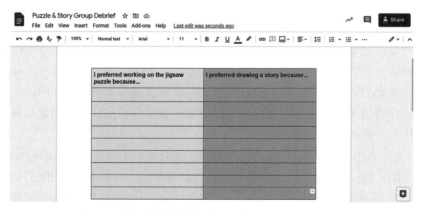

图 3-2　拼图游戏和故事绘图汇报总结 Google 文档

5. 创建一个 Zoom 投票，可以用于同步举行的会议。投票问题应该是：你喜欢拼图游戏还是故事绘图？不要将"二者皆喜欢"作为一个选项。出于讨论目的的考量，你必须强制学生二选一。

6. 鼓励一下自己！你现在准备好了在一个同步的在线会议中推动这个练习。

推进练习

0:00～0:05　全体同学首先在 Zoom 上集合，并将练习布置如下：

"我们今天要进行一场比赛，很快我就会将你们分配到不同的分组讨论室，在那里你要完成一项简单的任务。你们要完成一个在线拼图游戏。我会监控并看看哪个小组最先完成拼图。"

从你的链接存储文档中将拼图游戏链接复制到 Zoom 聊天区。确保学生知道自己属于哪个小组。你可以展示一张小组号码和各组学生名字的幻灯片，或者，如果小组足够小，你可以直接告诉他们。我发现，展示一张小组号码和各组学生名字的幻灯片将会解决任何潜在的困惑。把链接复制到聊天区后，将学生分配到不同的 Zoom 分组讨论室。Zoom 里的聊天区将会展现在他们的分组讨论室，以免有学生在被分配到一个分组讨论室之前没能得到链接。在聊天区，一定要显示小组号码和相应的链接。例如，可以张贴下面的内容：

第 1 组：https://jigsawpuzzles.io/g/ec281148-10bf-469a-ac10-b38bb898716f。

第 2 组：https://jigsawpuzzles.io/g/e36081ac-78d3-47e0-b3bf-7f2757591ee3。

第 3 组：https://jigsawpuzzles.io/g/71bed11e-5b76-41b2-a415-6e839fbd6c7f。

第 4 组：https://jigsawpuzzles.io/g/7ed54287-28a3-4e50-8d24-ca803a0c38b2。

第 5 组：https://jigsawpuzzles.io/g/42e42f4f-7c60-47ed-8140-28f7a785ad38。

重要的技术提示：如果链接对某些学生来说是无法有效使用的，可以复制并粘贴链接到 Chrome 浏览器的一个标签页中，而不是继续点击链接。这应该可以解决任何问题。

0:05～0:15　让学生一直玩拼图游戏，直到有一个小组率先完成了任务，该小组即为获胜小组。确保你在不同选项卡上打开了所有 5 个拼图游戏，这样你才能监控所有小组的进展，直到比赛结束。在学生玩拼图游戏时，突然地进出房间来查看他们的状态。给每个小组一点儿提示，即与其他小组相比，在完成拼图的进展中他们的状况是什么样的。你要在各个小组之间营造一种比赛的氛围。是否所有学生都完成拼图并不重要，但是务必保证有一个小组在拼图游戏中成为获胜小组。一般来说，获胜小组需要大约 7 分钟时间来完成拼图。

0:15～0:20　关闭分组讨论室并让所有学生回到 Zoom 主房间。为了向获胜小组表示祝贺，在你的智能手机上存储一些鼓掌的声音文件，这样就可以通过你的计算机麦克风进行播放。提示：可以在 Spotify 或其他音乐流平台上搜索"鼓掌声音"。接下来，向学生解释，他们现在要开始进行另一个游戏。考虑使用下面的说明：

"我们的练习并未结束呢，还有第二部分！稍后，我就将你们送回到你们的分组讨论室。这次我会给你们一个 Google Drawings 空间的链接。你们可能熟悉或不熟悉 Google Drawings，但是我对你们学会使用这个空间里的各种工具充满信心。这次，你们的小组任务是绘制一个故事。事实上，你们要绘制一个受到单词'相机'（或者任何你选择的词汇）启发的故事。一旦我将你们送回到分组讨论室，你们将有 10 分钟时间来绘制一个故事，做好准备在我们再次聚到一起时分享这个故事。小组号码和人员组成与拼图游戏时的一模一样。现在，请在聊天区寻找你们小组绘图空间的链接。"

同拼图练习时一样，在聊天区插入链接，但不同的是这次使用的是 Google Drawings 空间的链接，并将学生送回到他们的分组讨论室。

0:20 ～ 0:35 在你的浏览器上打开所有的 Google Drawings 空间，这样你就可以监控他们。此外，你需要在稍后共享你的屏幕。在各个分组讨论室里进出，给一些鼓励，并在他们卡壳时用工具提供帮助。思考必须使用哪些工具也是本练习的一部分，因此，不要向他们演示如何使用 Google Drawings。只有当绝对必要时，你才会介入。10 分钟足以让大部分小组完成一个故事绘制。你可以设定你的总时长，但我发现 10 分钟是最低要求。我还偏向于不要给太多的时间，因为汇报总结将会强调指出，有些小组，即那些没有完成一个完整故事的小组，花费了太多时间在规划故事上，导致没有足够的时间绘制故事。

0:35 ～ 0:45 将学生带回到主房间。看看有没有小组愿意主动分享他们的故事或选择一个小组首先做故事展示。并不是让学生分享他们的屏幕，我建议只分享你自己的屏幕，因为你已经接入了所有画作。这会节省时间，在各组展示时，你可以从你的浏览器中的一个标签页跳到另一个标签页。给每个小组 1 ～ 2 分钟时间来展示其故事。这里继续使用你的"鼓掌声音"。从一个故事快速转向下一个故事。没有必要提出问题或给出反馈。这里的关键是要让所有小组都看到其他小组受到同一词汇（这里指"相机"）的启发后所创建的故事画作。

0:45 ～ 0:55 在所有展示结束之后，打开你事先准备好的 Zoom 投票。投票问题是：你喜欢哪个游戏？ A. 拼图游戏；B. 故事绘图。启动投票，并在所有人都投票后关闭它。接下来，告诉学生：

"看起来我们班里的同学有一个有意思的分布。百分之［ x ］喜欢拼图游戏，百分之［ x ］喜欢故事绘图。现在我们来看看为什么你们会喜欢其中一个胜于另一个。在聊天区里，我现在张贴一个共享的 Google 文档，其中，我希望你们所有人写下来你为什么喜欢拼图游戏或故事绘图。我们一同来创建这个强大的列表。"

将你的 Google 汇报总结文档的链接张贴在聊天区。全体同学将编写同一文档。这里不需要分组讨论室。我曾经让 50 个人在同一个文档上工作，效果不错，因此利用你个人的最佳判断来确定在一个文档上一同工作的学生数量。这有点混乱，但很有意思。如果你的学生数量较少，不到 15 个人，你可以让他们口头汇报，无须再使用 Google 文档。然而，我发现，在人数较多时，使用 Google 文档更加容易。学生将会产生一个看起来类似于表 3-2 的文档。

表 3-2 汇报总结最终 Google 文档：一个例子

我更喜欢拼图游戏，因为……	我更喜欢故事绘图，因为……
它很有挑战性	它是创造性的
有明确的终点	所有小组利用同样的工具但最终却拥有不同的故事
整个小组对任务很清楚	从同一个词语中产生了故事的很多可能性
每步行动要么是对的，要么是错的	它是更加吸引人的
每一步正确的行动都可以让人获得即时满足感	并没有正确或错误的答案
完成任务所需的全部碎片（资源）都在那里	我们能创建我们自己的结局
它很熟悉	我们使用的每个工具可以让我们添加一些不同的东西
我们都知道我们正在做什么	它是反复迭代的
我们可以制定战略并执行它	从一条路径开始，然后改变方向
它是轻松快速的	它是更加强调合作的
先拼边，然后再拼内部，这是我们的战略	每个人都是故事创建的一部分
它是目标导向的	故事最终是由每个人提供的碎片构成的
我喜欢竞争	当我们开始绘制时，故事就开始慢慢浮现出来
它易于测量进展	我喜欢模糊性
它易于任务分工	最初并不知道该如何开始，但最终我很喜欢我们的故事

0:55～0:65　当学生已经创建了一个巨大文档列表后，回到 Zoom 会议。你可以共享你的屏幕或学生可以在自己的台式机上查看。对大家共同创建列表表示感谢并提问一些问题，比如：

- 在各种回答中，你看到了什么共同主题吗？
- 基于全班同学完成的列表，你得出了什么样的结论？
- 你觉得这个练习试图向大家说明或揭示什么？

在简短的讨论后，如果学生仍没得出"正确"答案，是时候引出你的观点了：拼图更类似于管理者的思维方式，而故事绘图更类似于创业者的思维方式。讨论下面的观点，如果有必要，使用幻灯片。

拼图是管理思维：

- 目标是明确界定的（最终要完成的拼图图像是给定的）。
- 拥有实现目标所需的资源（所有拼图碎片）。
- 任务是确定在尽可能短的时间内实现目标的最佳计划（战略计划）。
- 开始执行计划（可能首先拼边）。
- 全程考察进度（老师会告诉你，与其他小组相比你进展如何；通过与最终要完成的完整图像相比较，你可以在任何时间点上查看你的进展状况）。
- 目标实现。最终完成时，拼图看起来完全像给定的图像，跟计划的一模一样。不允许有任何偏差。
- 总的来说，上面的过程非常类似于计划、组织、控制、领导的管理过程。

故事绘图是创业思维：

- 当创业者不确定要做什么时，唯一的选择便是行动。一些学生可能会花费太多时间做规划并且从来没有真正的花时间来绘制故事。较好的故事是那些学生直接开始绘制并在过程中不断迭代调整的故事。故事主线是慢慢浮现的，因为他们在绘制过程中获得了更多的知识和技能（工具）。你有一个方向（词汇"相机"），但你并没有具体的计划，只需要采取明智的行动。

- 创业者从他们拥有的手头之物而不是他们需要的资源开始启动；他们使用可得的工具。在 Google Drawings 中有大量"资源"可供学生使用以打造引人入胜的故事。他们只是受到自己想象力的束缚。
- 创业主要是由人类行动所驱使的，这也是导致企业之间相互区分的主要原因。每个小组都有完全一样的资源，但每个故事都是独一无二的。不是要做最好的，而是要做市场上独一无二的。聚焦于独特性和差异化。
- 很难说何时转向下一件事情。很难知道故事何时应该结束。你能增添更多素材吗？我们应该到此为止吗？这是一个糟糕的故事吗？我们应该继续下去并努力让它变得更好吗？创业者应该何时停止创业？效果导向理论指出，当超出了自己的可承受损失、认为自己无法完成工作或不再对该创意感兴趣时，创业者应该停止创业。
- 对学生而言，绘图空间要比拼图空间更具不确定性，因此驾驭不确定性并拥抱模糊性对创业者来说是非常重要的。
- 创业并不关乎没有任何计划的无限创造力——这是给定一个关键词的原因。创业者和员工需要更多的结构，需要一个"北极星"给出方向，但并没有提供具体的路径。

在讨论完成后，重要的是要指出，两种思维方式都是必要的。我一般会说："我们大部分人已经非常擅长管理思维，因为这就是我们从儿童时期开始接受的教育。然而，本课程更多地聚焦于如何建立我们的创业思维。我们需要更加适应故事绘图。"

图 3-3 可以用来进一步举例说明管理思维和创业思维的二分法，同时指出管理思维是当今大公司的主导逻辑，而创业思维是初创企业的主导逻辑。这就向学生强调了创业企业并不仅仅是公司的缩小版。而且，你可以理解为什么大公司很难富有创业精神。

图 3-3　拼图游戏和故事绘图的二分法

课后作业

无。

教学小贴士

在开展练习之前，不要将这个练习称为"拼图游戏和故事绘图"，因为如果这样做的话，会导致通过练习创建的管理思维与创业思维的二分法并不会让学生产生意外之感。如果你在采用拼图游戏时遭遇了困难，那么一种替代方案就是让学生独立完成在线拼图游戏。一个可供使用的不错的网站是 jigsawplanet.com。在那里，你可以找到一个拼图游戏，然后与所有学生共享一个链接。他们不是共同完成拼图，而是每个人独立完成。这样做的效果可能不如小组集体完成拼图那么明显，但它仍能达到目的。不管你使用的是哪个版本，在一个在线环境中，让学生结束拼图游戏总是很困难的，因此节奏设定就显得非常重要。要快速进入故事绘图，从而将他们的注意力转向下一项活动。就本练习而言，快节奏要比慢节奏好很多。这里有很多活动组件，但是如果你事先准备好了你的链接文档（见专栏 3-1），是不会有什么问题的。高水平的交互以及从一件事情快速转向下一件事情，这些都会被你的学生所欣赏。时间将飞逝而过，如果体验创业思维对你的学习目标而言是极为重要的，那么学习效果将是强大的。

资料来源

本练习是《如何教创业：基于实践的百森教学法》第一卷中深受欢迎的练习"拼图和做被子"（Neck，Greene，2014，pp.105-109）的线上改编版。

专栏 3-1 拼图游戏和故事绘图的链接文档：一个例子

拼图游戏的链接

第 1 组

https://jigsawpuzzles.io/g/ec281148-10bf-469a-ac10-b38bb898716f

第 2 组

https://jigsawpuzzles.io/g/e36081ac-78d3-47e0-b3bf-7f2757591ee3

第 3 组

https://jigsawpuzzles.io/g/71bed11e-5b76-41b2-a415-6e839fbd6c7f

第 4 组

https://jigsawpuzzles.io/g/7ed54287-28a3-4e50-8d24-ca803a0c38b2

第 5 组

https://jigsawpuzzles.io/g/42e42f4f-7c60-47ed-8140-28f7a785ad38

Google Drawings 空间的链接

第 1 组

https://docs.google.com/drawings/d/1c3u2yvCPpZ6nOuxrqBbSQKmXx_ueR7_c_G4aDH378lU/edit?usp=sharing

第 2 组

https://docs.google.com/drawings/d/1GuWb9aMcSq0qV0Ydpez-Jp6ejQapqhieW5qBs
x6VTRA/edit?usp=sharing

第 3 组

https://docs.google.com/drawings/d/17Rb5d-F9sVHwwfTlpigAxwT3QsUN628XA4VsvGp
pZ5s/edit?usp=sharing

第 4 组

https://docs.google.com/drawings/d/10MUmMmxXuArU5KZKiDrDlitYEUviblMAUbTmp
E4YWp4/edit?usp=sharing

第 5 组

https://docs.google.com/drawings/d/1TtN6mYGbc-maV73RtS13kjfeYDSOWQ7_zpWm9-
1BDm0/edit?usp=sharing

汇报总结的 Google 文档链接

https://docs.google.com/document/d/1lqXz_NKuij_XheVqFCLP4M9jIVKK_SApqJ_
YDyZUK-M/edit?usp=sharing

练习3-4 坐着投掷网球

作者：安杰拉·F.伦道夫

与实践类型的联系： ◐ ✸

涉及的主要创业主题

测试；创业团队。

基本描述

学生经常忘记，并不存在一种放之四海而皆准的创业方法。由于创业是与情境相关联的，因此一般存在很多通往成功的道路。本练习的目的是将网球投入桶中，但同时你要坐在椅子上。这个有趣的练习示例说明了创业的三个重要特征。第一，它有助于学生思考创业路径的差异在很大程度上取决于创业者的技能、资源以及他们无法控制的条件。第二，本练习举例说明了经验在战略制定上的重要性。第三，学生将获得机会来探究团队如何一同努力来创造性地解决问题。

使用建议

本练习的内容适用于所有类型的受众，本科生、研究生、高中生和实践者皆可。本练习适合于大班和小班，但在 40 ~ 60 人的班里效果最好。本练习与新企业、企业家创造力、团队合作和领导力方面的课程或工作坊有关。

开展方式

面对面。

学习目标

- 体验情境以及个体的技能和资源对创业过程的巨大影响。
- 阐明团队成员沟通的重要性。
- 认识到在规划之前开展试验和实践的威力。

理论基础和素材

Barreto, I. (2012), 'Solving the entrepreneurial puzzle: the role of entrepre-neurial interpretation in opportunity formation and related processes', *Journal of Management Studies*, 49 (2), 356-80.

Bhide, A. (1996), 'The questions every entrepreneur must answer', *Harvard Business Review*, 74 (6), 120-30.

材料清单

- 网球（每名学生 2 个）。
- 一卷胶带（每名学生需要 2 英寸长的胶带）。

- 三个 5 加仑⊖容量的水桶（如果找不到水桶，垃圾桶是很好的替代品）。
- 计时器。

学生的事先准备工作

无。

时间计划（60分钟）

0:00 ～ 0:10　**第 1 轮**

给每名学生两个网球和一条胶带。学生需要将胶带撕成两半并在上面分别写上自己的名字。告诉学生要把胶带粘贴在两个网球上，以识别网球的所有者。将三个水桶放在房间的不同位置，这样有些学生就会比其他学生离水桶更近一些。

开始时首先向学生解释本练习的规则。询问是否有学生打过篮球，这样可以激发他们将网球投掷到水桶中的预期。游戏的目标是将两个球都投掷到水桶里，但同时要坐在自己的座位上。投进 1 个球得 1 分。给他们 1 分钟的时间进行投掷。

0:10 ～ 0:20　**第 1 轮讨论**

第 1 轮结束后，向学生提出有关本练习的问题。建议可以提出如下问题：

- 哪位同学把两个球都投进水桶里了？
- 你注意到了什么？你感觉如何？你是成功的吗？为什么？
- 这是个公平的游戏吗？为什么？
- 你在本练习中的约束条件是什么？有什么优势吗？
- 你的战略应该基于你坐在房间里的位置吗？为什么？
- 如果坐在离水桶很远的房间后方，你觉得将会起作用的一些更好的战略是什么？
- 有人考虑过寻求帮助吗？
- 你觉得本练习体现了什么？你觉得开展本练习的目的是什么？

第 1 轮结束后，很多学生会觉得游戏是不公平的。一些人要比其他人离水桶近很多。有些同学会因这种差异而沮丧，但其他人则将游戏结果归因于个人技能。拥有先前知识和相关技能（比如打篮球）的同学在本练习的第 1 轮会很有优势。本练习展示了创业中所固有的一些限制和障碍，包括知识和能力方面的不同起点。限制和障碍也是与具体条件相关联的，它们对不同人来说也是不同的，取决于你在哪里、你的技能和才干、当前的环境以及当前的社会条件。

本轮的最后四个问题是用来帮助学生理解特定条件下的情境将会影响他们如何实现将网球投进水桶的目标。在更具合作性的班级中，一些学生会将球扔给或递给离球较近的同学，而其他班级的同学则全部是独立开展工作。在那些每个人都独

⊖　1 美制加仑 =3.785 4 升。

立工作的班级进行讨论时，老师可以询问，是否有人曾经考虑过寻求帮助。

告诉同学们："既然大家已经知道了现实状况、有了一些经验并且对限制条件有了更好的理解，再次做练习的时候，你会做些什么不同的事情吗？"这时不要让学生给出答复，直接转向第2轮。

0:20～0:30　**第2轮**

学生要再次开展本练习，但这回是作为一个团队。将班里同学分成3个小组。当小组成员数量介于8～20之间时，效果最好。每个小组将得到同样数量的网球。为了节省花在清理方面的时间，最好要求学生把胶带从网球上取下去。接下来的两轮练习不再需要胶带了。每个小组会有一个水桶放置在第一排椅子前方5英尺⊖的地方。每个人都必须要坐在椅子上，只有一个预先指定的小组成员允许将球从桶中取出来再次使用。一旦游戏开始，任何人都不能离开自己的座位，除非小组把球用光了，这时只有预先指定的人可以站起来去取球。椅子与椅子在房间中的位置，在本练习中扮演了限制条件的角色。允许预先指定的取球者将椅子放在他自己任意选择的地方。一些小组会问，预先指定的取球者是否可以坐在水桶旁边来收集网球。如果他们询问，就说这是允许的。如果椅子有轮子，还可以允许他们在屋子里四处移动。给予学生的指南是有意模糊的，这样学生就有自我解释原则的空间并在如何玩游戏上表现出创造力。

在2分钟内投掷到水桶里的网球数量最多的小组获胜。为了便于记录分数，找3名同学，他们不加入任何小组，负责记录分数。每个人要统计一个小组投掷到水桶里的网球的数量。每次投掷到水桶里一个网球，记1分。

0:30～0:40　**第2轮讨论**

询问获胜小组："你们是如何比其他小组赢得更多分数的？"

- 在你花费时间思考了基于第1轮的情况后，你做了哪些不同的事情？若没有时间做计划，你的小组能找到一种战略吗？如果确实如此，又是如何找到的？
- 如果你们再做一次这个练习，你会在哪些事情上做的不同？

0:40～0:48　**第3轮**

本轮与第2轮一样，但在本轮各小组有5分钟的时间来规划如何将最多数量的网球投进水桶。

0:48～0:60　**第3轮讨论**

- 你们小组制定的战略的效果如何？
- 哪些事情是按计划进行的？哪些事情偏离了计划？
- 哪些事情效果最好？
- 如果再做一次，你会在哪些事情上做的不同？

作为一个终结性或总结性的汇报总结，强调以下关键要点：

- 由于每个创业者都拥有不同的资源、知识、技能和挑战，每个创业者的道路将是不同的并且可能需要不同的方法。

⊖　1英尺≈0.304 8米。

- 任务之前、当中以及之后的小组成员间的沟通优化了创业团队协同工作的方式。
- 好的计划是基于好的信息。试验和实践改进了你可以用来制定一个伟大计划的信息。

课后作业

无。

教学小贴士

本练习转换得非常快。本练习的每一轮都强调要习得不同的经验教训。第1轮强调了最初起点对每个创业者来说是多么的不同。每个创业者的技能组合和资源是不同的，这意味着每条成功路径也是不同的。如果本练习是在更高人口统计多样化的人群中开展的，它还可以用来解释一些群体（女性、有色人种或社会经济状态）会比其他群体遭遇更多羁绊的原因。

在第2轮中，一些学生会请求队友帮忙将球投进水桶中，而其他人则独立工作。这轮示例说明了知晓你的团队成员技能的重要性。在第2轮中，一些富有创造力的学生将会采取一些并不明显违反规则的行动，如敲击其他小组的水桶、将多个网球捆在一起，或者使用其他并未给定的材料。如果发生了这种情况，可以讨论问题如何解决和伦理行为。

在第3轮中，各小组有时间来规划自己的战略。第3轮结束后的讨论要集中于从本轮已经发生的事情上进行学习、找到什么发挥作用以及哪里需要做出改进。在很多情况下，一个或多个小组会做一些其他小组认为不公平的事情，这会引发针对伦理行为的讨论。最后，如果学生在第3轮中取得了成功，这可能是由于做了计划，但询问他们，如果没有经历第1轮和第2轮，他们能否制订一个成功的计划。从试验中学习到的知识是纳入计划中的更加有效的信息。

资料来源

本练习的第1轮是修改版，增加的第2轮和第3轮是我个人的创作。第1轮修改自练习"废纸篓活动"（Wastepaper Basket Activity），其原创作者未知。见 https://www.boredpanda.com/lesson-about-privilege-awareness/。

练习3-5　亦敌亦友的组词

作者：基斯·罗拉格

与实践类型的联系：🎯 ❄️ 💡 🧠

涉及的主要创业主题

创意构思；建立网络；测试；商业模式开发；创业团队。

基本描述

这是一个多轮模拟游戏，介绍并展示两种互补性的领导策略——通过分析和规划来领导和学习以及通过快速和明智的行动来领导和学习。通过模拟游戏，学生体验两种战略的情境化收益和挑战。尤其是通过快速明智的行动来领导和学习，有助于领导者有效地应对未知、无法预测的未来以及模糊的状况。应对不确定性是创业型领导的关键所在。

本模拟练习是一个竞争性的、动态的市场生态系统，由参与者用拼字游戏的字母来组成单词。字母代表着原材料和组织资源，组词代表着顾客价值创造过程，单词得分代表着顾客价值和利润。在每一轮模拟中，学生一直获得到的字母，在该轮结束时组词得分（即利润）最高的人获胜。学生可以用任何语言来组成单词。

在每一轮模拟中，市场的不确定性和不可预测性是随模拟规则和得分标准的变化而变化的。在最开始的轮次中，市场不确定性相对较低，尽管快速测试以及识别制胜战略需要快速的行动，但学生可以利用分析、预测和先前经验来有效地竞争。在靠后的轮次中，模拟规则和得分标准发生改变从而导致了极高的市场不确定性，形成了这样一种情况：一系列快速的、明智的行动举措是理解新的市场现实并收敛到一个制胜战略上的最佳策略。

使用建议

本练习适合作为效果导向理论和预测或创造逻辑的引导性练习，或者作为创业领导力开发项目或项目入营培训的开场练习。就参与者而言，本模拟练习已经成功地在各种受众中使用过，范围涉及从高中生到高级管理者。规则很容易理解，但由此导致的游戏玩法是动态的和吸引人的。

开展方式

面对面。

参与者数量

15 ～ 40 人。

学习目标

- 体验并实践创业思维与行动的整体逻辑，特别是平衡试验和行动与计划和分析的好处。
- 在不确定性环境下开展试验，体验在竞争压力之下测试新战略的挑战。
- 解释快速学习为何是创业领导力的核心所在。

理论基础和素材

在面临不确定、无法预测的未来且不知道该做什么的时候，我们如何才能扮演领导者的角色？我们接受的教育和之前的经历一般倾向于让我们认真分析不断演变的条件、制定并选择最优的战略、收集必需的资源，然后执行我们的计划。尽管这种方法在稳定、可预测的市场中效果很好，但在不确定、新兴或快速变化的环境中通常是过于缓慢、代价高昂、无效的。

相反，精明的领导者遵循成功创业者的思维和习惯，放弃了广泛的分析和规划，赞成快速行动和从即刻经验中学习。他们快速地采取小规模的、明智的行动举措来测试一个创意或假定，观察结果，基于从中习得的知识来调整目标或策略，然后采取下一个行动举措。采取每步行动都是利用手头资源并且只承担领导者承受得起的风险。

利用这种方法，好的创意很快被证实，而坏的创意则快速且低成本地走向失败。经由明智行动的快速学习有助于领导者理解新的环境，并有助于把不确定性降低到基于分析和规划的传统战略发挥效用的程度。创业型领导者因为需要而在快速明智的行动与仔细分析、预测和计划之间进行切换，以保证他们的组织始终是富有创新性、竞争性和成功的组织。在百森商学院，我们将这个迭代往复的过程称为创业思维与行动。关于这种方法的一个很棒的总结请参见：

Schlesinger, L.A. and C.F. Kiefer (2012), *Just Start: Take Action, Embrace Uncertainty, Create the Future*, Cambridge, MA: Harvard Business Review Press.

材料清单

- 拼字游戏中频繁出现的大约 2 000 个拼字游戏字母，你可以在很多网站上购买。在使用前将空白废纸取出。
- 300 个小纸杯或塑料杯，每个能容纳 3 个拼字游戏字母。再有 2 盎司（1 盎司 =28.35 克，下同）容量的咖啡杯就更好了。
- 8 ～ 10 个玻璃（或塑料）碗或广口瓶。
- 每名学生的个人记分表。
- 每名学生的计算器或智能手机（用于分数加总）。
- 每名学生的钢笔或铅笔。
- 一摞便利贴。
- 闹钟、铃铛或口哨（提醒学生是时候取出一个新杯子了）。
- 两个活动挂图或一块白板，用来记录每个人的分数。
- 每轮获胜者的奖品（可选项）。

人员配置要求

- 1 名老师。
- 1 名助理，帮助在不同轮次间准备杯子和字母（尽管学生自己可以完成大部分的杯子和字母的再填充和再替换工作）。
- 1 名或 2 名额外的助理，在模拟练习的最后一轮帮助给单词记分（这些助理可以是学生当中的志愿者）。

房间要求

- 1 间房间，可满足 15 ～ 40 人四处走动。
- 2 张或 3 张长方形桌子，长度要足够放置模拟练习用的杯子，将这些杯子沿着桌子的一条边成套放置，每个学生有 1 套杯子，10 个杯子为 1 套，2 套杯子之间的间隔是 3 英寸。
- 额外的长方形桌子，数量要足够，这样所有学生才有桌面空间来放置字母并组成单词。理想情况是这些桌子的尺寸造型不同，从而可即兴创建不同人员数量的小组。
- 教室或休息区，供同学在不同轮次模拟之间汇报总结。
- 投影仪，用来展示模拟情况和汇报总结的幻灯片。

模拟练习的房间布置可参考图 3-4。

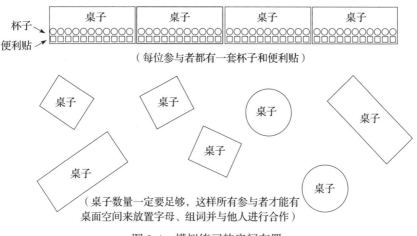

图 3-4　模拟练习的房间布置

学生的事先准备工作

无。但是可以让学生阅读《创业：行动胜于一切》（Schlesinger，Kiefer，2012）一书的第 1 章，该章为本练习提供了理论框架。

时间计划（60分钟）

一般来说，整个模拟需要 2.5 小时，同时需要额外的时间用于展示理论框架和中间休息。如果剔除第 3 轮并将每套杯子的数量从 10 个减少到 7 个（从而减少了模拟时间），模拟时间就可以缩短到 1.75 小时左右。我们还曾经开展过一个 1 小时的迷你版模拟，只进行了前两轮。

0:00 ～ 0:10　**学习目标、准备工作和第 1 轮的指导说明**

　　　　　　开场白：

- 模拟的目的是帮助你体验在不确定环境下富有创业精神地开展行动。
- 我们将开展多个轮次的模拟，每一轮都会变得更加复杂和不确定。
- 玩得开心，但不要说谎。

0:10 ～ 0:35　**第 1 轮**（包括汇报总结和第 2 轮的指导说明）

　　　　　　准备工作：把拼字游戏字母混合在一起，然后创建一套 10 个杯子（每个杯子里有 3 个字母）的组合。每位参与者一套杯子，将它们沿着 2 张或 3 张长方形桌子的边缘放在一条直线上，每套杯子之间保持 3 英寸左右的间距。在每摞杯子前面放一张空白的便利贴。

指导说明：

1. 请靠近桌子并将你的名字写在一张便利贴上。在模拟的前面几轮中，这套杯子就变成了你的杯子。每套杯子有 10 个杯子，每个杯子里有 3 个拼图游戏字母。

2. 第 1 轮会持续 10 分钟。当你听到开场铃声，走近桌子并将你那套杯子中最上面的杯子取下来。在某张桌子上找到一个位置，将你的字母取出来放到桌子上。

3. 每隔 1 分钟你就会听到铃响，每次听到铃响你就要走近桌子并从你那套杯子里再取下一个杯子，然后退回到你放置字母的桌子那里。

4. 在第 1 轮的过程中，你将独立地以任何语言组建单词。对那些并不使用罗马字母表的语言，你要凭良心地根据发音尽可能将其拼写出来。不同于真正的拼字游戏，在本模拟中，适当的姓名和位置是允许的。然而，不允许首字母缩略词或缩写词。你也不能利用同样的字母组建垂直和水平的单词——每个单词必须是不同的。在整个模拟期间，学生之间不允许对字母进行交易。

5. 在每分钟里，当你得到新的额外的字母时，你就可以开始组建或重新组建单词，但你只能凭借保留到每轮结束时的单词而得分。一旦一轮结束，你将会听到"将手举起来"的声音，此后，你就不能改变你的单词了。

6. 每个单词（保留到每轮结束时）的总分是由每个单词中的字母数量与拼字游戏单词分数的乘积计算得来。图 3-5 是关于第 1 轮模拟中 1 个单词的得分示例。

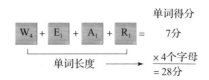

图 3-5　关于第 1 轮模拟中 1 个单词的得分示例

7. 将每个人第 1 轮的单词得分记录在得分表的第 1 轮那列中，然后加总所有单词的分数。得分最高的人在本轮获胜。

期望的游戏玩法： 第 1 轮是比较简单的，学生一般在遵守规则和组建单词方面不会遇到什么麻烦。重要的是要提醒他们，他们只能凭借保留到该轮结束时的单词而获得分数，可以在结束之前改变单词，但结束后就不行了。大多数人都会在拿到字母后就开始组建单词，并随时间发展而不断做出调整。一些人会专注于利用手头拥有的字母来组建单词，而其他人则可能组建高价值的单词，希望自己在未来可以拿到特定的字母来完成高价值的单词。那些掌握多种语言的人可能会用多种语言来组建单词，但这究竟是一种智力上的收益还是障碍，并不清楚，可以作为汇报总结的一个重点。

汇报总结：首先要求学生自愿宣布他们的成绩，将成绩写在一个活动挂图或白板上。寻找高分和低分，从而确定分数的分布区间。在确定了最高分获得者后，向他们表示祝贺。然后，考虑针对下面的问题进行汇报总结：

1. 在探讨战略之前，我们首先关注一下你们的情绪反应，因为自我意识是情绪智力的一个重要组成部分。请用 1 个单词来描述你在玩第 1 轮游戏时的感受（然后征求一些单词——通常在回答中充满多样性并且在不同轮次中不断发生变化）。

2. 你运用了何种战略？首先从获胜者开始，然后询问是否有人采用了完全不同的战略。

3. 尽管这个模拟非常简单，但是其中的要素与现实世界有直接的相关性（见表 3-3）。

表 3-3　第 1 轮模拟与现实世界的联系

模拟	现实世界
字母	资源、原材料
单词	增值产品
你的词汇量以及在拼字游戏方面的知识	产品和技术知识
组建单词并获得分数	价值创造和企业流程
单词组建策略	企业战略
其他参与者	竞争对手
游戏环境	创业生态系统
含有非常稀缺字母的长单词	更大、更复杂、独有的产品，而且质量更高，需要稀缺的原材料

0:35 ～ 1:00　**第 2 轮**（包括汇报总结和第 3 轮的指导说明）

准备工作：要求学生在各自的桌子上将字母打乱并混合在一起，然后重新建立 1 套 10 个杯子的组合，每个杯子里有 3 个字母。完成后，每个人将一套杯子拿回到原来放杯子的桌子上并将其放置在其他人的便利贴后面。这通常需要不到 5 分钟时间。

指导说明：

1. 第 2 轮使用与第 1 轮相同的流程和记分规则，但在这一轮中，你可以与其他同学合作组建单词。一旦贡献了字母的每个人一致同意这是一个最终完成的单词，那么这个单词就锁定了，不能再做出改变或扩充。

2. 不同于第 1 轮，你不用等到结束时再为单词打分——你在组建单词后就可以立即打分。为单词贡献 1 个或多个字母的每个人将会得到这个单词的总分，并将其记录在分数表中。你不会因为给一个单词贡献了多个字母而获得额外的分数。

3. 一旦你为一个单词记分后，那个单词的所有字母就要放在每张桌子上的"使用过的字母"的碗或广口瓶里，不能再次被使用。

4. 记录哪些字母是你自己的。尽管你被鼓励与其他参与者开展合作，但直接将你的字母与其他同学的字母混合起来并且没有记录哪些字母是谁的，这是不被允许的。

5. 不同于第 1 轮，在本轮结束之前，所有单词必须被打分并且分数要被记在分数表上。一旦最后的铃声响起并且宣布"把手举起来"，之后唯一允许做的事情是在你的分数表上加总你的各个单词的得分。你需要事先制订计划，在铃声响起之前为最后一个单词的评分和记录留出一些时间。

6. 我鼓励你要富有创业精神。有很多种完成此游戏的方式。

期望的游戏玩法： 第 2 轮要比第 1 轮更加混乱和喧闹。大部分学生最后会与自己所在桌子上的其他同学开展合作（并组成一个团队），由此导致 2～8 人的小组，当然，这取决于桌子的尺寸。通常至少有一个小组最终会将他们的字母混合起来并且违反规则。有时你会发现有的同学会找到其他桌子上的参与者询问是否有特定的字母，但一般来说其他人会拒绝与他们小组之外的人进行合作。小组也会从一些基础的劳动分工开始，典型的包括单词组建者、单词打分者、取杯子的人之类的角色。

汇报总结： 同第 1 轮的汇报总结一样，寻找高分、低分和获胜分，取消那些将字母直接混合在一起的小组的资格。然后考虑下面的汇报总结问题：

1. 正如第 1 轮那样，我们首先从情绪开始。请用 1 个单词来描述你在玩第 2 轮游戏时的感受（请注意是否存在与第 1 轮的任何普遍差异）。有些人会发现，合作会更有意思，而其他人则觉得合作更加让人困惑且充满压力。

2. 你采取了何种战略？战略会随时间而发生变化吗？首先从获胜者开始，然后询问是否有人采用了完全不同的战略。一般来说，在整个轮次中，大部分学生仅仅是与他们桌子上的人组建一个团队并且只与这个团队中的人合作。有时，一个学生会大声叫嚷"谁有字母 C"或者"有人需要字母 C 吗"，并且短暂地扮演一个供应商的角色（这最终会被证明是最为有效的制胜战略）。很少会看到有人承担风险并尝试一些完全不同的做法。

3. 你们是如何组建团队的？再次，很明显，学生在团队组建上并不是深思熟虑或具有战略性的，而只是认为他们应该与自己桌子上的其他人组建一个团队，然后在他的团队里开展工作。他们并没有考虑其他更具创业精神的战略。

4. 慢慢浮现了哪些类型的角色和关系？一些团队将会很自然地运用劳动分工，单词组建者、单词打分者、取杯子的人是最常见的角色。有些团队将会感到意外，因为他们并没有考虑将专业化分工作为一种战略。

5. 总的来说，你更喜欢第 1 轮还是第 2 轮的工作？通常，几乎所有学生会选择第 2 轮（尤其是在领导力开发或研究生项目中），因为他们将自己视为管理者或团队成员。然而，他们将会一致认可，他们自己管理的那些人可能会更喜欢第 1 轮的工作，因为这些工作更加惯例化、结构化且相互独立。之后，我会指出，第 1 轮的大部分工作是可以自动化的。如果他们继续玩第 1 轮，随着时间往前推进，他们将会开发软件来自动地产生获得最高总分的单词组，并有效地剔除单词组建中的人工付出。

6. 你是引领还是跟随？对这个问题并没什么正确答案，但在模拟中，学生可以选择承担领导者角色或追随者角色（或者二者的组合），他们对"激动人心的时刻"的行动方式的反思有助于自我认知。

7. 第 2 轮模拟增加了现实世界中的合作和共同价值创造，如表 3-4 所示，这带来了更高的生产力（即更高的得分），但也导致了更高的复杂度以及对责任感和团队合作的需求。

表 3-4　第 2 轮模拟与现实世界的联系

模拟	现实世界
允许合作与共同价值创造	全球价值链、合作伙伴关系、商业网络、跨职能团队等

1:00 ～ 1:25　**第 3 轮**（包括汇报总结和第 4 轮的指导说明）

　　准备工作：类似于第 2 轮，要求学生在各自的桌子上将字母打乱并混合在一起，然后重新建立 1 套 10 个杯子的组合，每个杯子里有 3 个字母。完成后，每个人将一套杯子拿回到原来放杯子的桌子上并将其放置在其他人的便利贴后面。

　　指导说明：

1. 第 3 轮使用与第 2 轮相同的规则。我经常在中间休息之前对此进行宣布，以便让学生有机会讨论并制定更好的战略。

2. 你能做些什么事情让自己更富创业精神？在这时，我会告诉他们，第 3 轮的最高得分是 8 176 分（这个分数通常是典型的第 2 轮最高得分的很多倍，第 2 轮中的得分很少能超过 1 200 分）。当他们表现出震惊时，我告诉他们，这个游戏有很多不同的玩法，但在第 2 轮中几乎每个人总是用同样的方法来玩游戏（即组建团队、合作并进行劳动分工）。在创造逻辑和预测逻辑中，这是一种典型的预测导向的方法，他们更多的是在运用一种众所周知的战略（组建团队），而不是更富创业精神并尝试一些完全不同的做法。

　　期望的游戏玩法：尽管劝告大家要更富创业精神，但大部分参与者仍旧会留在第 2 轮的团队里，或者采用劳动分工，或者改进他们的劳动分工。有些人会努力创造更长的单词，有些人则尝试特定语言中的最长的单词。一般来说，最有效的制胜战略是承担供应商的角色，从一个团队转向另一个团队，找到机会让自己的字母进入很多团队组建的最长单词中。就是这种战略产生了 8 176 分的最高得分纪录。然而，典型的游戏玩法更多的是一种预测方法（在团队中更有效率）而不是创造方法（尝试一种完全不同的游戏玩法）。

　　汇报总结：我一般会重复来自第 2 轮的汇报总结问题，关注那些在第 3 轮中不同的战略和方法。通常，尽管劝告大家要更富创业精神，但学生仅仅是试图在同样的战略上更有效率。然后，我会询问他们在尝试完全不同的方法与执行并改进之前选定的战略上分别花费了多少时间。他们通常极不情愿地承认，他们实际上并没有那么富有创业精神。然后我就问大家原因是什么，典型的回答是缺少制定新战略的时间，风险过大，离开一个团队的社会压力，等等。通常很容易将这些基于模拟的原因与存在于真实组织中的原因联系起来。

1:25 ～ 1:40　　**第 4 轮**（包括汇报总结和第 5 轮的指导说明）

准备工作：与第 2 轮和第 3 轮相同。

指导说明：

1. 第 4 轮与第 3 轮相同，只有两个重要差异。

2. 不是每隔 1 分钟就走近桌子并取一个杯子，你可以想取多少杯子就取多少，任何时间都可以去取，任何组合都可以。我们会让你知晓本轮模拟还剩多少时间，但我们不会每隔 1 分钟就响铃。

3. 你从桌子上取的每个杯子都要花费 40 分。在本轮结束时，要计算你的单词总分并减去你所取的杯子的数量与 40 分的乘积。在这一轮中，我们是在围绕利润而不是总分展开竞争。得到最高利润的人最终胜出。

4. 在整个轮次中，你与任何特定的学生只能组建三个单词（三个单词规则）。（这是要强制解散并鼓励学生尝试不同的战略。）

5. 不允许"选择性地取"杯子。当你走近桌子取杯子时，你要讲诚信，不要看杯子里有哪些字母并有意地选取那些拥有最佳或你最需要的字母的杯子。

期望的游戏玩法：成本增加一般会使得几乎所有学生更加规避风险。当本轮结束时，我通常要求学生看一看放置纸杯的桌子。一般会有一半以上的杯子并没有被拿走。尽管他们拥有同样数量的时间来组建单词（以及更多的实践），但他们不愿意取足够多的杯子来组建高价值的单词。有时一位学生会直接取走 10 个以上的杯子，如果他们四处转转并找到大量单词可做贡献，那么这是一个非常好的战略，但是如果他们试图自己组建单词，那么这是一个非常糟糕的战略。"三个单词规则"一般只会产生从中途开始一直坚持到最后的移动，但一般不会导致战略上的改变。通常，他们只是移动到一个不同的桌子上并组建一个新的团队，并延续同样的合作战略。然而，一些学生最终会承担更多的供应商角色并寻求机会提供或获得能帮助完成高价值单词的字母。

汇报总结：在算出分数、宣布获胜者并探究情绪（学生通常在第 4 轮中更加紧张）后，提出以下问题：

1. 你如何应对字母现在是有成本的这一事实以及你在争夺利润吗？大部分学生将修改后的游戏视为包括了更多的风险，最开始不愿意取更多的杯子或在整个模拟中自始至终取额外的杯子。成本增加（以及损失的可能性）使得他们不那么富有创业精神。这很容易将基于模拟的风险规避与真实组织联系起来。

2. 你运用了何种战略？它们会随时间而发生变化吗？尽管"三个单词规则"会鼓励对不同方法的一些试验，但大部分学生仅仅是延续他们在之前轮次中运用的同一战略，只是针对新规则做些调整罢了。指出这一点（并进一步探究原因）有助于表明时间和成本压力会压制创新和创业行为。

3. 第 4 轮增加了生产成本和合作调整以及二者组合所导致的复杂性，二者在所有组织中都是普遍存在的（见表 3-5）。

表 3-5　第 4 轮模拟与现实世界的联系

模拟	现实世界
无限制的字母供应，但是每杯字母都是有成本的	必须管理的可变风险
与特定参与者最多合作创建三个单词	拥有更多合作者和顾客的、更加复杂的全球价值链高度动态的组织，有大量的团队调整、再组织、短期项目等

1:40 ～ 2:05　**第 5 轮**（包括汇报总结）

准备工作：同第 2、3 和 4 轮相同。此外，确保你有至少 3 个志愿者被培训作为顾客（见用于指导顾客的"第 5 轮模拟的记分规则和裁判说明"，包括了如何奖励分数）。

指导说明：

1. 第 5 轮（最后一轮）与第 4 轮相同，只有两个重要变化。

2. 在本轮，你事先并不知道顾客价值是什么。也就是说，前面的公式（单词得分 × 单词中字母的数量）不再适用了。

3. 当你用拼字游戏字母创建了一个单词时，举起你的手，一个"顾客"就会走到你身边，评估你的单词并奖励分数。对单词贡献了字母的任何人都会得到奖励分数，应该将这个分数放在各自的得分表中。不存在自我评分——所有的得分都是由"顾客"授予的。一旦一个单词被评分，其中的字母就被使用过了，应该被放到"使用过的字母"的碗或广口瓶里。

4. "三个单词规则"被剔除了——你可以与同一个人合作三个以上的单词。

期望的游戏玩法：本轮激发了一个新的机会空间，其中，顾客想要什么以及需要什么是未知的。一般我们会秘密地用规则"将单词中最后一个字母的价值 ×25"替代掉之前的规则"单词得分 × 字母的数量"，但也可以是任何其他规则。很明显，最有效的战略是快速原型制作并为很多单词获得分数，然后寻找有助于确定有关顾客想要什么的模式或线索。有时这会发生，但大部分时候学生会继续待在以前组建的团队里，或者花费时间讨论战略，或者立即将先前的制胜战略（比如拥有高价值字母的长单词）应用到这个新环境中。一般在最初的一两分钟里没有任何人举手，并且很少有学生要求顾客同时对一个以上的单词打分。

当我们使用上面的"×25 原则"时，大部分团队最初努力创建拥有高价值的长单词，结果得分只有 25 分（因为一个单词的最后一个字母很可能就是只值 1 分的普通字母）。一些团队感到沮丧，因为似乎做什么都不能提高顾客价值，并且有时会得出结论，即规则是"所有单词都价值 25 分"，然后就努力组建出尽可能多的单词。通常，一个或两个团队最终会思考出正确的原则，然后尽可能快速且高效地努力组建出高价值单词。不管是哪种方式，对每个人来说都会是有趣且吸引人的一轮模拟。

汇报总结： 在分数计算完毕后，宣布获胜者，并探究情绪（在这轮中，学生会交替地沮丧、兴奋、挑战等）。我会提出以下问题：

1. 你如何应对顾客价值未知的不确定性？这个问题自然会导致关于战略的讨论。事后来看，大部分团队认识到它们本应该立刻制作更多的"原型"来思考顾客需求，不应该坚守先前的战略时间过久。由此引发的讨论可用于强化在不确定环境中快速学习的重要性、快速原型制作的威力以及二者的挑战或障碍。

2. 你在试验、计划和执行上分别花了多长时间？在本轮模拟中，最佳战略是快速试验或原型制作以快速学习或失败，直到你理解了顾客想要什么，然后转向执行和提升效率。也就是说，从创造方法开始起步，一旦你对自己有了制胜的战略或设计充满信心，就会转向计划或预测方法，关注效率和渐进性改进。对学生而言，这种结论事后看起来是显而易见的，因此再一次让他们探究为何在模拟当中没有采用这种方法，这将会非常有成效。一般来说表达出的原因基本是类似的——没有进行试验的时间，感到过于有风险，采用被接受的战略的社会压力，等等。

3. 你主要是在领导还是在追随？我通常将此作为一个有说服性的问题而不是为了寻求答复——我想让参与者注意到他们自己在"激动人心的时刻"的行为，将其作为一种打造自我认知的手段。

4. 你从这个模拟中学到的重要知识点是什么？典型的答复是对新方法进行试验的重要性和价值，在专注于执行之前要花时间思考，要想快速学习必须得下"小赌注"，等等。到模拟结束的时候，这些经验教训已经重复了足够多的次数，大部分学生已经"掌握"并通常对这次体验感到非常赞同。

2:05 ～ 2:30 总结和关键要点

一般我用下面的关键要点来结束这次模拟：

1. 管理是关于应对复杂性，领导是关于应对变革和不确定性。

2. 我们对于如何领导所知道的东西是非常重要的，但是我们如何在关键时刻采取行动决定了我们的领导力。

3. 在高不确定性时代，引入那些有助于你的团队通过快速的明智行动来快速学习的方法要比在你无法预测的事情上花费大量时间进行思考和计划更为英明。

课后作业

无。但可以给学生布置一项针对此次模拟体验的简短的反思备忘录任务。

教学小贴士

我将大部分教学小贴士已经嵌入在上面的教师说明里。同大部分模拟一样，关键在于要保持灵活性并要识别出每轮模拟将会产生不同的行为和结果。因此，你的汇报总结要利用这种可变性并动态地调整，围绕参与者的实际体验创造更多的"可传授时刻"，不要强行插入一些在他们的具体体验中无法感受到的关键点。尽管围绕组建单词所开发的模拟练习是非常简单的，但该模拟创建的行为与真实组织中发生的事情是共通的。反复地表明模拟中发生的事情是如何在"真实生活"中发生的，这是非常有用和重要的。

资料来源

请给基斯·罗拉格发电子邮件获取本教学说明、个人打分表和引导性幻灯片的电子版，邮件地址是：krollag@babson.edu。

附录3-1

个人打分表

姓名：＿＿＿＿＿＿＿＿＿＿＿＿＿

第 1 轮	第 2 轮	第 3 轮	第 4 轮	第 5 轮

	第 1 轮	第 2 轮	第 3 轮	第 4 轮	第 5 轮
在本轮的总得分					
在本轮中组建的单词的数量					
在本轮中你合作的队友的大概数量	0				

附录3-2

第 5 轮模拟的得分规则和裁判说明

提示：不要把这份表单分享给参与者。

学习目标

第 5 轮模拟的学习目标是强制参与者应对高度不确定的环境（特别是在顾客想要什么方面）并奖励那些采取行动导向、创造导向、试验导向的创业方法的人。作为裁判，你的任务是协助创造那种不确定性。

背景

在之前的四轮模拟中，每个单词的总分是"拼字游戏单词分值 × 单词长度"。例如，如果你组成了单词"POST"，你的总分将是（3+1+1+1）×4=24 分。如果你组成了单词"QUEEN"，你将会得到（10+1+1+1+1）×5=70 分。

在第 5 轮模拟中，参与者事先并不知道如何给单词记分，必须通过组词和得分来思考裁判是如何给单词记分的。只是告诉他们"创造有价值的东西"，然后为他们找一个"裁判"来记分。

记分规则

不要把这个规则与参与者进行分享。当参与者大声呼唤你给他们组建的单词记分时，紧盯单词几秒钟，表现得你好像真的在努力思考应该给这个单词记多少分，然后使用下面的记分规则，即最后一个字母的分值乘以 25。

字母	最后一个字母的价值	单词得分
A E I O N R T L S U	1	25
D G	2	50
B C M P	3	75
F H V W Y	4	100
K	5	125
J X	8	200
Q Z	10	250

裁判建议

目标是不要给团队关于你是如何为单词记分的线索。只是观察、记分并继续移动。让学生自己思考评分规则是什么。思考规则是什么并不如努力试验不同的单词更为重要。一些团队努力工作来组建真正很长、很复杂的单词，结果却发现，与以前轮次相反，这并不会让它们得到高分。

练习3-6　剧作烘烤大赛

作者：贝丝·温斯特拉

与实践类型的联系：🌐 💡

涉及的主要创业主题

创意构思；失败；测试。

基本描述

1984 年，后来连续赢得普利策奖、托尼奖以及其他几个奖项的剧作家宝拉·维高（Paula Vogel），与一些剧场艺术家共同开发了一个练习。这个练习源于艺术家对美国剧院的不满，他们试图建立新的工作方式。维高在她的文章《烘烤大赛：一部历史》（*Bake-offs：a History*）中写道：

> 在我们看来，在纽约唯一完成的新剧本是从路易斯维尔演员剧院（Actors' Theater of Louis Ville）转入的剧本，因此我们决定，作为我们极度沮丧的一种发泄，要找出在 1984 年让一部新剧作具有商业可行性的秘方是什么。之后，我们就各自回家并在 48 小时内每人写一部符合这个秘方的剧作。我们将其称为"伟大的美国剧作烘烤大赛"。

维高和她的艺术家同事断定，任何戏剧的三个引人入胜的要素都是"前廊、厨房水槽和隐藏起来的秘密"，因此也是这些艺术家分派给自己作为要写的脚本的共同要素。烘烤大赛活动（Bake-Off Activity）正式诞生了，并且这个练习从此在剧院以及主要大学的编剧课上被使用，比如布朗大学（维高在这里担任了 20 年的编剧项目首席专家）和耶鲁大学，以及世界各国剧团所举办的工作坊，作为产生新剧作的一种方式。正如维高所主张的：

> 当我思考了非常多的编剧与烹饪的动态性后，我就意识到这个比喻多么恰当，即我们在截止日期之前为一个特定群体进行烹饪，可能是一家剧院、我们了解并且喜爱的演员、特定的观众……我们还在竞争中烹饪。"我比那家餐馆做得更棒。""我有一个更好地制作蛋糕或沙拉的点子。"

维高的烘烤大赛活动不仅可以作为一种创造新戏剧素材的催化剂，而且可以让参与者进行实践（这种实践是他们作为艺术家必须要做的）：在特定时间为特定观众进行创作。事实上，创业者与艺术家非常相似，必须关注他们为之创造产品并以及时且权宜之计的方式生产产品的受众。尽管烘烤大赛活动提供的限制条件也许要比创业者在日常生活和工作中所遭遇的更加严格，但它可以让参与者在同样的限制条件以及共享因素下进行实践。本练习与创业课堂中所看到的更为传统的创造性活动形成了鲜明对比，因为它是从非商科领域借鉴过来的。

烘烤大赛活动的目标是创造原创的剧作或滑稽短剧，要利用被分配的材料并在预先指定的限制时间内完成。学生必须思考如何将被分配的材料连接起来形成一个对观众而言引人入胜的故事。当组织烘烤大赛活动时，老师可以设定被分配的材料和时间限制，按照对创业课程有利的任何方式来设定皆可。例如，在家族创业课中讲授沟通动态和冲突管理的老师可以将下面的内容作为烘烤大赛的材料：

- 兄妹之间的争吵。
- 关于继承的遗嘱或说明。
- 婚姻。
- 与家族没有关联的忠诚员工。
- "爸爸最爱我"这句台词。

参与者创造一个剧本或小品，其中必须出现上述所有内容并展开一个有趣的故事。老师可以设定剧本创作的时间（可以是 24 小时或 30 分钟，或介于两者之间的任何时间），并决定参与者是小组合作还是每个人独立创作他们的作品。本练习设定的时间限制是 95 分钟，有 20 名学生，分成 4 组，每组 5 人。这种时间限制和学生人数组合通常效果很好。老师应鼓励参与者以原创且引人入胜的方式利用给定的内容。参与者可以表演自己的作品，也可以利用外部演员来表演本次活动中创造的脚本。

也许烘烤大赛活动最好的部分是"品尝"或观看最终产品。参与者可以看到他们在自己作品中使用的相同内容如何在同学的作品中以不同且独特的方式被重新构思。此外，这些剧本变得几乎就像可以测试新创意和新战略的实验室。在家族创业课上，利用上述指定成分创作原创剧本的学生可能会发现新的有效方法，可用来以清晰和成功的方式解决冲突并沟通需求。

使用建议

烘烤大赛活动适用于任何类型的课程（本科生或研究生）或项目，并且在受众规模方面没有限制。这项活动应在开阔的空间内进行，没有大型家具和其他会妨碍移动的物品。我建议为参与者和观众准备椅子。

开展方式

面对面。

学习目标

- 在特定时间内创造吸引特定观众的原创作品。
- 实践对共同或共享元素进行思考的新方式。
- 发现成功的讲述故事的方法。

理论基础和素材

Paula Vogel, Bake-offs: a history, http://paulavogelplaywright.com/bakeoff-history (accessed 15 February 2020).

关于表演和表演的介绍性文本，见 Barton, R. (2012), *Acting Onstage and Off*, Boston, MA: Wadsworth.

对于将舞台活动与商业演示成功联系起来的文章，见 Ray, S. (2017), 'Why the power positions of the stage are important at the office', [2020-01-03]. https://www.bizjournals. com/ bizjournals/how-to/growth-strategies/2017/10/why-the-power-positions-of-the-stage-are-important.html.

材料清单

- 学生应携带笔记本电脑来创作自己的原创剧本。
- 学生也可以携带任意他们认为可以增进他们表现的道具或服装。

学生的事先准备工作

学生应阅读表演的入门文章。我建议阅读：Barton, R., 2012, "Acting acknowledged", *Acting Onstage and Off*, Boston, MA: Wadsworth。

时间计划（95分钟）

如上所述，烘烤大赛活动的时间表可能会有很大差异。本时间计划是关于在95分钟时间里如何在20名学生中使用烘烤大赛活动的描述。我建议在活动的前一天晚上将指定的材料交给各个小组，希望学生在第二天上课前已考虑了情节、人物和冲突的可能性。在前一次课上，利用上面练习描述部分中提供的一些内容来设置练习，这可能会有所帮助。我建议等到活动当天再进行分组，以便所有同学都带着不同的想法和战略来到教室。

0:00 ～ 0:20　鉴于你可能正在与创业相关的课程中使用此练习，学生也许会对他们的"表演"感到紧张和焦虑。利用一些传统的剧院热身练习让学生放松一下。带领学生进行伸展运动，使他们的身体做好活动、试验和表演的准备。伸展运动应该对腿部、背部、手臂和颈部进行热身。接下来，学生应该围成一个圆圈，每个学生都应该用一个戏剧性的姿势说出自己的名字。下一个学生重复上一个学生的名字和姿势，然后说出自己的名字并做出一个戏剧性的姿势。这个过程围绕圆圈依次继续下去，直到所有学生都给出了自己的名字和姿势。这个练习是一种降低紧张感并开始尝试区分每个演员的独特舞台动作的很好方法。

热身结束后，与学生一起回顾阅读材料中介绍的舞台基本姿势（舞台中央、舞台左侧、舞台右侧、舞台右上方、舞台右下方等）。与学生讨论舞台上的强大位置（如舞台中央）以及根据角色站在舞台上的位置而表现出的关系和权力动态性。提醒学生，所有伟大的戏剧都包含冲突，这种冲突可以简单地理解为A想要B的东西，而B想要别的东西。他们创建的脚本当然应该包含冲突，但不一定包含解决方案。

0:20 ～ 0:30　将学生分成5人一组。告诉学生，他们将要创建原始脚本，然后执行这些脚本。他们的脚本必须包含他们前一天收到的指定材料，但他们可以（并且应该）以任何他们喜欢的方式来使用这些指定材料。例如，如果材料中的一个成分是"兄弟"，那么参与者可以在他们的戏剧中加入血缘关系或兄弟会。告诉学生，他们有30分钟的时间来创作剧本，然后有15分钟的时间来背诵和排练他们的原创剧本，最后的表演应该是5 ～ 7分钟。告诉学生，你并没有给他们足够的时间来完成你所要求的工作，他们需要有效且高效地利用时间。

0:30 ～ 0:60	当学生在他们各自的小组中合作编写剧本时，他们会在每个小组中传播相关信息。继续鼓励各个小组以独特和令人兴奋的方式使用它们的所有材料。询问每个小组对观众的期望是什么：它们希望观众通过它们的表演来做什么、思考什么和实现什么？这些目标要素如何影响脚本的编写？
1:00 ～ 1:05	这 5 分钟的时间应该用于从剧本创作向排练的过渡。
1:05 ～ 1:20	当学生排练他们的戏剧或小品时，在各小组间传播信息并提醒他们再次思考他们的观众。观众能听到每一个字吗？观众能看到他们表演的每一个瞬间吗？他们是否需要改变动作以确保观众可以看到、听到并享受每一刻时光？
1:20 ～ 1:35	剧本表演。剧本应在 5 分钟范围内。为了节省时间，教师可以选择在下一节课上展示剧本，或者取消上面从剧本创作向排练的 5 分钟过渡环节。

课后作业

虽然烘烤大赛活动并没有必须完成的课后作业，但我建议让学生写一篇反思文章，在其中思考他们创造剧作和表演剧作的过程。这些反思的引导性问题可以是：

- 哪些事情的效果良好？
- 哪些事情较为困难？
- 他们是如何处理材料成分列表和时间约束的？
- 他们从观看其他小组的表演中学到了什么？
- 他们从故事讲述中学到了什么？
- 我们为什么要在创业课上做这个活动？

这些问题也可以在练习结束后立即作为课堂汇报总结，可以在下一堂课上使用，甚至可以用于在线讨论。

教学小贴士

如果外部人员可以进来对最终产品进行判断或评论（很像风险资本家或投资人），那么烘烤大赛活动的效果会更好。外部人员的存在似乎增大了活动的风险，并为参与者营造了一种竞争但有趣的氛围。学生可能会发现这项活动超出了他们的舒适区。营造有趣的氛围并让全班同学为所有团队鼓掌（以及呐喊）将会缓解紧张状态。要不停地提醒学生，这个项目的仓促而狭小的限制条件将不会产生完美的表演，目标是在他们拥有的有限资源条件下尽可能地发挥创造力。

资料来源

本练习由宝拉·维高开发，但可供公众使用。

练习3-7　通过艺术创作克服你的恐惧

作者：坎迪达·G.布拉什

与实践类型的联系：Ⓒ ❄ 🧠

涉及的主要创业主题

创意构思；失败；测试；创业思维。

基本描述

　　对非艺术家来说，艺术是一种伟大的调和剂。许多人害怕绘画，因为他们不是受过训练的艺术家。本练习要求学生画物体和人物，这有助于他们放下对"富有创造性或艺术性"的恐惧。产品或服务构思的早期阶段通常需要原型制作，绘制产品或服务是原型制作的最早期形式，这通常被称为快速原型制作或原型制作。本练习通过 4 个简短的反思性绘画练习，让学生抛开恐惧并从中获得乐趣。

使用建议

　　可在初创企业、原型制作和创业思维相关的课程或研讨会上与本科生、研究生和实践人士一起使用本练习。受众规模可以为 8 ～ 80 人不等。

开展方式

　　面对面、在线。

学习目标

- 克服对绘画和设计的恐惧。
- 实践观察技巧。
- 参与一种试验形式。

理论基础和素材

Jenny, T. (2011), 'New discoveries about non-dominant-hand drawing', [2020-06-22]. https://www.createmixedmedia.com/blogs/new-discoveries-about-nondominant-hand-drawing.

Potts, E. (2018), '5 drawing Exercises that will turn anyone into an artist', [2020-06-22]. https://www.creativelive.com/blog/5-drawing -Exercises-turn-make-anyone-artist/.

Treadway, C. (2009),'Hand E-craft: an investigation in to hand use in digital creative practice', Proceedings of the Seventh ACM Conference on Creativity and Cognition, October, pp.185-194, doi:10.1145/1640233.1640263.

材料清单

- 每名学生 4 张白色或彩色的 8.5 英寸 × 11 英寸的空白纸张。
- 每名学生一支铅笔（带橡皮擦）。
- 各种颜色的耐久性记号笔、蜡笔或铅笔（每桌两套）。

- 每桌一束插花，人造花或真花皆可，或是一个可能有趣的关于绘画主题的三维物体（具有角度、曲线、形状和颜色的物体）。

学生的事先准备工作

无。

时间计划（40分钟）

本练习计划时长为40分钟，但可以延长或缩短。学生应被安排在能坐4～10人（偶数）的圆桌旁，每张桌子的中央都有一束插花（绘画对象）。

每个学生应该有四张空白的白色或彩色绘图纸和一支铅笔。此外，桌子上应至少有两套彩色耐久性记号笔、蜡笔或彩色铅笔，以便学生可以在绘图中使用多种颜色。

0:00 ～ 0:05　开场

问班里同学："你认为你有艺术天赋吗？""富有艺术性是什么意思？"（要求举手回答）在这个简短的讨论中，有些人会提到艺术能力有多种形式，它可以是素描、设计、雕刻或塑造，它可以发生在许多环境中，如音乐、烹饪、缝纫、园艺或绘画。

根据定义，富有艺术性通常意味着某人可以创造出具有美感并且需要特殊的艺术或工艺技能的东西。重要的是，艺术技能可以通过实践来学习。绘画也是创业中进行沟通交流的一种方式。在创业的早期阶段，有时把一个创意绘制出来要比写出来效果更好。然而，由于我们中的许多人担心自己并不擅长艺术，因此可能会回避绘画。

今天的练习将帮助你克服通过绘画展现你的创意时可能产生的任何恐惧——我们在这样做时会很有意思。

0:05 ～ 0:08　绘画练习1：绘制你看到的事物

让每名学生拿一张纸和一支标准铅笔。让他们在不看着纸的情况下，使用标准铅笔"画出"放在桌子中央的插花（或物体）。2分钟后，让他们拿一支彩色铅笔或记号笔，开始用不同的颜色给图画上色，仍不要看纸。

0:08 ～ 0:10　绘画练习1汇报总结

请全班同学看看自己的绘画作品并与桌旁的其他人分享。提问："图画是怎么画出来的？"（会有很多笑声）；"你们绘画的时候专注于什么？"然后，接着问："不看着纸会很难吗？"在这种情况下，并没有机会去修正或评估你的绘画方式，因为你看不到自己的工作方式。

0:10 ～ 0:13　绘画练习2：非惯用手

请学生拿另一张纸和任意的彩色铅笔。在这个练习中，让学生用他们的非惯用手画出放置在桌子中央的插花（或物体）。这一次，他们可以看着纸。2分钟后，让他们拿一支彩色铅笔或记号笔，用他们的非惯用手给图画上色。

0:13 ～ 0:15　绘画练习2汇报总结

问全班同学："用你的非惯用手绘画是如何进行的？"学生会指出，这感觉很尴尬。老师应强调指出，使用非惯用手可能会让你的大脑有点困惑，但它可以释放创造力，并抑制你创作完美画作的动力。

0:15 ~ 0:18　**绘画练习3：画你的搭档**

让学生在他们的桌子上确定一个搭档，然后拿一张纸和一支铅笔，在不看着纸的情况下"画出"他们的搭档。2分钟后，让他们拿一支彩色铅笔或记号笔，开始用不同的颜色给图画上色。

0:18 ~ 0:22　**绘画练习3汇报总结**

这会引发很多笑声，因为绘制出来的图画很少与真人的长相接近。请全班同学在他们的桌子上分享自己的画作。提问："你关注什么？"学生会提到脸部的某些部分，但这里的重点是他们正在研究他们的绘画对象，而不是试图解释他们在想什么，只是要专注于他们搭档的面部特征。

问同学们："这和不看着纸画插花有什么不同？"老师应该强调指出这是不同的，因为有一个绩效压力的因素——渴望捕捉绘画对象的关键特征，通常是积极的特征。

0:22 ~ 0:25　**绘画练习4：双手画画**

让学生拿最后一张纸和两支铅笔或两种不同颜色的记号笔，一边看着纸一边用双手画出插花。

0:25 ~ 0:28　**绘画练习4汇报总结**

问同学们："你是如何应对这个问题的？"大部分同学会说他们从插画的顶部开始绘制并依次向下，这样就能一致地画线条。有些人可能采取了不同的方法，请提问他们为什么会采取其他方法。

问同学们："结果表明了什么？"可能是在线条连贯性和质量方面存在差异。老师可以强调指出，一些艺术家具备完美的双手绘画技能，比如列奥纳多·达·芬奇，但这种技能是非常稀缺的。惯用手和非惯用手具有不同但互补的作用。惯用手负责已排练过且知道如何执行预先计划好的活动，非惯用手必须即兴发挥并从中学习。双手进行练习有助于锻炼你大脑的两个半球。

0:28 ~ 0:40　**总结和最终汇报**

你最喜欢哪个绘画练习？为什么？哪个练习产生了最好的绘画？为什么？你会实践所有这些练习吗？关键的总结要点包括：

- 在这个练习中，你学习了画出所见而不是所知的。这是观察的一个关键组成部分，因为你正在观察一个人或一个物体并真正研究他（或它），而不是推断这个人可能在想什么或这个物体可能意味着什么。这是设计思维或其他机会识别方法中重要的观察技能。
- 学生正在"注视当前正在发生的事情"并在短时间内释放他们的记忆。他们正在练习高度专注。
- 用非惯用手绘画对每个人来说都很尴尬，也让每个人都感到不舒服。然而，重要的是要强调指出，不适是创造力和创业的必要组成部分。以新的方式使用任何东西，比如用你的非惯用手画画，可以激发新的看待世界的方式。
- 绘画是一种交流创业想法的手段，上面的练习应该能帮助你克服对做一些你以前没有尝试过的新事物的恐惧。本练习是探索这一点的一种方式。当你在将一个创意绘制出来时，要学会不要进行自我判断；相反，努力制作你所看到的内容的近似复制品。

课后作业

可以给学生安排一项课后作业，让他们将自己的创意或创业产品或服务绘制成海报图，但不能使用任何文字。

教学小贴士

这个练习引发了很多对话和笑声，但重要的是要强化练习的目的。老师可能希望给学生布置一项对练习进行反思的短作业。如果你班上有一位了不起的艺术家，你可以请那位同学谈谈他如何看待艺术、观察的力量以及试验的作用。艺术家不断试验和尝试，他们通常不会第一次就把事情做好。

资料来源

这是几个广泛使用的练习的汇编，但是由作者首创性地进行整理组合。

练习3-8　几何图案挑战

作者：丹尼斯·J. 切鲁

与实践类型的联系：⚫ 💡

涉及的主要创业主题

创意构思；设计思维；创业思维。

基本描述

　　这个看似简单的几何图案练习可以作为热身活动，也可以作为通过使用发散思维和具有挑战性的假设来实践创造性思维的一个机会。呈现给学生一个"简单正方形"的图像，并要求将其分成四个相等的部分。不提供其他说明或限制条件。因此，本练习将通过划分正方形的"预期结果"而往前推进，直到学生意识到一旦创建了基本的划分，他们将需要扩展自己的思维以包括不均匀的线条、重复、颜色或添加图像，如大量鲜花、旗帜或面孔。通过"打破不存在的规则"（比如没有规则规定你不能使用颜色）和在他人的创意之上进一步发挥，本练习呈现出创造性思维的"活画布"。我们预计，"横向思考者"（如工程师和科学家，以及传统的管理者）可能对这些概念有一些困难，一开始可能会感到沮丧。然而，在练习结束时，通常所有同学都会达到某个版本的"啊哈体验"，因为他们意识到他们最初的思考和反应可能被人为限制了，他们现在能认识到创造性思维过程的广阔力量。

使用建议

　　本练习适合于本科生或研究生的创业课程。没有班级人数限制，适用于小型或大型课程。作为创造性思维的热身，本练习还可以在课外环境及工作坊、培训项目或高管教育课程中使用。这个版本的练习是在线进行的，但也可以在面对面的课程中使用。

开展方式

　　面对面、在线。

学习目标

- 应用发散思维的突出方面。
- 练习将创意构思和创造性思维作为设计思维的基本前提。
- 培养在他人想法基础上进一步发展的能力。

理论基础和素材

De Bono, E. (1985), *Six Thinking Hats*, Little, Boston, MA: Brown.

材料清单

- 笔记本电脑或台式机，也可以用平板电脑或智能手机，笔记本电脑更易于使用。
- 完成练习所需的互联网接入。
- PowerPoint 或 Google 幻灯片，附有指导说明和学生可以下载的一个正方形图像。

学生的事先准备工作

无。

时间计划（跨越1～3天的30分钟时间，包括学生创建图形、发布作品和发表评论）

第1步　创建学生要使用的工作文档。在开始练习之前，你需要创建两个附有指导说明的 PowerPoint 或 Google 幻灯片，学生可以下载、自行编辑并发布在讨论区。图 3-6 是完美的正方形。具体的指导说明解释如下。

- 在下一张幻灯片中，你将会看到一个完美的正方形。
- 挑战：你如何将这个正方形分成四个相等的部分？
- 你的任务是生成多个（最少 2 个）备选方案来回答这个问题。你究竟有多么强的创造力？
- 使用 PowerPoint 绘图工具来展示你希望如何划分正方形。
- 生成备选方案的时间不应超过 15 分钟。
- 将每个划分完成的正方形保存为单独的图片（.jpg 或 .gif 格式）。
- 完成后，进入讨论区发帖。发帖前，先看看其他同学的帖子。你不得发布重复的答案或图案。
- 评论你同学的帖子，尤其注意那些你没有想到的解决方案。

图 3-6　完美的正方形

向学生强调指出，他们应该在自己发帖之前查看讨论区的帖子，因为他们只能上传新的解决方案。他们可以发布尽可能多的替代方案，只要不是重复的答案。鼓励（或要求）学生就同学发布的内容提交评论和反馈。如果学生发现他们无法生成与已经发布的解决方案不同的解决方案，你可以建议他们简单地评论其他同学发布的内容。还要鼓励学生发表超越"干得棒"或"我喜欢你所做的"之类的评论，相反，通过寻求推进集体思考的评论来增加讨论的价值，比如"我没想过使用颜色"或"你这样做时，它让我想到了其他可能性"，或者"添加曲线带来了另一个维度，让我想到了艺术家如何用不同的技术打破既有模式"。

第2步　让学生在 2 天或 3 天的时间内工作、发帖和回复帖子。

第3步 发送总结消息 / 视频。你可能希望录制类似于以下内容的总结消息：

这个看似简单的练习让你有机会亲身体验预先确定的思维模式的内在局限，这些思维模式本身就限制了创造力。通过发自内心地体验自己的挫折以及通过观看他人的工作所产生的备选方案对自己的启发，你现在已经了解了创造性思维过程的基本原则以及在他人想法的基础之上进一步发展的力量。我希望看到不同的方法或观点已经大大提升了你自己识别机会并最终根据机会采取行动的能力，这就是创业的本质。

感谢那些早期勇敢的帖子，以及那些开始有点突破边界的帖子。回顾一下本练习的流程，问问自己出现了哪些模式？后面的帖子如何"建立在他人想法的基础之上"（如果他们这样做了）。在看到最有可能是由"已经被人采用过了，所以我需要进一步想出一些新方法"和"灵感"构成的组合（从而导致新观点）而激发的进一步发展之后，你作为早期的帖子发布者是如何考虑或感受你的贡献的？

同样思考一下同学的评论。谁说你必须按照字面上的指示去做？我们大多数人什么时候、为什么、多久"试图弄清楚对我们的期望"然后"立即去满足期望"？对改变、适应、松散地解释甚至违反规则而言，什么时候是"安全的""可以的""可以接受的"或"有必要的"？

最为重要的是，这对你自己的第一反应、第一行为以及通常的思考和行动方式（尤其是与你的工作有关的）有什么启发？

来自这个看似微不足道但本质上至关重要的练习的经验教训如何帮助你并被你应用在本课程的工作团队中，甚至被你自己的创业活动所采纳和应用？

如果你选择进行实时或同步总结，当你将所有创建的图案并排放置时，它会有非常强大的效用，这样学生就可以看到全班同学创建的所有不同的备选方案。

课后作业

在我的课程中，学生每周都有一份在线反思日志。在他们的日志中，我要求他们使用三个问题来反思几何图案挑战：

- 你从本次课程中获得了哪些新见解？
- 本次课程激发了你的哪些新创意？
- 这些见解和创意与你的工作环境和工作经历有什么关联？

教学小贴士

- 讨论区最初的几篇帖子基本是可预测的，一般遵循标准的几何划分规则。然而很快，有人会使用"波浪"线分割正方形，添加多个重复图像，然后着色。有关不同阶段的帖子提交示例，如图3-7所示。
- 一旦发生这种情况，老师可以发表关于班里同学如何开始"在他人想法的基础之上进一步发展"的评论，这是创意构思和设计思维的标志，也是我们在讲授创业思维和行动时努力达到的目的。

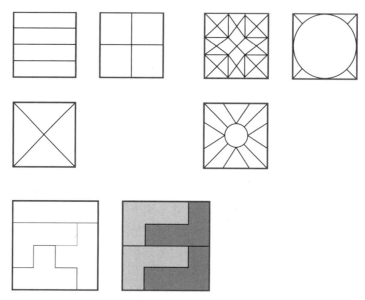

图 3-7　学生提交的图案样本（早期、中期和后期）

- 有时，在稍后阶段，同学们会在"讨论区"再次发帖，表示他们起初没有看到先前帖子所产生的可能性。这是他们的"个人啊哈时刻"，当他们开始看到他们如何经常被自己强加的思维限制所困，并且当他们"感到被允许"时，他们开始变得有创造力。

资料来源

本练习由百森商学院教师为混合学习 MBA 项目（blended learning MBA program）所开发，包括丹尼斯·切鲁、马克·赖斯（Mark Rice）和威廉·斯蒂特（William Stitt）。

移情：情绪力训练

移情是一种社会性与情绪化的技能，它能帮助人们深刻理解和连接他人以给予支持和帮助。已有研究支持这种观点，就是人们通过参加构建移情的训练和体验，不仅可以移情，还可以提升移情能力。本章将提供10种移情练习方法。

练习4-1　日常生活的一天

作者：阿莉莎·乔诺·查尔斯

与实践类型的联系： 👁 🌓

涉及的主要创业主题

顾客开发；创业营销

基本描述

有效的创业营销策略特别有利于企业目标市场分析。然而，学生常常苦于难以准确拿捏这一策略，因为他们倾向于在人口统计特征术语意义上孤立地看待顾客的特征，而不是把他们当作现实中活生生的人。通过下面的练习，学生会"一下子看到"活生生的人，即那些购买产品或服务的顾客，他们有自己的个性、关注点、爱好、生活环境和职业。然后，为了理解人们的需求以及企业如何去满足他们，学生扮演生活中顾客的角色，通过表演短剧来展示顾客生活中典型的一天。本练习既是移情练习的重要入门课，也是市场研究中十分重要的一节课。

使用建议

适合于本科生或研究生的创业管理课程。课堂人数不限，本练习对大、小班课堂均适合。

开展方式

面对面、在线。

学习目标

- 基于一个顾客，描述其人口统计特征、心理特征，以及行为方式。
- 通过这些素材的组合生成一幅顾客画像。
- 解释产品或服务的价值如何与顾客画像连接起来。

理论基础和素材

Grudin, J. and J.Pruitt (2009), 'Personas, participatory design and product development: an infrastructure for engagement', [2020-04-10]. https://www.ece.uvic.ca/~aalbu/CENG%20412%202009/scenarios%20and%20personas.pdf.

材料清单

- 活动挂图、带记事本或大便签的画架、马克笔和胶带，供学生分成多个小组时使用。
- 可以被裁切开、有很多人像图片的各种各样的杂志。教师可以从家里带来旧版杂志，或联系学校图书馆索要其回收的杂志。
- 为每个活动团队准备一类产品。选择学生非常熟悉的产品；如不熟悉，相对容易确定顾客群的也可以。该产品将用于团队研究和设计顾客画像，一般包括：
  - 热水袋或冰袋。

- ■ 驱蚊剂（选择不含避蚊胺版，给顾客画像设计增加额外维度）。
- ■ 能量饮料。
- ■ 备用的电池充电器。
- ■ 一份当地报纸。
- ■ 专用水瓶（如保温瓶，能长时间保温或保鲜）。
- ■ 硅烤盘（代替羊皮纸或铝箔纸，做烤盘衬垫之用）。
- ● 可选项：要求学生携带笔记本电脑，可与打印机连接，以便查找产品详细信息，对顾客资料进行一些简单的研究，或为他们的角色板打印图像。

学生的事先准备工作

Lee, K.（2020），'The complete, actionable guide to marketing personas + free templates', [2020-04-06]. https://buffer.com/library/marketing-personas-beginners-guide.

时间计划（预计60~75分钟，取决于小组的数量）

0:00 ~ 0:10 介绍什么是顾客画像及其目的。解释构成顾客画像的信息，通常来自公司自身的定性和定量市场研究，以及第三方行业报告（见图4-1）。通过一个样本模板（见图4-2），简要概述顾客画像的构成，解释人口统计特征的构成，浏览一些心理特征的定义（如挑战和恐惧），以及重要的行为特征（比如，当某人被要求购买特定产品时可能会如何反对）。课前准备好几个例子，并演练一下。

数据类型	定量的 （证实的，演绎的）	定性的 （解释的，归纳的）
一手数据 （为特殊目的，亲自收集到的数据）	问卷 实验	观察 访谈 焦点小组
二手数据 （他人收集的，已经存在的可用数据）	财务报告 市场研究报告	公司网站 公司年报

图 4-1　市场研究的不同类型

0:10 ~ 0:20 将学生分为3组或4组。告诉他们你将给每组一类产品。然后，他们的任务就是为该产品创建顾客画像。他们必须给这个人取名字。学生可以从提供的杂志上剪下一张图片，或者，如果可以使用打印机，将他们在网上找到的想象的有关这个人模样的图片打印出来，然后贴到海报上。他们要在提供的纸张或海报上，写出画像人物的人口统计特征、心理特征和行为。将产品分发给每个小组。

0:20 ~ 0:30 小组一起完成画像任务。

人口统计特征
• 年龄
• 职业
• 财务状况
• 家庭组成
……
兴趣爱好
• 运动
• 艺术
• 音乐

目标

最大的恐惧

日常挑战

产品预期

采购标准

反对意见

购买过程的关键点
• 意识
• 信息
• 偏好
• 购买

图 4-2 顾客画像模板

0:30 ~ 0:35　告诉学生，他们的下一项任务是在小组中设计一部短剧，将他们的顾客画像命名为"生活中的一天"，以便班上的其他人能更好地理解这个人。这部短剧应该基于他们确定的人口统计特征、心理特征和行为特征而设计。可以是人物画像的职业生活（例如，他们在工作中遇到的挑战）或个人生活（例如，在家中如何进晚餐）的场景，这取决于团队认为与理解特定顾客最相关的内容。例如，如果他们创建的画像更关注某些人的职业，那么工作场景可能更合适。短剧每次应不超过 2 分钟，为确保客观性，不应包含或涉及提供给团队的素材或产品。否则，这部短剧看起来更像一则广告，而不是一个移情练习。

0:35 ~ 0:45　小组设计他们的短剧。

0:45 ~ 1:00　各小组表演他们的短剧。每个短剧结束时，询问正在观看其表演的其他小组，它们是否同意表演小组的产品有利于说明特定的顾客画像，如果同意的话，个性化的顾客为什么会购买，以及花多少钱购买。接下来，询问表演小组课堂的表现是否符合他们对顾客画像的理解。

1:00 ~ 1:15　汇报总结，向全班提出以下问题：

● "构建的顾客画像有益吗？为什么？"对顾客画像的批评之一是，它们太具体、臆断和粗糙，不能充分代表顾客。然而，它允许你"知道"和理解个人的动机、驱动力和需求，以便更好地提供给顾客有价值的产品或服务。

● "为进一步提高顾客画像的准确性和可理解性，你将进行哪类研究，收集哪类信息？"学生们将认识到，他们可能要与竞争对手或选择替代产品的顾客去交谈。

课后作业

无。

教学小贴士

作为市场调查的结果，顾客画像练习向学生介绍在市场调查中收集的信息类型以及如何使用这些信息。重要的是，要考虑定量和定性的市场研究在构建顾客关系方面的重要性，一是顾客画像，二是关于顾客画像的产品和营销策略。

教师在开始练习之前，要阅读有关移情或以人为本设计的书籍。这有助于学生理解成功的产品是那些满博学足人们实际需求的产品。完成此练习后，教师可以深入了解通过定量和定性、一手和二手研究获得的顾客信息类型。如果指派学生完成市场调查任务，教师可以重复此练习的删减版（如跳过短剧）。

控制学生的偏见。如果展示的产品与他们没有直接关系，学生可能会得出结论并创建一维人物角色。例如，一个小组展示了一个烹饪用具，创造了一个全职妈妈的角色，还创作了一部儿童短剧，让孩子们在她做饭的过程中玩得不亦乐乎。教师应提醒学生不要急于下结论，做一些产品研究，就产品的可能用途和价值来源开展头脑风暴。教师可在汇报中重申这一点，询问学生是否创建了顾客画像的多个维度，以及顾客研究如何在这方面提供帮助。

练习4-2 产生创意：一项家务事

作者：马特·艾伦

与实践类型的联系： ◉ ◉

涉及的主要创业主题

家族创业；创意构思。

基本描述

　　与传统创业不同，家族创业需要其他家族成员的参与或支持。学生通常难以在家族情境中产生创业想法，因为学生认为其他家族成员尽管有潜力，但不支持新的创业。本练习引导学生通过一个共同生成过程，与其他关键家族成员一起产生新创意。通过这种方式，学生和家族对潜在机会的不同观点有了新的理解。

　　通过这一过程产生的创意，有利于整合学生和其他家族成员的观点，从而获得更大的支持，甚至产生更好的创意。这一练习的独特之处在于，除了关于过程的汇报总结，完全是在教室之外进行的。

使用建议

　　适合本科生或研究生的家族创业或家族商业课程。大、小班课堂均可。这一练习也可以作为创业管理基础课程的补充。

开展方式

　　面对面、在线。

学习目标

- 从多个家族成员的角度，识别家族企业的潜在创业机会。
- 比较不同家族成员在创意构思上的不同方法。
- 组合不同方法，以产生能反映多个家族成员想法的新创意。

理论基础和素材

　　关于理解家族应如何在现有想法基础上产生创意的文章：

Meyer, M. H. and P.C. Mugge (2001), 'Make platform innovation drive enterprise growth', *Research Technology Management*, 44(1), 25-39.

　　关于家族情境下的决策复杂性的文章：

Baron, J., R. Lachenauer and S. Ehrensberger (2015), 'Making better decisions in your family business', *Harvard Business Review*, 8 September, [2020-12-21]. https://hbr.org/2015/09/making-better-decisions-in-your-family-business.

　　关于家族企业代际创业成功的文章：

Jaffe, D. (2018), 'If you want your family business to last several generations', *Forbes*, 30 August, [2020-11-11]. https://www.forbes.com/sites/dennisjaffe/2018/08/30/if-you-want-yourfamilybusiness-to-last-several-generations/?sh=17e5bb707c16.

材料清单

包括本练习结束时给学生的指导表（学生须知）、与家人的互动须知，以及参与者在互动前需要做的准备（机会评估）。

学生的事先准备工作

练习主要在课外完成。由于练习的重点是家族创业，因此学生必须直接与家人一起练习。练习是在进课堂学习期间（between class meetings）进行的。准备工作包括教师在课堂上向学生演示练习，引导学生完成整个过程，并确保学生了解他们自己及其家人的期望。为促进这种理解，教师可以让学生在课堂上完成"机会评估"的准备工作，以便他们清楚地了解流程，并能更好地向家人解释他们的期望。

时间计划（见图4-3）

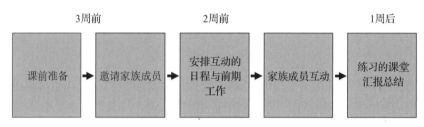

图4-3 互动时间线

课前准备（15～20分钟，练习的3周前）

准备工作的目的是向学生介绍练习，明确流程，并帮助学生自己在课堂上完成机会评估，以便他们能更好地向家人解释。

在准备工作中，向学生展示从开始到结束的整个过程很重要。通过这一方式，学生将能在与家人完成练习之前提出任何问题。这也有助于学生了解作业的"全局"，而不仅仅是完成单个作品。此时，向学生解释这个练习对于家族企业寻找新机会，以及在家族内部培养创业技能也很重要。每个参与家族提出可行创意的成功程度可能各不相同，但每个家族都将学会与家族企业机会识别和评估相关的关键技能。

学生准备工作（所需时间各不相同，练习的2周前）

在练习的2周前，学生应与家人联系，以便安排互动日程。

学生应至少与一名家族成员一起练习。超过一人以上的家族成员参加，包括学生在内的家族成员共有2～5名。若除了学生外，只有一名家族成员参与，则该家族成员应来自目前领导家族企业的那一代，并应在企业中承担领导责任。其他参与的家族成员应具备家族企业的经营知识。

学生应与参与其中的家族成员分享"前期机会评价"的指导（可在本练习末的讲义中找到）。此评估是一个简短的练习，所有参与者，包括学生和家族成员，都应在互动交流之前完成。学生可选择将此评估报告连同指导说明书一起，通过电子邮件发送给参与评估的家族成员，也可通过电子邮件只发送评估报告，而将指导说明书留待后续对话时加以解释。这一过程因家族而异，但不应花费太多时间。

参与者的准备工作（15～20分钟，互动前完成）

包括学生在内的所有参与者，根据教学讲义完成机会评估。这就要求每位参与者一起列示潜在的机会，梳理这些机会，并在互动前提供一些支持这些机会的想法。

如果学生已经完成了课前准备部分的评估工作，则无须重复。

家族互动（60～90分钟，取决于参与的家庭成员人数）

家族成员和学生将在事先商定的时间完成互动。对大多数学生来说，可以通过任何形式的视频聊天在线完成，但一定形式的面对面交流很重要（而不仅仅采取音频形式）。

请参阅本练习末的"互动说明"讲义，互动的一般结构如下：

- 互动分享（每位参与者5分钟，或10～20分钟）。
- 达成共识（约15分钟）。
- 迭代成型（约15分钟）。
- 迭代反馈（每位参与者5分钟，或10～20分钟）

课后作业

练习完成后，在课堂上与学生进行互动、反思，鼓励相互学习，这非常有价值，因为每个家族互动都有相似性和差异性。对家族企业的学生来说，与其他家族企业的学生分享和讨论他们之间的想法尤为重要。一般来说，来自家族企业的学生感觉他们的情形是独特的，或者他们的家族是独特的。与其他学生一起反思，有助于他们看到自己的处境与其他家族的相似之处。

课堂反思可以在一个大团队中进行，可以将学生配对，或者分成小组。他们可分享：①他们对自己的了解；②他们对其他家族成员的了解；③他们对家族企业的了解。另外，反思有助于应用所学知识，让学生彼此讨论通过互动所学的知识，将来会做什么不同的事情。

根据练习后反思的可用时间，有的教师会选择让学生将其反思作为书面作业分享给其他学生，作为课堂反思的补充或替代。

教学小贴士

对许多学生来说，这可能是他们第一次与家人进行此类关于自己家族的讨论。教师应意识到这一点，并尝试评估每个学生对该过程的满意度。一些学生可能需要额外的支持和建议，以了解如何接近家族。

重要的是要认识到，被要求参与这一进程的其他家族成员，有自己的生活和责任。与参与家族成员就期望和所需时间进行清晰的沟通显得非常重要。同样重要的是，提供足够的时间来计划和开展这项活动。过去的经验表明，为了有效地计划和实施这项活动，需要提前两周通知家族互动，包括他们和其他人要做的事情的细节。为实现这一点，应提前三周通知学生练习，并强烈鼓励学生在活动日期前至少两周安排练习，以便让所有相关人员有足够的时间准备。

教师应意识到所有家族都是不同的，每个家族将以不同的方式进行此练习。一些学生会觉得这是一个巨大的成功，而另一些学生可能很难完成这个过程。学生需要指导，在这种情况下，过程比结果更重要。与家族成员讨论创业机会的行为，不管产生的创意质量如何，对于学生和家族来说都是一次重要的学习机会。

最后，教师应该意识到并准备好承认这项练习可能会产生许多不同类型的结果。有时，学生很难明白学习的结果，因为这不是他所预期的。

例如，一位与家人一起工作的学生有一段他称之为"奇妙"的经历。讨论进展顺利，就家族可获得的创业机会达成重大共识。练习中提出的许多想法，都是家人之前讨论过的，因此，整个练习让人感到舒适和肯定。这个学生觉得这个练习完全成功了。然而，参与者之间的重大共识可能表明，当他们思考新想法并分享他们的观点和创意时，挖掘得不够深入。创意生成过程，是关于创造力和问题解决的，在参与者中可能产生一定程度的不适，因为他们考虑的想法和方法可能超出他们的舒适区。在这种情况下，作为教师，谈谈为什么这个过程如此顺利，以及将来可能采取哪些措施来推动家族进一步接受新的创新想法，应有裨益。

另一个家族，学生发现她所有的想法都与父亲的完全不同。不仅不同，而且她父亲批评她的每一个想法，并解释为什么每一个都不适合家族企业。这名学生在练习结束后，感觉这是一次失败，因为缺乏共识，无法就潜在的机会达成共识。对教师而言，在这里重要的是要忠告，虽然没有产生创意，但确实带来了重要的学习机会。缺乏一致性，是一个很好的迹象，表明这些想法正在将家族推向一个新的未知领域，这也是练习目的之一。此外，批评和分歧，尽管不舒服，但也是一个学习的机会。这个家族正在学习如何思考和讨论创业精神。虽然第一个过程可能并不像大家希望的那样顺利，但下一次的讨论将会大大改进，因为家族在第一次努力中学到了很多。提醒一下，学生在学习机会识别时，家族也在学习如何发挥创业团队的作用。

讲义4-1：机会评估准备工作
（包括学生在内的每位参与者，在预先安排的互动之前完成）

1. 在一张空白纸上，或者在一台电脑上，或者在其他电子设备上，思考家族企业的现状、优势与劣势，及它所在的市场和行业状况。基于这种思考，列出家族企业的潜在创业机会。考虑创业机会的一种方法是考虑成长机会。列出所有能想到的创业机会。列表不要受规模、范围、风险或任何其他因素的限制。你应想出至少10个机会。

2. 当完成家族企业的至少10个创业机会列表后，请按照你的个人偏好，按照从你最喜欢的到最不喜欢的顺序，重新编写列表。不要过度关注这个排序。你的排序基于你的偏好，不一定可行，可能有成本、风险或其他问题。

3. 从你的排序列表中选取前五个创意，并描述这些创意：①如何基于家族企业的资源、知识和技能，开发、利用或构建创意；②这些创意如何为家族企业创造价值。应该注意的是，家族企业的价值可能表现为销售额或利润的增加，也可能包括更高水平的质量或顾客服务，以及在家族寻求新机会时可能发生的学习。在本次讨论中，如果采用非常狭隘的价值观，可能会限制家族的利益。帮助所有参与者保持开放的心态。

4. 保留 5 个如何利用家族企业资源的创意列表，以及如何为家族企业创造价值的描述，并将该清单带到预先设定的会议。

讲义4-2：学生须知

1. 邀请家族成员参与。与至少一位家族成员联系，并邀请他们与你一起参与此次家族企业创意生成练习。可以有多个家族成员参与此练习，但至少应该有一位家族成员参与此练习，他目前是这一代人中的高级（领导）成员。参加练习的成员越多，不一定代表越有利。只要有学生和一位资深家族成员参与，学习效果就同样强大。

2. 安排互动时间。确认一个或多个家族成员参加后，安排时间一起参与互动练习。如果只有两名家族成员参与（学生和一名家族成员），则互动需要大约一个小时才能完成。增加一个家族成员，约增加 15 分钟的互动时间。家族成员不需要在同一地点开展练习，但应该能相互交流。视频会议或其他基于互联网的视频通话技术可用于互动。能看到对方（视频）比仅仅听到对方（仅音频）更可取。

3. 分派准备工作。每位参与成员（包括学生）应同意在互动部分会议之前完成"机会评估"的准备工作。学生应向所有参与者发送准备工作的说明，应提前以书面形式，通知参与者完成相应的工作。学生应确保所有参与的家族成员理解说明书，并确信他们能在预定互动之前完成准备工作。

4. 完成准备工作。所有参与家族成员（包括学生）以书面形式完成"机会评估"准备工作，并与他们一起参加预先设定的互动。任何一方（学生或家族成员）都不需要在预定的会议时间之前分享他们的机会评估。

5. 促进互动。当所有参与的家族成员完成准备工作后，参与者就准备好参与互动。学生应促进互动过程。互动包括四个步骤：①互动分享；②达成共识；③迭代生成；④迭代反馈。每个步骤的说明书应与所有参与者共享。互动的结果应该是反映所有参与家族成员想法的一种机会评估分享。

讲义4-3：互动说明书

第 1 部分：互动分享（每位参与者约 5 分钟）

1. 从学生开始，每位参与者应按照从最重要到最不重要的顺序，分享其家族企业的 5 个创业机会。对于每个创意，参与者还应分享：①如何基于家族企业的知识、技能或资源，构建特殊的创意；②该创意如何为家族企业创造价值。

2. 每位参与者都有机会分享所有 5 个创意。在分享所有 5 个创意与家族企业的联系，以及对家族企业的潜在价值之后，其他参与者可以就分享的创意提出任何问题。参与者不能对任何特定创意表示支持或反对。提出的问题，应仅限于澄清和说明。此阶段的目标，是让每个人都理解这些创意。每位参与者都应该陈述自己的创意，对于小组内其他成员关于这些创意的所有问题，都应该在转到下一个参与者之前解决。

第2部分：达成共识（大约15分钟，更大的小组需要更多的时间）

1. 在分享了每位参与者的所有创意后，下一步，作为一个小组来理解参与者及其创意之间的相似性和差异性。首先，将相同想法（两个或多个参与者提出的相同想法）编成一个小组列表。小组内讨论为什么或如何由不同的人提出相同的创意。查看每个人相同创意的排序。其排序相同还是不同？为什么？

2. 接下来，寻找参与者不同但相似的想法。它们有什么相似之处？有什么区别？列出产生这些想法的参与者。他们是否存在差异或相似之处？再次查看类似想法的排序。他们的排序真的不同吗？为什么？

3. 接下来，看看这些独特的创意（仅由一名参与者提出，且不与其他参与者的创意相似）。为什么那人会提出这么特别的创意？这个创意与他们的背景（性格、经验、兴趣）有关吗？那个参与者是怎么产生这个创意的？看看这些"独特"创意的排序。依据排序，对创意或个人能得出哪些更多的结论？

第3部分：迭代生成（约15分钟，更大的团队需要更多的时间）

1. 清楚理解参与者提出的创意后，讨论如何改进这些创意。为创意添加哪些内容可使其得以改进？两个或两个以上的创意可以组合起来吗？看到这些创意，列表是否会激发出第1部分中没有介绍的新创意？把它们写下来。

2. 在完成潜在的创意改进和组合后，以团队形式创建一个包含5个机会的新列表。与原始列表一样，此新列表应按优先顺序排列，并应包含以下说明：①如何利用家族企业的知识、技能或资源建构新创意；②该创意如何为家族企业创造价值。

第4部分：迭代反馈（每位参与者约5分钟）

1. 每位参与者都应有机会分享他们对以下三个问题的想法和感受：①他们从练习中学到了什么？②他们从练习的其他参与者的身上学到了什么？③他们从这次活动中学到了哪些关于家族企业创业机会的知识？

2. 在每位参与者分享各自的反思后，作为一个小组，讨论所学到或观察到东西的任何相似或不同之处。

练习4-3　成功的推介风格

作者：拉克希米·芭拉钱德拉

与实践类型的联系：👁

涉及的主要创业主题

推介；创业融资；资源获取。

基本描述

推介是创业学生的一项关键技能。然而，教育工作者往往较少讨论创业者应该如何推介，而是讨论创业者应该在推介中包含哪些内容。本练习涉及学生观察推介，以便他们能识别影响投资者决策的投资路演。该练习使学生能扮演投资者的角色、评估推介，以确定创业者最有效的推介行为。

使用建议

适合于本科生或研究生的创业管理课程。课堂人数不限，大班、小班课堂均可。

开展方式

面对面、在线。

学习目标

- 识别吸引投资者兴趣的推介行为类型与质量。
- 体验投资者如何观察和评估创业者的推介行为。
- 运用文体风格改变个体推介行为。

理论基础和素材

关于推介的手势：

Clarke, J.S., J.P. Cornelissen and M.P. Healey (2019), 'Actions speak louder than words: how figurative language and gesturing in entrepreneurial pitches influences investment judgments', *Academy of Management Journal*, 62(2), 335-60.

关于推介的性别：

Balachandra, L., A. Briggs, K. Eddleston and C. Brush (2019), 'Don't pitch like a girl! How gender stereotypes influence investor decisions', *Entrepreneurship Theory and Practice*, 43(1), 116-37.

材料清单

选择 3～5 个路演的风险投资项目。YouTube 是一个很好的获取渠道，可以从电视节目、《创智赢家》（*Shark Tank*）或《龙潭虎穴》（*Dragon's Den*）节目中找到适合的项目。当地的创业投资项目比赛也经常发布视频。理想状况下，所有的投资项目都应该来自同一个节目或事件，但这并非必需的。本练习同样适用于不同语境中的投资。虽然有些投资者推介的时长可能为 15 ~ 20 分钟, 但出于课堂学习的目的, 请选择长度为 5 ~ 10 分钟的推介。

活动挂图、白板或黑板, 用于记录推介票数; 足够多的便签, 以便每个学生都有 (每人有四到五张便签)。学生应该有一个笔记本或一张纸, 以便可以写下自己的想法和评论。

学生的事先准备工作

学生应该阅读有关投资的通俗报刊文章。我一般使用以下材料:

Pofeldt, E. (2015), 'The six keys to making a killer venture capital pitch', CNBC, 25 March, [2020-12-14]. https://www.cnbc.com/2015/03/25/the-6-keys-to-making-a-killer-venture-capital-pitch.html.

Harvard Business Review (2017), 'How venture capitalists really assess a pitch', *Harvard Business Review*, May-June, [2020-12-14]. https://hbr.org/2017/05/how-venture-capitalists-really-assess-a-pitch.

Balachandra, L. (2018), 'Research: investors punish entrepreneurs for stereotypically feminine behaviors', *Harvard Business Review*, 19 October, [2020-12-14]. https://hbr.org/2018/10/research-investors-punish-entrepreneurs-for-stereotypically-feminine-behaviors.

时间计划 (60~90分钟, 以下为90分钟版)

0:00 ~ 0:10　询问学生什么是推介, 创业者应该在哪里推介。最常见的答案是投资者推介, 但推介适用于诸多受众——销售人员、招聘人员、顾问。请他们描述投资者推介应该包含哪些信息, 以及为什么这些信息至关重要。重要的是要指出, 尽管这项练习是关于向投资者推介的, 但推介的艺术是一项运用于多种创业情境中的基本技能。

从这一练习中获得的经验教训, 完全可以被移植到其他需要展示的情境中。

0:10 ~ 0:20　讨论投资者运用什么来评估推介。在根据阅读资料进行投资时, 询问学生投资者认为什么是重要的。让学生列出他们认为对投资者兴趣至关重要的品质要素。讨论为什么这些品质要素让投资者感兴趣很重要。

0:20 ~ 0:45　告诉学生他们将成为投资者。他们将评估推介, 看看他们会考虑哪些因素。告诉他们用一张纸写下他们为什么偏爱所选择的投资项目。还要告诉学生, 大多数风险投资或天使投资推介会包括 3 ~ 5 个项目。与潜在投资者类似, 在看到第一个推介项目后, 他们将回答两个问题: ①他们想投资吗? ②他们想更多地了解公司吗? 学生应在观看每个投资路演后, 确切地回答每个问题, "是" 或 "否"。强烈鼓励在不使用幻灯片的情况下进行推介, 以便评估可以更多地关注创业者的推介方式, 而不是他们幻灯片上的内容。

提醒: 预选 3 ~ 5 个创业推介项目, 在课堂上演示; 检查本课程的材料列表。

提醒: 理想情况下, 所有选定的投资项目都应该来自同一个节目或事件, 但若很难做到, 那也就不强求。要保持路演时间较短, 每个项目 5 ~ 10 分钟。

展示每一个投资项目, 给学生几分钟时间写下他们对这两个问题的评论, 以及他们对这两个问题的答案。可以写在黑板上, 让学生记住他们正在思考的问题。如果他们选择了"否"，请确定他们抓住了让他们不想投资或不想了解的公司的更多理由。

0:45~0:50　在观看和评估所有投资项目后，创建一个课堂互动投票环节，以查看哪些投资项目"获胜"。进行投票时，请先在黑板上或活动挂图上为每个投资项目和两个问题创建网格。给每个学生提供便签，并让他们在决定要投资该公司或想了解该公司更多信息时，放置一张便签。学生没必要在便签上签名，匿名更好。

0:50~0:60　让学生回到座位上，查看哪些项目"赢得"了班级的"投资"和"想了解更多"的便签投票，并将学生每3或4人分成一组，组织他们进行讨论：

● 为什么你认为这家企业拥有最多的"投资"选票？为什么这里有最多的"想了解更多"的选票？

● 如果这些答案与两个不同的投资相关，或者，如果存在一票之差，则收集反馈，了解学生为什么喜欢这个投资项目，或是另一个投资项目？

通常，两个问题都会有一个"获胜"的投资项目。回答往往侧重于学生如何评估商业模式或市场的吸引力，以及商业理念是否"好"。然后，你可以详细了解为什么他们认为该公司似乎是一个更好的"赌注"。

● 在推介过程中，你注意到创业者的哪些你喜欢或不喜欢的方面影响你的投资决策？

给出的理由通常涉及创业者如何回答问题，创业者在市场和财务方面的知识渊博程度，以及创业者演讲时的自信程度。

● 你认为专业的投资者会给全班带来不同的结论吗？为什么？

学生假设投资者会有类似的结论，除非他们对企业有专门的、类似的专业知识。

0:60~0:70　让小组向全班报告指派的问题。当你去每个小组时，确保其提出不同的东西。也就是说，如果一组人与另一组人的答案相同，他们就没有理由重复。他们就可以跳过。当他们再分享时，教师可以在黑板上汇集他们的答案。

0:70~0:90　如果你有的话，请展示投资决定（如果你使用的是《创智赢家》或《龙潭虎穴》节目，这很容易做到；如果你用的是正在推介的比赛项目，看看你是否能获得投资者的问答环节内容）。不可避免地，对投资者来说，创业者在推介过程中回答问题的技巧、展示的技巧有多强，多么"男性化"或"刻板印象"，多么训练有素，这些都促使观众，甚至是专业投资者，对某些项目的偏好超过受其他因素的影响。然后，总结或讨论哪些类型的行为可以融入自己的创业投资计划中。

● 有哪些方法可以将你观察到、感知到并认为是有效的行为或品质，融入你自己的投资路演中？

● 想想我们今天关注的观众、投资者等的规范或期望，你该如何精心策划你的路演。你如何为不同的观众调整你的项目路演？

● 根据你的观察，投资时你应该避免或注意哪些关键的行为或品质？切记，路演是短暂的，但它可能决定创业者的"成功或失败"。你希望确保不做什么？

课后作业

如果学生有自己的创业，缩短结束时的讨论时间，并提供课堂时间让他们开始自己的推介工作将是一个很好的方法，可以立即将反思和应用结合起来。你也可以指定学生在下节课就其想法（或全班同学都准备的想法）创作并练习一分钟的路演推介。

教学小贴士

你可能希望包括一些风险投资推介平台样本，向学生展示投资者推介中通常包含的内容。然而，对学生来说，在没有视觉效果的情况下准备一场演讲是一种更强大的学习，因为他们必须关注自己的推介内容和方式，而不是可能分散听众注意力的视觉效果。最好的经验法则，是重申创业者需要有一个清晰自信的"电梯推介"，鼓励听众或投资者愿意了解更多。让学生认识到在没有视觉效果的情况下，进行路演是非常值得的，不要依赖幻灯片这根"拐杖"，要学会如何进行精练、良好的推介。本练习可以很容易地被用于在线同步学习，使用轮询软件（polling software）和虚拟分组教室。接下来可能会有另一场对话，讨论线下推介与在线路演的区别，尽管两者在技术上都是面对面的。

练习4-4　顾客旅程地图

作者：唐娜·凯利

与实践类型的联系：

涉及的主要创业主题

创意构思；设计思维；创业营销

基本描述

　　本练习将介绍顾客旅程地图，以帮助学生在机会窗口中，培养对顾客体验的移情。通常，人们所说、所做，并一定反映在他们的行为中，他们的偏好根植于他们耳熟能详的行为中。创造新事物或创新，创业者要理解那些未表达或尚未表达的需求，这些需求也被称为潜在的需求。这些通常在基于实际经验的行为和感觉中被发现。通过顾客旅程图，学生将浏览代表潜在顾客的人最近经历的系列事件。学生记录顾客透露的足迹，并在访谈中针对问题集中的方面深入了解，同时记录下可能出现的感情、需求或问题，以及他们的任何想法。

使用建议

　　本练习适用于本科生和研究生的创业管理、创业营销、设计思维、创造力和机会识别等课程，也适用于高管培训和其他从业人员研讨班。本练习被用于课程或研讨班的开始阶段，以培养学生或高管的顾客移情和机会识别技能。

开展方式

　　面对面、在线。

学习目标

- 演示顾客从购买到使用等阶段的全过程。
- 发现顾客旅程中遇到的问题或尚未满足的需求。
- 发现顾客旅程图中揭示的问题和需求，确定解决方案，从中找到独特而宝贵的创业机会。

理论基础和素材

Rawson, A., E. Duncan and C. Jones (2013), 'The truth about customer experience', *Harvard Business Review*, 1 September, [2020-03-17]. https://store.hbr.org/product/the-truth-about-customer-experience/R1309G.

Richardson, A. (2010), 'Using customer journey maps to improve customer experience', *Harvard Business Review*, 15 November, [2020-03-17]. at https://store.hbr.org/product/using-customer-journey-maps-toimprove-customer-experience/H006GX.

Rosenbaum, M., M.L. Otalora and G.C. Ramirez (2017), 'How to create a realistic customer journey map', *Business Horizons*, 60 (1), 143-50.

材料清单

顾客旅程地图讲义（本练习结束时发放）。

学生的事先准备工作

无。

时间计划（75分钟）

0:00 ～ 0:20　　介绍顾客旅程地图（customer journey map，CJM）的概念、与创业的关系，以及练习的目标。教师引导讨论，让学生了解 CJM 的目的和重要性。

当他们再分享时，教师可以在黑板上汇集他们的答案。教师首先询问学生是否有顾客旅程地图经验。对于那些使用过的人而言，他们是如何使用的？结果是什么？

然后，教师将介绍 CJM 的定义，及其在企业环境中如何使用，接着给出一些背景信息。

顾客旅程地图是一种流行的工具，用于改善顾客在既有组织中的体验，通常用于强化服务。它是"对顾客在整个采购过程中可能与服务组织互动的事件序列的视觉描述"（Rosenbaum，et al.，2017，p.144）。顾客旅程地图还被用于产品改进。此地图显示了顾客在销售或服务实现之前、期间和之后，与组织的"接触点"。该公司沿列标题列出这些接触点，按每行检查每个接触点的特定方面，如情绪、痛点和可能的解决方案。然后，公司通常与跨职能团队一起进行头脑风暴，剔除改善顾客体验的想法。旅程还可能包括公司在此过程中采取的步骤（Rawson，et al.，2013）。

教师展示老牌公司使用过的 CJM 示例，如表 4-1 中关于 Dapper 应用程序的示例可在 https://blog.hubspot.com/service/customerjourney-map 找到，该网址还提供其他示例。

接下来，教师询问学生："顾客旅程地图对创业者有何用处？"讨论了解顾客及其购买旅程的重要性。例如，围绕顾客体验感兴趣的领域培养移情，可以帮助创业者"站在顾客的立场上"，识别他们遇到的问题，并创造更好为顾客服务的机会。这对于那些创业早期的人们很有用，他们可能对机会领域概念模糊，顾客的反馈可以帮助他们识别和塑造机会。它还对那些通过识别顾客真正重视的功能和优点以开发机会的人有用。

对上述问题讨论后，教师要提出一个关于大公司如何使用 CJM 和创业者如何使用 CJM 之间差异的问题。在使用 CJM 的重要性上，创业者与大公司存在一些明显的差异。首先，虽然大公司有跨职能团队，但创业者是多层面的——正如我们常说的那样，他们戴着许多顶帽子。他们必须跨领域思考问题，与他们的团队合作，从具有不同专业技能、不同经验和不同观点的人那里获得知识，通过互补以识别独特而有价值的解决方案。

其次，大公司通常使用此工具来描绘顾客对其现有产品的体验，通常用于确定顾客服务的改进。创业者的方法可能更具探索性——识别产生可行的新商机的问题。大公司的 CJM 可能已经填写了这些步骤，面谈人可能也会提示这些步骤。然而，创业者可能希望流程随着顾客购买行为的展开而发展，并在面谈时填写步骤。

最后，教师询问 CJM 的结果。创业者希望从本练习中获得什么？答案可能包括更好地理解顾客体验、了解他们的问题和潜在需求。教师应强调，这是一项定性练习，而不是一项问卷调查的结果，问卷调查会显示参与管理层预定流程每个步骤的顾客百分比。因此，创业者最好亲自观察，并提出进一步探讨特定领域的问题。

表 4-1　顾客旅程的举例：Dapper 应用程序

	研究	对比	研讨会	引例	签字
典型问题	如何制作应用程序 我应该使用什么平台 花多少钱 如何保护我的创意	对应用程序开发人员，我们期望的是什么？成本，还是质量 他们以前和谁一起工作过 他们的能力是什么	我如何知道该应用程序会成功 谁将是产品所有者、决策者	两者相比如何 我还有其他商业机会吗 我真要迈出这一步吗 我如何资助这一项目	成立公司，我还需要做什么 什么时候我能拿到成品
情感、感受	好奇的；保护；热情的；渴望冲进去	自由决定的；主观的；不确定性。通常集中在时间、金钱和质量上权衡利弊	渴望的；受到启发的。对所需的工作量有了新的理解	重温先前的想法或选择。向商业伙伴或家庭证明他们的决定是合理的。在内部确认这是正确的行动	乐观的；紧张或焦虑的。渴望尽快看到结果
我们需要……	现在，确保我们被发现。我们创办公司信心十足，给他们联系我们的理由	开诚布公地解释应用程序开发过程、最佳实践，并展示我们过去成功案例	让他们真正理解所涉及的是什么，没有什么是一夜成功的。确定我们将在那里指导他们完成这一过程	展示为什么我们是这项工作的最佳团队，并用确凿的信息证明我们的定价是合理的。欢迎提问	设定明确的期望。向他们通报相关信息。经常交流。征求反馈意见，说明我们如何确保每个人都快乐，并保持一致

0:20 ～ 0:30　让学生结成对子。理想状态下，一名学生将拥有与正在调查的机会领域相关的新近经验。这名学生从顾客角度出发，另一名学生担任创业者或面试官。概述步骤和要点（倾听、观察、进一步探究和做笔记）。

如果时间允许，学生可以转换角色，让双方都练习面试技巧。

教师可以选择两种方法中的一种进行此练习。第一种方法，涉及具体的体验，比如上次顾客出去吃饭的时候，他们的手机出现了技术问题，或者其他大多数学生都会经历的事情。这可以揭示一系列关于大多数学生熟悉的中心主题的见解，使课堂上就能识别常见的关键问题。此外，教师可能知道某些特定场景会引发热烈的讨论（例如，好的用餐体验与糟糕的用餐体验）。

第二种方法，是让学生根据自己感兴趣的领域进行探索。这可以提供多样化的结果，使课堂报告更生动。如果学生已经在寻找机会，那么练习可能与这些机会相关。然而，学生受访者可能不代表目标顾客，或者他们没有与商业机会相关的经验。如果是这样的话，他们可能要从顾客角度出发，也许要记住他们认识的有这种经历的人。这虽然不是最佳的，但可以通过实践帮助学生发展他们的面试和反思技能。

结合这两种方法，教师可以确定将在课堂练习中调查的中心主题，并指定学生将该技巧应用到课堂外的机会中（特别是找到与顾客观点最相关的人）。学生可以在下一节课上报告，并在此基础上提交评论和反思。

面谈人被指派与顾客一起走过整个过程（从确定需求，到任一售后步骤，如向朋友推荐或联系顾客支持）。重要的是，他们还应该记录顾客的想法和情绪，以及每一步遇到的障碍。

建议的问题包括：你对此感觉如何？在这一点上，你试图实现什么？你是怎么做出这个决定的？你在这里遇到了什么问题？同样重要的是要进一步探讨的后续问题。例如，你为什么要向你的兄弟征求购买什么的建议？告诉我更多关于这个问题的信息。面谈人还应注意面部表情和肢体语言。

教师可以指定一个框架，其中包括采访者在采访期间跨列标题制定的步骤，以及涉及以下要素的行内容，如目标（本步骤的目标）、顾客情绪（口头表达或通过肢体语言）、痛点、其他观察结果，以及可能的解决方案（面试后可能会填写更多）。本练习末的手册中，有这些元素的示例框架。

0:30～0:45 两人一组进行练习。如果角色转换，增加第二次面谈的额外时间。

0:45～0:55 面试后，请面谈人在面试过程中做一些笔记。他们应该反思整个过程。扮演顾客画像的学生可以自己做笔记，并且可以花几分钟时间互相汇报。

0:55～1:10 课堂报告与讨论。让一两名学生在课堂上讨论，了解他们的顾客体验和反思。向全班提出的问题可以包括：哪些问题似乎更令人关注，为什么当前的解决方案不能充分解决这些问题？顾客在哪里必须适应，或接受次优方案？什么样的解决方案可以解决任一步骤的问题？在前一步骤中提供的解决方案可以解决或消除这一步骤中的哪些问题？

1:10～1:15 闭幕词。教师首先询问，学生从这个练习中学到了什么，开发了哪些技能。应该注意，深入了解顾客对创业者的重要性，以及这如何带来独特的价值机会。顾客很少会发现这些机会，但可以向你展示，并告诉你他们的体验，同时学生会注意到他们遇到的问题和需求。

课后作业

如果在课堂练习中每个人都有相同的经验，那么教师可以指定学生在课外进行与他们感兴趣的领域相关，或者为他们想要追求的机会或已经在工作的机会而进行的练习，采访最近在该领域有经验的人。这些任务可能包括：

1. 商机描述。
2. 选择受访者的原因（相匹配的目标顾客资料，或最近在该领域有经验的人）。
3. 整个旅程地图。这可能基于下一练习讲义中的工作表，但如果学生自己绘制地图，可能会更有趣。工作表可被作为制作代表面谈人对流程解释图表的原材料，要突出重点。

4. 思考特定问题和机会。

5. 总结，部署下一步行动。

教学小贴士

面谈技巧并不像看上去那么简单。学生们可能只关注步骤，而不太重视倾听和针对回馈的问题。教师应强调，面谈需要仔细倾听，不断跟进更详细的问题，还要注意顾客的感受。面谈应该寻找痛点，甚至还要留意让人惊奇之处。因此，让他们遵循一个框架（比如"AEIOU 观察"练习中使用的工作表，见练习 4-5）可能会有所帮助，在该框架中，他们不仅要关注步骤，还要关注每个步骤的情绪、痛点和观察结果。

提醒学生，他们在面谈中不应做判断或领导（例如，避免发表诸如"你应该这样做"之类的言论）。

资料来源

本练习是对顾客旅程概念的改编，许多作者都已规范地介绍过这些概念。

手册：顾客旅程地图

	步骤 1	步骤 2	步骤 3	步骤 4	步骤 5	步骤 6	步骤 7
目标（本步骤的目标）							
情绪（口头表达或通过肢体语言）							
痛点							
其他观察结果							
可能的解决方案							

练习4-5　AEIOU观察法

作者: 海迪·M. 内克

与实践类型的联系: 👁

涉及的主要创业主题
创意构思; 设计思维; 顾客开发

基本描述
　　学会观察顾客和用户, 是创意产生的重要步骤。如果没有合适的工具和框架进行观察, 学生就会疑惑: "我为什么要这样做?" AEIOU 框架是有用的工具, 可以指导学生掌握观察的基础知识, 以防 "视而不见"。观察, 是一种有目的地、更深层次地理解我们所看到东西的能力。AEIOU 框架能帮助学生将他们看到的内容分为五类, 以便他们能以更具批判性的方式分析观察数据。这五个类别是 "活动 (activities)、环境 (environment)、互动 (interactions)、物体 (objects) 和用户 (users)", 简称 "AEIOU"。

使用建议
　　练习可用于创业课程的早期阶段, 以及新兵训练营和研讨会。

开展方式
　　面对面、在线。

学习目标
- 练习观察世界, 而不是简单地看世界。
- 将观察数据分类, 成为有用的类别。
- 分析观察数据, 以确定问题和有用的顾客洞见。

理论基础和素材
'AEIOU framework', EthnoHub, [2020-01-15]. https://help. ethnohub.com/guide/aeiou-framework.

Handwerker, P.W. (2001), *Quick Ethnography*: *A Guide to Rapid Multimethod Research*, Lanham, MD: AltaMira Press.

Neck, H., C. Neck and E. Murray (2020), 'Using design thinking', *Entrepreneurship*: *The Practice and Mindset*, 2nd edn, Thousand Oaks, CA: Sage, pp. 78-103.

材料清单
　　AEIOU 手册 (在本练习最后)。

学生的事先准备工作
　　不需要, 但有关观察的阅读材料可能会有帮助。一份很好的材料 (Neck, et al., 2020)

在表 4-2 的资料来源处已列出。

其他有用的读物是《如何观察用户》（*How to conduct user observations*），链接：https://www.interaction-design.org/literature/article/how-to-conduct-user-observations。

时间计划

课堂上 30 分钟，加上课外 2 小时。

课堂上：这 30 分钟用来模拟学生在课外应该做的事情。

0:00 ～ 0:05　介绍表 4-2 的框架。

表 4-2　AEIOU 的五个维度

活动：是一系列目标导向的行动——指向人们要完成事情的途径。在执行任务时，人们从事哪些活动和行动
环境：包括活动发生的整个竞技场所。个体、共享，以及整体空间的功能各是什么？拍摄环境照片，或绘制环境草图，也是记录环境线索的有用方法
互动：发生在人与事或其他人之间。这些交流的性质是什么？你能观察到一个人最喜欢或最不喜欢什么吗
物体：是人们在环境中与之交互的构成要物或实物。人们使用的物体和设备是什么，它们与他们的活动怎么连接起来
用户：是那些行为、需求和偏好被观察的人们。他们的目标、价值观、动机、角色、偏见，以及相互关系是什么？他们都是谁

资料来源：' AEIOU framework '，[2020-01-15]. http://help.ethnohub.com/guide/aeiou-framework and available on p. 94 of Neck et al.（2020）.

0:05 ～ 0:15　记录观察结果。分发一份 AEIOU 工作表（见本练习末尾手册），并引导学生完成一个例子。可以使用视频或图片让学生练习观察。有用的建议是，用励志电影《死亡诗社》，这是一部老电影。见 https://www.youtube.com/watch?v=xv9JOVkR5PQ 或 https://www.youtube.com/watch?v=LjHORRHXtyI。我还用 10 ～ 20 张校园里学生的照片，作为"百森学生生活一天"的代表。任何类型的照片和视频，在课堂上都很有效。假设你选的是视频，播放视频，让他们在 AEIOU 工作表上记笔记。有时，根据你使用的视频长度，播放两遍视频是很有用的。

0:15 ～ 0:30　报告观察结果。使用白板或电脑，要求学生报告他们的观察结果，并注意观察结果可能会不同，这样很好。从 A（指"活动"，activities）开始，一步一步地浏览这个框架。在讨论结束时，你应该有一个非常完整的工作表，学生可以将其当成模型。

课后作业

学生必须在课堂外的观察环境中使用 AEIOU 框架。他们应该至少观察 90 分钟，但我建议 2 小时。最受欢迎的观察地点是校园的餐厅，他们不参加的课堂，购物区包括杂货店、健身房，或者是体育赛事。

教学小贴士

对学生来说，为他们的观察建立一个目标是很重要的。例如，如果使用《死亡诗社》的剪辑，目标可能是"观察高中教师如何吸引学生"。在课堂模拟观察之前，确保这一点得到解决。当指派学生进行外部观察时，学生缩小观察的范围很重要。同样，目标物在这里是有帮助的。例如，如果一个学生说他们想观察一场体育赛事，他们需要更具体一些，也许可以缩小到观察球迷的行为。也许，他们想观察美食广场区域，或者观看活动的人在竞技场中如何移动，或者球迷如何表示支持。最后，学生可能会发现不同类别之间存在重叠。例如，可以在活动观察中使用目标物（object）。虽是多说，但还是期望将重点放在对象区域中的物体和活动区域中的活动上。在《死亡诗社》的一个片段中，教师基廷（Keating）先生从课本上撕下了一页。动作是撕书，但物体是书。这两处都会被记录下来。

资料来源

AEIOU 是 Doblin 创新顾问公司于 1991 年创造的一个观察分析问题的框架，包括"活动（activities）、环境（environment）、互动（interactions）、物体（objects）和用户（users）"，简称"AEIOU"。

手册：AEIOU 工作表

学生姓名：
观察区域：
观察时长：
观察对象：

构成	观察笔记
活动： 　人们在做什么	
环境： 　人们如何利用环境？环境的作用是什么	
互动： 　你看到什么常规了吗？你观察到了人与人、人与物之间的特殊互动吗	
物体： 　正在使用或未使用的是什么？描述如何与物体接触	
用户： 　你正在观察的用户是谁？他们的角色是什么	

练习4-6　如果我是我自己的顾客呢

作者：海迪·M. 内克

与实践类型的联系： ◉

涉及的主要创业主题

顾客开发；创业营销

基本描述

　　除了人口统计特征之外，学生在顾客细分方面会遇到困难。本练习旨在帮助学生更好地理解顾客心理特征——顾客的态度、价值观和生活方式。本练习可以让学生了解价值观和生活方式（values and lifestyles，VALS）框架。VALS 调查是斯坦福国际研究院的社会科学家阿诺德·米切尔（Arnold Mitchel）创建的一个市场研究工具。该调查旨在研究顾客决策动机。VALS 调查有助于学生更好地理解心理图像分割观点的重要性（和难度）。问卷调查和相关信息可通过访问 SBI（Strategic Business Insights）网站 http://www.strategicbusinessinsights.com/vals/ 获得。

使用建议

　　适合本科生或研究生的创业课程，以及新兵训练营或研讨会。课堂人数不限。本练习既适用于小班课堂，也适用于大班课堂。

开展方式

　　面对面、在线。

学习目标

- 根据 VALS 心理测量细分确定八个不同的消费群体。
- 以消费者的身份体验调查，以便学生能确定自己的顾客类型。
- 讨论不同顾客类型的差异以及对细分的影响。

理论基础和素材

VALS 框架的讨论：http://www.strategicbusinessinsights.com/vals/ustypes.shtml (accessed 4 March 2020)。更好的框架讨论与相关图像：https://www.marketing91.com/vals-values-attitude-lifestyle/(accessed 4 March 2020)。

人物角色创建中的定义和角色：https://www.mbaskool.com/business-concepts/marketing-and-strategy-terms/11515-values-and-lifestylesvals-research.html (accessed 4 March 2020)。

关于该工具有效性的博客帖子：https://www.linkedin.com/pulse/20141011232233-99993053-v-a-l-s-model-values-and-lifestyles-the-mostintelligent-tool-for-understanding-of-ustomersvalues-and-lifestyles/(accessed 4 March 2020)。

有关使用 VALS 的全局区隔（global segmentation）资料：http://www.strategicbusinessinsights.com/vals/international/(accessed 4 March 2020)。

有关顾客的介绍：Neck, H., C. Neck and E. Murray (2020), 'Developing your customers', Entrepreneurship:

The Practice and Mindset, 2nd edn, Thousand Oaks, CA: Sage, pp.126-151。

材料清单

- 学生应带一台笔记本电脑来上课。智能手机也可以，但笔记本电脑更轻松。
- 上网做问卷调查。

学生的事先准备工作

学生应阅读一章或一篇关于顾客细分的文章，包括人口统计特征和心理特征的描述。当我个人使用此练习时，我指定阅读内克等人（2020，pp.126-151）的文献，已在上述参考文献列出。

时间计划（60分钟，但可扩展到90分钟）

0:00 ～ 0:10 解决心理统计学和人口统计学之间的差异问题。要求学生在阅读相关章节的基础上解释其差异，让学生列出他们自己的人口统计特征数据。然后，让他们列出自己的心理统计特征数据。他们列出自己的人口统计特征数据，可能比列出自己的心理特征数据容易得多。同样，他们会很容易地猜出他们同学的人口统计特征数据，但猜不到他们的心理特征数据。向学生介绍 VALS 问卷调查的概念。请参阅前面的"理论基础和素材"部分列出的描述与文献资料。

0:10 ～ 0:20 要求每个学生登录网站：http://www.strategicbusinessinsights.com/vals/presurvey. shtml。使用笔记本电脑或智能手机，点击"问卷调查"。学生完成问卷需要5 ～ 6分钟。学生可立即得到问卷调查结果。它看起来类似于图 4-4。

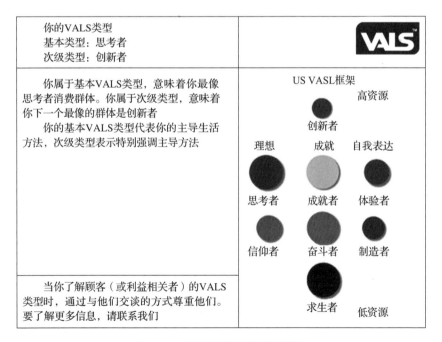

图 4-4 VALS 问卷调查结果截图

每个学生将获得基本类型和次级类型，如图 4-4 中的示例。VALS 框架中有八类消费者群体，即创新者、思考者、信仰者、成就者、奋斗者、体验者、制造者和求生者。参考 http://www.strategicbusinessinsights.com/vals/ustypes.shtml 这一网址中的有关定义和解释。

资料来源：Strategic Business Insights after taking the survey at http://www.strategicbusiness insights.com/vals/presurvey.shtml（2020-03-02）.

0:20～0:25　允许学生花一点时间探索他们的基本和次级消费者类型。点击超链接，他们将进入一个如图 4-5 所示的页面。有关所有类型的说明，请参见左侧的描述。通常，每种类型的描述与图 4-5 中的描述类似。

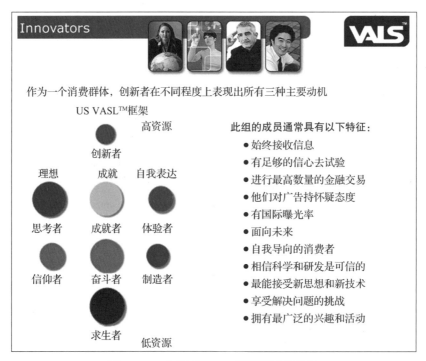

图 4-5　一个关于 VALS 类型描述的截图

资料来源：Strategic Business Insights after taking the survey at http://www.strategicbusinessinsights.com/vals/presurvey.shtml（accessed 2 March 2020）.

0:25～0:30　在探索了他们自己的类型之后，对全班进行一次民意调查，看看每个人都是在哪里跌倒的。只需在白板或活页纸上创建一个网格（见表 4-3）。给学生两张便签，让他们把一张便签放在第一个盒子里，第二张便签放在第二个盒子里。你可能希望使用两种不同的颜色，例如黄色作为主要颜色，蓝色作为次要颜色。学生没有必要把他们的名字写在便签上，匿名更好。

表 4-3　民意调查表示例

类型	基本的	次级的
创新者		
思考者		
信仰者		

（续）

类型	基本的	次级的
成就者		
奋斗者		
体验者		
制造者		
求生者		

0:30 ～ 0:40　将学生随机分成 3 ～ 4 组，让他们查看白板和网上类型描述：http://www.strategicbusinessinsights.com/vals/ustypes.shtml。问他们以下问题，或者提出自己的问题：

- 你在课堂上看到了什么样的模式？
- 你为什么认为这些模式会存在？
- 这门课与你想象的，更相似还是更不同？
- 在"课堂"市场，你将如何做出购买决定，你能得出什么结论？

0:40 ～ 0:50　要求小组向全班报告指派的问题。确保当你去每个小组时，他们会提供不同的东西。也就是说，如果一组人与另一组人的答案相同，他们就没必要重复。他们可以跳过。

0:50 ～ 0:60　使用以下谈话要点总结练习：

- "心理图形学很难确定。在本课程中，我们将介绍你自己的类型，但如何为你的市场做到这一点？"
- " VALS 框架为你提供了一种可使用的语言。"图像显示参见：http://www.strategicbusinessinsights.com/vals/characteristics.shtml。此链接中的图是对每种类型和每种类型特征的有用总结。
- "这些特征非常适合用于创建人物角色，但请谨慎使用，因为它们仅基于美国的数据。"

1:00 ～ 1:30　课程的最后一部分是为将练习与学生自己的创业想法和潜在顾客联系起来。让学生确定他们的风险投资理念，以应对他们的 VALS 类型和原因。然后，可以将讨论的结果与下一步的顾客画像工作联系起来。

课后作业

将此练习与学生正在创建的任何类型的顾客画像联系起来。

教学小贴士

VALS 框架有许多层次。考虑到这可能在消费者行为或营销课程之外使用，或者在新兵训练营、共同课程环境中使用，最好将课堂上关于这一问题的讨论限制在这一练习上，并鼓励学生自己深入挖掘。前面列出的"理论基础和素材"中的第二个资源是学生开始学习的好地方。请记住，VALS 是基于美国数据，因此如果你有大量国际人口，请谨慎使用。让学生知道调查是以美国为中心的，但要考虑在课堂上讨论其他国家的类别的有效性。SBI 正在将调查范围扩大到不同的国家，有中国、日本、尼日利亚、英国、委内瑞拉和多米尼加共和国的数据。参见 http://www.strategicbusinessinsights.com/vals/international/。这些差异对学生来说很有趣。最后，学生和创业者往往是或将是顾客，这就是为什么他们认为这是一个好主意。学生喜欢啤酒，所以想创办一家手工酿酒厂；学生是一名美食家，所以想要启动美食家应用程序。因此，学生在没有做研究的情况下就对这个想法产生了情感上的依恋。这个练习并不是为了鼓励这种思维方式；相反，这是一种让学生更好地理解细分的方法，而不是简单地将他们对顾客的理解建立在 n 为 1 的基础上。

资料来源

VALS 问卷调查来源于 SBI，其数据刚开始对外公开。

练习4-7 在黑暗中摸索

作者：埃里克·A.诺伊斯

与实践类型的联系：👁

涉及的主要创业主题

设计思维；顾客开发

基本描述

这项活动让学生参与一项以行动为导向的动手练习，重点是移情构建。教学重点是移情、需求发现与价值创造可能性之间的关系。该课程已经在本科生和研究生创业项目中取得了很好的成果，要求参与者在完全黑暗的情境下，同情那些生活在无电中的人（即在黑暗中摸索），并思考这对他们的家庭日常生活活动的各种影响，比如教育、健康和工作。

移情是指从他人的参照系中理解或感受他人正在经历的事情的能力，包括将自己置身于他人位置的能力（Watson，Greenberg，2009；Zahra，et al.，2009；Rifkin，2010；Nowak，2011）。移情的定义侧重于辨别他人的感受、思考或经历；使自己与他人之间的差异不那么明显；了解到决策和认知思维过程中有许多复杂因素。移情研究表明，将自己想象成另一个人的能力是一种复杂的想象行为，这需要脱离自己的自我和生活经验，以认同另一个人或一个群体（Nowak，2011）。

与旨在连接创业精神和以人为本的设计（即设计思维）的教育学不同，区分移情和同情的结构至关重要。同情是对他人的不幸表示怜悯和悲伤，从严格意义上说，真正的移情（或同理心）需要与他人分享经历。例如，一个普通人会同情一个在繁忙的十字路口被公交车撞到的行人，但要真正感受到同理心（即完全认同行人的感受），他们也必须在之前（现在共享）的经历中被公交车撞到。当努力与他人建立更深层、更具个性和共享的关系时，寻求移情往往是一个无法实现但至关重要的目标。

设计思维教学在创业教育中的兴起，需要理解移情的概念，它超越了以往在创业项目中教授和实践市场研究的情感脱节方式。然而，在创业教育中很少直接明确地教授移情。本练习旨在解决这一差距。

使用建议

这项活动在本科生和研究生课程中都很有效。在以人为中心、以设计为重点的创业课程开始的前两周，尤其是要求学生接触目标顾客或用户的体验课程中，这一点最为适用。这项活动为正在进行的关于为不同受众、用户群体和目标市场建立移情挑战的讨论，奠定了基础。该活动适用于各种规模的课堂，但最适合于 15 人以上的课堂，因此教师可以组成多个 4 人或 5 人制小组进行练习。开展此训练，要求教室不要有窗户。

开展方式

面对面。

学习目标

- 强迫学生对不熟悉的情况（没有电或电气化的家庭生活）产生移情。
- 将移情作为需求发现和机会识别的一部分，对寻求的不可实现性、深层次的价值进行界定。
- 邀请学生考虑通过开发移情而被发现的社会和经济价值创造机会的范围。

理论基础和素材

Nowak, A.T. (2011), 'Introducing a pedagogy of empathic action as informed by social entrepreneurs', unpublished dissertation, McGill University, Montreal.

Rifkin, J. (2009), *The Empathic Civilization*: *The Race to Global Consciousness in a World in Crisis*, New York: Penguin.

Watson, J.C. and L.S. Greenberg (2009), 'Empathic resonance: a neuroscience perspective', in J. Decety and W. Ickes (eds), *The Social Neuroscience of Empathy*, Cambridge, MA: MIT Press, pp.101-12.

Zahra, S.A., E. Gedajlovic, D.O. Neubaum and J.M. Shulman (2009), 'A typology of social entrepreneurs: motives, search processes and ethical challenges', *Journal of Business Venturing*, 24(5), 519-32.

材料清单

需要一间没有窗户的黑暗房间。不需要其他特定材料，然而，在制定练习框架时（时间计划为 5 ～ 10 分钟），展示世界上没有电气化区域的全球图像，可能会有所帮助，这些区域在夜间异常黑暗。一个简单的谷歌图像搜索将找到许多图片，可以将这些图片加入幻灯片组中。

学生的事先准备工作

无。

房间布置与时间计划（60分钟）

这是一个用时 60 分钟的活动。为布置好房间，整理好桌椅是很有帮助的，这样当房间变暗时，学生就可以畅通无阻地互相接触，将受伤的风险降到最低。如果可能的话，沿着教室的墙壁排列桌子，把椅子放在一个向内的圆形结构中。

0:00 ～ 0:05　冷开场。询问参与者是否曾经在没有电源的情况下生活过（例如，多年以前，而不是露营时），并深入想象几分钟。告知学生，他们将进行移情构建练习。将移情定义为理解或感受他人在其参照范围内经历的能力，包括将自己置于他人位置的能力。强调移情的关键维度，如辨别他人的感受、思考或经历；使自己与他人之间的差异不那么明显；认识到决策和认知思维过程中有许多复杂因素。此外，区分移情和同情的结构，即对他人的不幸感到怜悯和悲伤——这不是本练习的目标。最后，告诉学生，他们将以小组形式进行此练习，并将他们每四五人分成一个小组。

0:05 ～ 0:10　关灯，拉下百叶窗，关闭除幻灯机以外的所有电子设备。指导学生将智能手机收起来，最好关闭设备电源，直到课程结束。房间应很暗。如果需要，如上所述，利用全球卫星或其他谷歌图像描绘全球电气化和非电气化的画面。

分享全球 15 亿人没有电的生活。将焦点具体转移到印度：印度有 5 亿人，大部分在农村，无法获得可靠的电力。确定这一事实后，关闭幻灯机，使房间完全黑暗。

0:10 ～ 0:30 如上所述，移情研究表明，将自己想象成另一个人的能力是一种复杂的想象行为，需要从自身和生活经验中分离出来，以与另一个人或群体形成认同。接下来是练习的主要内容。向各组提供以下说明："与你的团队合作，制定一份完整的清单，记录没有电力会如何影响家庭的日常生活。"强调这从根本上是对想象力的挑战，因为没有学生（可能）经历过日常生活活动——工作或学校工作、膳食准备、与家人和朋友交往多年没有电力。教师可为创建最全面列表的团队提供一些小奖励。

通知学生，他们将有 20 分钟的时间详细介绍这些受影响的日常生活活动，然后他们将观看一段关于印度农村无电生活的短片，以检查每个团队列清单的全面性。此处的目标——尽管不完全，且有限——是让学生团队以自己的方式去感受和思考这种情况，从他们自身和生活经验中解脱出来，与其他没有电可用的人形成认同。明确提示学生既要考虑挑战，又要考虑潜在的积极作用。例如，缺少社交媒体和技术，可能会导致家庭或邻里关系更加紧密。记住，这里的目标是移情，而不是同情。

选项：如果你愿意，为了提高赌注，你可以告诉团队，将根据整洁程度对他们的清单进行评分，并且他们的任务应由团队中的所有成员，认认真真签下自己的名字。

提醒学生，在整个练习过程中，他们不能使用智能手机作光源，因为这违背了活动的目的。不允许任何类型的光产生，例如，笔记本电脑。在收到指示后，学生将立刻面临挑战，在他们的书包里寻找纸张和书写用具——这将是令人沮丧的。

0:30 ～ 0:35 仍处于完全黑暗中，请每个团队就其推测进行 1 分钟以上的演示。大多数团队将无法阅读他们潦草的列表。预计会听到诸如"没有社交媒体""没有电脑""没有电视""没有电器"（洗碗机、微波炉），以及"日落后没有灯学习""花更多时间与家人在一起而不是花费在电器设备上"等方面的影响。大多数学生会提供表层的反应，重点关注物质舒适感和屏幕。更深层次的反应将考虑对医疗保健（没有电能给医院或家庭医疗设备提供电力）、工作生活（工作是如何在一天的早些时候转换的）和总体社会学（overall sociology）（城镇和区域社会结构如何改变）的系统影响。每次演讲后，确定并强调新出现的主题。

0:35 ～ 0:41 接下来，播放这段在 D.Light 上关于印度农村地区的短视频（*D.Light Design India*，访问 https://www.youtube.com/watch?v=iMmk2nM_aZc）。短视频的目标是描绘一个没有电的区域，而不是推动 D.Light，这有助于构建一个框架。

0:41 ～ 0:45 回到完全黑暗的时刻，再次关闭投影仪屏幕。要求学生根据视频中的不同故事情节，对正确预期和完全忽略的日常生活活动影响进行盘点。将此在一个大型小组内进行讨论，让团队成员对特定团队的绩效进行评论。

教师要考虑和处理的问题包括：

- 团队是否预测了有限工作日对收益产生的影响？
- 团队是否想象过晚上在烛光下做作业的健康风险（如家庭火灾和眼睛疲劳）？
- 团队是否讨论过必须在白天完成不同的任务（购物、打扫房间、社交等）？
- 团队是否考虑了家庭和邻里的社会关系影响，以及缺少电如何影响这些关系，包括联系和归属？

此外，教师还应利用这段时间来面对关于情境的不准确假设，即家庭电力不足并不一定意味着没有手机（如视频所示）。例如，数百万生活在农村地区的印度人家里没有电可用，他们的城镇却可以提供充电服务。

0:45～0:55　仍然关灯，询问学生在这个练习中是否产生了移情，以及是以什么方式产生的？在本练习中，就移情能力构建的各种限制进行坦诚对话。

例如，学生知道，如果他们需要上厕所，他们可以随时离开黑暗，并且在下课时灯会重新打开。要求团队成员思考他们需要采取哪些行动步骤来获得关于无电生活的广泛而有意义的基础知识。最后的讨论是这项工作的真正成果。也就是，询问学生需要什么样的关系构建、持续时间和参与策略才能为这一特定挑战构建最小的移情片段？这是一幅巨大的学生创作画布，提出了寻求同理心的挑战、回报、限制和责任。

例如，一个深入印度村庄并与一个印度家庭生活两周的团队是否会产生深刻的同理心，例如，识别 D.Light 所追求的有根据的需求和创业机会？至少 3 个月，还是 6～12 个月？要问学生一个相关的问题："当我们在新的环境中建立移情时，如何知道我们已经学到了一些重要的东西？"确认环境理解、关系建立和信任建立是开发移情的核心，因此，需要几个月而不是几天，才能对这一背景有一个充分理解。只有针对这种移情构建挑战的沉浸式方法，才能产生有意义的见解，例如，对 D.LightLED 灯的风险投资这样识别创业机会所需的见解。

0:55～0:60　汇报整个练习。此练习对课程中的未来进程意味着什么？具体来说，学生应该如何在课堂上进行移情构建活动？展望未来，在所有体验式的实地调查中，尤其是在建立同理心方面，必须考虑哪些挑战和机遇？通过重新打开灯结束练习。当眼睛调整好，学生走在路上时，可能会发出感慨。

课后作业

本练习后最自然的课后作业，是要求团队下一周在课堂上提出详细的参与计划，以与目标群体建立深刻的同理心，即那些生活在印度农村没有电的人，或者那些他们可能用自己的创业理念设计的人——如果这是课程的一部分的话。

教学小贴士

- 这个练习需要在完全黑暗的环境中进行。因此，教师可能需要在一天中安排一个备用教室——一个没有窗户或没有其他光源的房间。

- 在黑暗中工作可能会造成危险，因此，教师应确保房间内的活动量最小，并且不会有被箱包绊倒等风险。
- 当灯熄灭时，学生的一个常见反应是"你是认真的吗"，但随后学生最终接受了挑战。
- 在确定日常受影响的生活活动和汇报总体活动时，同样重要的是确定没有电的积极因素，这可能与家庭层面更大的社会联系有关，即没有社交媒体的持续干扰。确保你进行了一次平衡的汇报，避免在构建和汇报练习时做出不必要的判断。

练习4-8 西尔维亚·沃特斯顿互动案例

作者：劳里·尤尼恩

与实践类型的联系：👁 🧠

涉及的主要创业主题

家族创业；创意构思

基本描述

家族创业提出了一系列独特的挑战，因为涉入其中的个人必须调和他们的家族忠诚度、潜在的挑战性家族关系、个人与职业目标之间的矛盾。在这个练习中，学生在公司联合总裁西尔维亚·沃特斯顿（Sylvia Waterston）生命中的关键时刻扮演虚构的沃特斯顿家族成员。学生阅读一个关于虚构的家族企业的"微案例"，然后进行简短的案例讨论，以形成对案例事实的共同理解。接下来是一种互动式需求发现方法，学生在该方法中协作确定西尔维亚、威廉、沃尔特（Walter）和斯蒂芬妮（Stephanie）——所有在本案例中介绍的关键家庭成员的核心需求。利用识别出的需求，主持人（指导老师）在学生中引入角色扮演，以便他们能清楚地阐述西尔维亚的下一步行动。最后，该练习使用纳什–史蒂文森（Nash-Stephenson，2004）"恰到好处"（Just Enough）框架，讨论实际发生的事情。本课程讨论西尔维亚的生活如何与决策前后的框架保持一致。

使用建议

本科生、研究生或高管的家庭创业或家族企业课程。人数要求：最少20人，最多100人左右。

开展方式

面对面、在线。

学习目标

- 将一个基本的设计思维概念——需求发现应用到家族创业挑战中，以此建立移情及其视角。
- 通过角色扮演练习，针对家族创业挑战进行重要讨论，并在此过程中培养学生在自己的家庭中开展此类讨论的能力。
- 基于主角个案，构建纳什–史蒂文森框架的概念。

理论基础和素材

Nash, L. and H. Stevenson (2004), *Just Enough: Tools for Creating Success in Your Work Life*, Hoboken, NJ: John Wiley & Sons.

Nash, L. and H. Stevenson (2004), 'Success that lasts', [2020-03]. at https://hbr.org/2004/02/success-that-lasts.

材料清单

- 微案例（本练习结束时提供讲义）。
- 便签（每个学生至少 10 张）。
- 钢笔。
- 干净的黑板和马克笔。
- 西尔维亚、斯蒂芬妮、沃尔特和威廉的名片——每桌上人手一张。
- 学生应坐在圆桌旁，圆桌大小应适合他们在本案例的角色扮演小组中工作为宜。理想情况下，每张桌子有四的倍数的座位。

学生的事先准备工作

无。

时间计划（75～90分钟）

0:00 ～ 0:15　解释课程大纲。需要学生准备：

1. 阅读案例（见本练习末尾）。
2. 参与案例讨论。
3. 参加互动会议，在此期间，他们将识别案例中四名家族成员的关键需求，然后在案例中所述的家族会议上扮演角色。
4. 倾听实际发生的事情，并将该决定应用到做出重大职业和生活决定的重要框架中。

接下来，给学生 5 ～ 7 分钟时间阅读微案例。

0:15 ～ 0:25　课堂讨论，引出案例的关键事实。基本情况：

1. 沃特斯顿家族的遗产有利于男性领导。请注意斯蒂芬妮的历史以及她希望女儿有不同经历的愿望。
2. 西尔维亚的"简历"比威廉强得多。
3. 沃特斯顿是一个冷清的生意，至少根据西尔维亚和斯蒂芬妮的说法，它需要改变，却难以改变。
4. 西尔维亚已采取多项措施改善业务，包括关闭沃尔特钟爱的酿酒厂。
5. 西尔维亚喜欢高度创新的工作环境，沃特斯顿则不然。她试图让事情朝向她喜欢的方向发展，但遇到了阻力。
6. 威廉的领导风格更符合沃特斯顿多年来的领导方式，因此受到一些员工的青睐。
7. 沃尔特要求西尔维亚只重新定义她的角色，而非威廉。
8. 西尔维亚在与布里奇顿（Bridgeton）的交往中取得了一些成功，并带来了一位高素质的"二号人物"——詹妮弗 (Jennifer)。
9. 西尔维亚从领导当地一家知名企业中获益匪浅。
10. 家族关系对沃尔特和西尔维亚来说，都很重要。

0:25 ～ 0:33　解释课程活动部分、每部分的目的以及时间安排。本部分内容：

1. 需求寻找。目的——为制订针对复杂家族问题的解决方案，我们必须首先了解主角的需求。提供一个或多个需求示例。

2. 角色扮演。目的——通过站在别人的立场上，培养更强的自我反省能力和同理心。练习制订解决方案，以满足主角的需求，如本例中的西尔维亚。

3. 汇报。目的——让学生看到，对于同样的挑战会有一系列合理的解决方案和方法。

0:33 ～ 0:35　参与者选择一个角色。如果可能的话，教师应该建议参与者选择一个与他们自己现实生活中不同的角色。例如，男性选择扮演女性角色，或者年轻人扮演老年人角色。

0:35 ～ 0:38　需求发现之一：参与者每人拿一个便签簿。参与者花 2 ～ 3 分钟时间写下他们对角色关键需求的理解——每个便签写一个需求。

0:38 ～ 0:43　需求发现之二：每张表格配一组便签，为沃特斯顿家族提出 3 ～ 5 个优先的关键需求。

0:43 ～ 0:48　需要发现之三：小组快速报告其认为家庭最重要的需求。教师可以将这些内容写在白板上，以使每个人都能看到。

0:48 ～ 0:51　设置角色扮演。提醒全班同学注意情境，角色扮演的结果是为西尔维亚制订一个计划。解释识别家族成员需求的目的，是为制订他们的计划提供信息，该计划应尽可能解决所提出的问题，包括家族的集体需求以及相关个人的需求。提醒参与者以角色的身份发言，而不是以第三人称。

0:51 ～ 0:58　参与者进行角色扮演，并做出决定。

学生可能会想到的一些决策示例：

1. 西尔维亚显然最有资格，应该提议由她担任首席执行官，威廉担任总裁。

2. 西尔维亚应该建议将沃特斯顿分为两个实体，由她领导其中的一个实体，她母亲占有 40% 的股份。

3. 西尔维亚应该让家人买断她。

4. 西尔维亚应该全职领导布里奇顿，并按照她的愿景来实现这一目标。

0:58 ～ 1:03　小组报告他们的计划。

1:03 ～ 1:07　教师分享西尔维亚实际做的事情：西尔维亚离开沃特斯顿，全职管理作为独立实体的布里奇顿。她之所以做出这个艰难的选择，离开家族企业，不去争取她理应获得的卓越而宝贵的领导职位，有几个原因。首先，很明显，威廉受到了青睐，家庭中的性别偏见至少在一定程度上起了作用。也许西尔维亚最终可以担任唯一的总裁角色，或威廉担任总裁，她担任 CEO，但不清楚她是否会成功，如果她成功了，她高度重视的家庭关系所付出的代价是什么。此外，无论她的角色如何，她的家族企业中潜在的性别偏见都不太可能改变，她的领导能力会持续下行。西尔维亚执掌布里奇顿，而不是在沃特斯顿担任另一个角色的另一个令人信服的原因是，她认识到她最喜欢的工作是围绕创新展开的，而这在沃特斯顿很难做到。在布里奇顿，西尔维亚可以规划自己的影响和遗产之路，而在沃特斯顿，她需要与家人保持一致。搬到布里奇顿，让西尔维亚能专注于她在直系亲属周围的优势和愿景，而不需要大家族的动力。在布里奇顿，西尔维亚创造了与她的价值观相一致的企业文化，包括尊重、正直和创新。员工重视这种文化，并受到其激励。她把她的四个孩子带到讨论这些价值观的过程中，这使她能在直系亲属中建立起强烈的共同目标感。布里奇顿灵活且极具创新精神。西尔维亚和她的首席信息官（CIO）詹妮弗更热衷于多种类型的直接投资，包括收购现有业务和投资房地产项目。结果，布里奇顿已经成长了五倍多，而现在，虽然远没有沃特斯顿那么大，但正在成为一个重要的角色。最重要的是，西尔维亚真正热爱她的工作，并对自己的成就感到满意和自豪。西尔维亚创建了一个家族基金会，她打算把重点放在女孩在领导角色上的发展方面。西尔维亚继续作为沃特斯顿的股东，并与威廉、沃尔特和其他大家庭成员保持着良好的关系。虽然与所发生的事情仍有一些关系，但总体而言，这些关系丰富了她的生活和孩子们的生活，她很感激能维持这些关系。

1:07～1:12　解释纳什－史蒂文森"恰到好处"的个人万花筒框架（见图 4-6）。

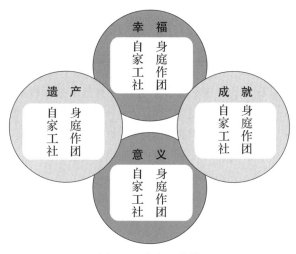

图 4-6　个人万花筒

资料来源：Nash，Stevenson（2004）.

"我们对真正的、持久的成功感兴趣——在这里，得到你想要的东西会给你和你关心的人带来可持续的回报。这种成就给人一种合法性和重要性的感觉；它给人带来的满足感远远超过了奖金或新职位的短暂回报。持久的成功是情感上的更新，而不是焦虑。与成功市场战略的方程式不同，没有一个人或一家公司能充分代表其他人的持久成功。"（纳什和史蒂文森）

"恰到好处"的框架是根据自己的条件打造成功的生活。分析西尔维亚离开沃特斯顿前往布里奇顿前后的生活，可以让我们了解她的决定，是如何在西尔维亚的生活中产生持久成功的强烈感觉的，尽管这可能不是我们可以称之为传统成功的决定。有关该框架的更多详细信息，请参阅我们提供的参考资料。

1:12～1:25　本课程根据该框架分析了西尔维亚在做出决定前后的生活。样本分析见表 4-4 和表 4-5。

表 4-4 样本分析：西尔维亚在沃特斯顿的个人万花筒

	自身	家庭	工作	社团
幸福		威廉的纠葛	不是她喜欢的工作	
成就	优秀的简历		沃特斯顿总裁	领导角色
意义		与家人一起工作，满足叔叔的期望？		
遗产				

表 4-5 样本分析：西尔维亚在布里奇顿的个人万花筒

	自身	家庭	工作	社团
幸福	心满意足	即使不完美也很好的家庭关系丰富了她的生活	做她喜欢做的事	
成就	布里奇顿是她的成就		布里奇顿正在显著增长	
意义		她的四个孩子都参与了布里奇顿的价值体系构建	员工环境	基金会专注于女孩
遗产		共同目标和明确的共同价值观	由对她来说重要的价值观驱动企业成功	对女孩影响积极

根据给定的案例数据，尽可能绘制西尔维亚的成功图：

- 幸福：你所享受的。
- 成就：相对于其他同类的成功。
- 意义：对你关心的人或事业的重要性。
- 遗产：对未来的影响。

1:25 ～ 1:30 总结与家族创业相关的关键点，以及所有类型创业者认识到决策成本与收益方面的责任。

课后作业

根据纳什 – 史蒂文森框架，规划你的生活。反思这项工作如何影响你正在做出或将要做出的决策。

教学小贴士

尽管本案例引入了加利福尼亚州北部一家虚拟的家族企业，但所展现的故事是基于一家真实的公司。学生们想知道公司是谁，但这并不重要。本案例中反映的问题在许多家族企业中很常见。时间管理，对此次训练的成功至关重要。如果团队规模较大，采用有效的方法，迅速重获团队关注也很重要。

手册：西尔维亚·沃特斯顿案例

2015 年 7 月 15 日

2015 年是西尔维亚·沃特斯顿加入其家族企业韦德·沃特斯顿公司（Wade Waterston, Inc.）以来的第 16 个年头。韦德·沃特斯顿公司，是加利福尼亚州北部最大的房地产和农业公司之一。沃特斯顿经营的业务包括土地控股、商业和住宅房地产，以及酿酒厂和杏仁农场在内的农业经营。西尔维亚为继承家族遗产而激动不已。与表弟威廉作为联合总裁，西尔维亚是一个在他们家乡克拉伦登（Clarendon）家喻户晓的家族企业新一代领导人。然而，西尔维亚发现自己正处于十字路口。在过去的几年里，她与威廉的联合变得越来越艰难。很明显，他们对如何经营公司以及公司的未来有不同的看法。沃特斯顿的董事会由西尔维亚的叔叔沃尔特·沃特森（Walter Waterson）领导，他们越来越担心西尔维亚和威廉能否继续共同领导公司。西尔维亚一直致力于的一些重大项目已经结束，沃尔特借此机会建议西尔维亚重新思考她目前的角色应该是什么。

她在沃特斯顿的工作中，对叔叔的要求进行了反思，这是她职业生涯中最喜欢的工作，也是她对家族遗产和义务的感受。西尔维亚意识到她工作、生活中的这些因素之间存在一些紧张关系，并想知道这一时刻是否会提供一个解决这些问题的机会。她还考虑到，自己在一家小型关联公司布里奇顿的工作花了越来越多的时间，这家公司由她母亲所有。

沃尔特在接下来的一周召开了一次董事会会议，并要求西尔维亚在当天下午首先会见他、她的母亲斯蒂芬妮和威廉。她是否应该像沃尔特叔叔所建议的那样，为自己重新定义一个角色，如果是，这个角色应该是什么？她是否应该考虑离开沃特斯顿，专心于布里奇顿？还是有第三种最佳的道路供她选择？

公司背景

韦德·沃特斯顿公司的历史可以追溯到西尔维亚的曾祖父韦德·沃特斯顿时期。韦德白手起家，20世纪初建立了一家成功的石油公司，并将所得收益用于克拉伦登县及其周边地区的土地投资。最终，韦德在加利福尼亚州的这一地区几乎未开发的时候，在克拉伦登和周围的几个县积累了50多万英亩⊖土地。随着家族的繁衍，他们通过将土地出租给农民并在需要时出售土地来维持生计。20世纪70年代末，沃特斯顿公司成立，拥有约25万英亩的土地，代表了西尔维亚已故祖父温斯顿最初持有的股份。

大约就在此时，克拉伦登开始迅速成长和变革。随着家族规模的扩大和土地的升值，沃特斯顿开始将更多的土地出售给开发商。沃尔特当时是该公司的一名年轻高管，他决定将业务拓展到农业领域，开发了杏仁农场和葡萄园。与此同时，斯蒂芬妮的道路与沃尔特的道路大不相同。她结婚很早，在父母的鼓励下，专注于家庭而不是完成学业。斯蒂芬妮的独生女西尔维亚出生后，丈夫过早去世。斯蒂芬妮重新用自己父亲家的姓氏，并试图涉入沃特斯顿事业，但当时担任董事会主席的父亲告诉她，"董事会会议室不是女人的地方"。斯蒂芬妮坚持并最终说服董事会允许她开发一小块土地，这片土地由她托管。这是第一次由家里人独自开发自己的土地。随着时间的推移，斯蒂芬妮在如今日益富裕的克拉伦登地区，创造了一个非常成功的细分市场。

1990年，斯蒂芬妮创建了布里奇顿作为她成功投资的母公司。虽然布里奇顿是一个独立的法律实体，但它基本上是沃特斯顿公司的一个小部门。到21世纪初期，布里奇顿开始从开发收益中，保持巨大流动性。

⊖ 1英亩=4 046.856平方米。

西尔维亚的故事

与此同时，西尔维亚在克拉伦登长大，是著名的沃特斯顿家族的一员。到了西尔维亚上大学的时候，她已经准备好永远离开充满禁锢之感的克莱伦登。西尔维亚就读于常春藤盟校，1985年获得经济学学位，之后在一家著名的管理咨询公司工作。斯蒂芬妮鼓励西尔维亚继续她的商业教育，指出"我缺乏正规的商业教育，对我来说是一个巨大的障碍。我希望我的女儿接受最好的教育，有最好的职业选择。不管她选择哪条路，只要是她的选择，只要她做自己想做的事，我都会同意。"1991年，斯蒂芬妮听从母亲的建议，在美国一所顶尖的商学院就读。毕业后，她在纽约领先的金融服务公司工作了几年。斯蒂芬妮喜欢20世纪90年代初快节奏、创新的金融业。她回忆道："这是一个令人难以置信的激动时刻——我正在创造新产品，而在线金融服务市场正在腾飞。我喜欢这项工作，因为它是关于团结一个团队，创造一些以前不存在的有价值的东西。"

西尔维亚从未想过她会回到家族企业，但当她在纽约工作了六年后，她对母亲和叔叔要求她回到加利福尼亚的呼声开始产生共鸣。斯蒂芬妮认为沃特斯顿管理不善，而西尔维亚凭借她的教育背景和工作经验可以为家族遗产做出巨大贡献。沃尔特认为，家族遗产和家族联系是最重要的，因此，西尔维亚应该回家与家人团聚，成为下一代领导人。最终，西尔维亚被说服了，1999年，她和她不情愿的丈夫搬到了加利福尼亚。

西尔维亚的表弟威廉也在克拉伦登长大。他曾就读于当地一所声誉良好但并不特别有声望的大学，后来成为一名与家人友好的州参议员的立法助手，再后来成为一名成功的说客。大约在这个时候，威廉也决定加入家族企业，同样也有他叔叔沃尔特鼓励的影响。他们长期都向不属于家族的首席执行官乔治·麦金太尔（George McIntyre）汇报工作。尽管西尔维亚和威廉在方法和风格上有所不同，但在乔治的领导下，他们专注于适合自己技能的不同项目，一切都很好。然而，在2009年冬天，乔治被诊断出患有一种致命的癌症，不幸的是，他在短短几个月内就去世了。乔治英年早逝后，家族决定任命西尔维亚和威廉为联合总裁。董事会主席沃尔特·沃特斯顿（Walter Waterston）当时对该家族的决定进行了反思："沃特斯顿家族最重要的事情是家族团结。我们希望下一代在企业中发挥强有力的领导作用，确保这一点的最佳方式是让我们的两位下一代领导人共同担任总裁。如果这一共同角色不起作用，公司只需要一位总裁，那么我当然希望另一位总裁能接受另一个重要角色。"

西尔维亚负责农业部门，包括沃尔特个人最喜欢的葡萄园，而威廉负责土地所有权管理。当西尔维亚晋升到领导岗位时，她决心实现企业管理、治理和运营的现代化。她试图将自己在纽约快节奏的金融界工作时获得的知识和经验带到沃特斯顿。西尔维亚通过引入最佳管理实践看到了巨大的变革机会。她说服她的叔叔在他们的董事会中增加一名独立董事——当地另一家大型家族企业的首席执行官，此前董事会成员只有沃尔特、史蒂芬妮和几位不太热衷于这项业务的家族成员。这一变化为董事会会议增添了新的视角，但董事会会议仍由沃尔特严格控制，在当地另一家企业的首席执行官加入董事会的同时，沃尔特还为董事会增加了一位终身挚友。西尔维亚开始在董事会上公开表达她的观点，即家族需要从一家主要出售资产以赚取现金的房地产控股公司，转变为一家强大的持续经营的企业。在她看来，未开发的土地是一种固定资产，会随着一代又一代人的出生，慢慢地被越来越多的家族成员瓜分，这不是一个稳定的长期解决方案。她寻求实现企业文化的现代化，确保员工承担责任。她最艰难的工作是说服她的叔叔，公司应该卖掉他的葡萄园，因为他的葡萄园正在无望地榨取现金流。

并不是每个人都像西尔维亚那样看待事物。威廉认为她在房地产交易和其他投资方面行动太快，承担了太多风险。那些老员工，包括在企业工作的家庭成员，对新预期感到越来越不舒服，有些人就离开了。威廉，以一个政治家的风格，挽留了好几个准备离开的员工，而正是依靠这些人捍卫了公司的传统。威廉如是说："西尔维亚的教育背景比我的更光鲜，但我不确定她的领导风格是否适合这家公司的文化。我们确实需要做出一些改变，但要以适合我们公司和家族的节奏行事。"

与此同时，布里奇顿在西尔维亚的领导下成长着。利用母亲早期成功开发的部分资金，西尔维亚与一家房地产投资公司合作，成功创建一个创新性的综合开发项目。她聘请了一位才华横溢的首席投资官詹妮弗·恩格尔（Jennifer Engle），詹妮弗是她 MBA 项目的校友。她们一起，开始为布里奇顿的流动资产开发进行组合投资，利用西尔维亚以前的工作经验制定一个行动路线，包括对公司和房地产项目的直接投资。

作为一名杰出的当地女商人、沃特斯顿的首席执行官和沃特斯顿家族的下一代领导人，西尔维亚被要求担任重要的社区领导角色，如克拉伦登商会主席和几家著名的当地慈善机构的董事会成员。她喜欢这些角色，也喜欢这些角色带来的认同。

西尔维亚之困

然而，到 2015 年，西尔维亚和威廉在管理风格上的裂痕比以往任何时候都要深，并开始影响他们的个人关系。西尔维亚评论道："沃特斯顿就像一艘战舰，移动一点点就需要付出巨大的努力。当有时似乎并非所有人都朝着同一个方向努力时，这就更加困难了。"就在这时，沃尔特找到西尔维亚，说他担心联合总裁不再能很好地为公司服务。鉴于她的许多项目即将结束，他要求西尔维亚推荐她未来应该担当的角色。

考虑到这一点，西尔维亚考虑了她的选择。沃特斯顿是一家卓越的公司，作为联合总裁，她不仅继承了家族遗产，经营着一个令人印象深刻的大型组织，而且由于与沃特斯顿的合作，她还能获得多种机会。西尔维亚对自己领导沃特斯顿的能力充满信心，但由于她非常重视家族关系，她担心自己和威廉之间的裂痕会扩大。不过，布里奇顿要小得多，几乎完全不为人所知，但它具有创新性和成长性。西尔维亚想知道她是否应该像她叔叔建议的那样，在沃特斯顿为自己提议一个新角色。如果这样，那将会是什么？或者她应该考虑离开沃特斯顿公司，集中精力在较小的布里奇顿上？她是不是对这种情况看得太狭隘了？也许她没有看到，是否还有另一种选择。西尔维亚在前往四楼与母亲、表弟和叔叔会面之前，仔细阅读了笔记。

沃特斯顿的族谱，如图 4-7 所示。

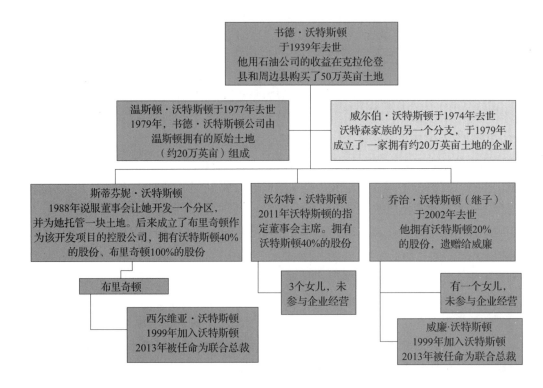

图 4-7 沃特斯顿的族谱

练习4-9 投资谈判

作者：安德鲁·扎卡拉基斯

与实践类型的联系：👁 🧠 💡

涉及的主要创业主题

创业融资；机会评估；规模化与成长管理；市场或竞争分析；商业模式开发；资源获取

基本描述

学生评估股权结构表和风险投资协议，然后准备谈判。将学生分成偶数组（每组四到五名学生），让一半的学生担任创业者，另一半作为投资者。创业者小组推介他们的企业，并预测投资者小组关心的问题及其类型。投资者倾听路演，然后提出问题，以更好地了解机会，以及判断它是否值得投资，如果值得，以什么条件投资。本练习中使用的示例是梅塔卡（MetaCarta）——一家销售定位地图软件的公司，其客户为政府和油气公司。

使用建议

这一基本概念适用于各级受众，包括本科生、MBA 和企业高管。一般来说，这项练习覆盖整个课程，一般在核心创业课程后期或创业金融课程的早期阶段开设。它适合所有规模受众使用。把全班分成四人或五人的偶数小组。

开展方式

面对面、在线。

学习目标

- 解释股权结构表和风险投资协议的含义。
- 准备谈判：作为创业者，讲故事并预测问题；作为投资者，制定尽职调查议程，并提出相关问题。
- 交易谈判，了解对方需求。

理论基础和素材

Zacharakis, A., A. Corbett, and W. Bygrave (2020), *Entrepreneurship*, 5th edn, Hoboken, NJ: Wiley, ch. 10.

要想获得 *Entrepreneurship*（5th edn）的免费考试复本请前往 https://www.wiley.com/en-us/Entrepreneurship%2C+5th+Edition-p-9781119563099.

MetaCarta 示例可通过 Case Centre 网站获取，https://www.thecasecentre.org/educators/products/view?id=112287.

材料清单

- 梅塔卡公司的股权结构表（见表 4-6）。
- 梅塔卡公司的风险投资协议（见本练习最后）。

学生的事先准备工作

让学生提前阅读案例，并为梅塔卡案例准备问题。但是，也可以在不阅读案例的情况下进行谈判，只使用股权结构表，对于创业金融等更高级的课程，则使用风险投资协议。

时间计划（90分钟，可另外增加45分钟）

本练习包括四步，再加上高级课程的一个可选步骤。对本时间计划，假定学生熟悉稀释的概念但不熟悉股权结构表。股权结构表使稀释的概念更加具体。如果你没有使用过此案例，让学生简要概述梅塔卡公司（见练习的说明描述部分）。

0:00 ～ 0:30　股权结构表概览（见表 4-6）。

表 4-6　梅塔卡公司股权结构表

	年份	投资额	股价	股份	价值	税前	税后	
轮前融资								
创始人						100%	100%	
DARPA[①]	2018	$500		0	$0	0%	0%	赠款，无股权影响
天使轮，第一次投资	2018	$1 000		0	$0	0%	0%	可转换债券
小计		$1 500		0	$0	100%	100%	
A 轮								
创始人			$0.64	6 250	$4 000	100%	63%	以20%的折扣转换为股权。注：本金加利息（8%）以股票价格80%的折扣购买股票
天使轮，第一次投资			$0.51	2 109	$1 080		21%	
天使轮，第二次投资加 In-Q-Tel[②]	2019	$1 000	$0.64	1 563	$1 000		16%	
小计		$1 000		9 922	6 080		100%	
B 轮（拟议）								
创始人			$0.33	6 250	$2 063	63%	16%	
天使轮，第一次投资			$0.33	2 109	$696	21%	5%	
天使轮，第二次投资			$0.33	1 563	$516	16%	4%	
期权池			$0.33	9 775	$3 226		25%	
罗森投资公司和其他风险投资公司	2020	$6 500	$0.33	19 697	$6 500		50%	
总计		$6 500		39 394	$13 000	100%	100%	

注：货币数字以千美元计。
　　①美国国防高级研究计划局。——译者注。
　　② In-Q-Tel 是位于美国弗吉尼亚州阿灵顿的高科技风险投资公司。——译者注。
资料来源：Capitalization table from MetaCarta case by Andrew Zacharakis and Brian Zinn, in Zacharakis et al.（2020）.

1. 轮前融资

（1）提请注意 DARPA，这是一个负责开发可供军方使用的技术的政府机构。接受 DARPA 的资金有什么好处？

　　1）赠款：首先，也是最重要的，它是一笔赠款，这意味着创始人保留 100% 的股权，没有义务偿还这笔资金。

　　2）验证：DARPA 的资金还向其他潜在投资者和利益相关者（如顾客）发出信号，政府认为这是一项重要的技术。这一信号可能有助于梅塔卡公司与其他利益相关者召开会议并达成交易。

（2）天使轮：这笔交易筹集了 100 万美元的可转换债券。在下一轮机构融资（也称为触发器）中，票据转换为股票的价格，比下一轮投资者支付的价格低 20%。

　　1）在触发之前，这一轮天使融资是债权，然后以当时股价的 80% 转换为股权。因此，如果股价为每股 1 美元，可转换债券的转换率为每股 0.80 美元。

　　2）在触发之前，可转换债券的年利率为 8%。因此，在触发时，用本金加上应计利息以 20% 的折扣购买股票。假设触发事件发生，创业者永远不会直接支付利息。

　　3）举例。

　　——天使投资 100 万美元可转换债券，8% 的利息，20% 的折扣。

　　——一年后，创业者收到新的投资，从而触发转换。新投资额为 100 万美元，股价为 1 美元。

　　——天使轮债务转换并以每股 0.80 美元的价格购买股票。本金加利息等于 100 万美元本金加利息（$100 万 ×1.08=$1 080 000），以每股 0.80 美元的价格购买股权。

　　——天使轮现在拥有 1 350 000 股股票，账面价值为 1 350 000 美元。

　　4）询问学生可转换债券对天使投资人和创业者的利弊。答案应包括以下内容。

　　——创业者的观点：很难对种子阶段的创意进行准确评估。这有助于保护创业者和天使投资人的投资不被过度稀释，因为创业者不会低估风险，天使投资人也不会高估风险。假设下一轮主要投资人将是机构投资者（即风险资本家），他们在评估早期公司方面有更多经验。此外，该公司将实现更多的里程碑事件（如销售），从而更真实地展示其潜力。

　　——天使投资人的观点：除防止稀释之外，如果梅塔卡公司破产，天使投资人的债务通常对权益拥有优先权（如果梅塔卡公司在早期阶段破产，则不可能有任何清算价值）。这也可能有利于投资者在税收待遇上受益，因为债务通常以高于股权的税率注销。

2. A 轮

一年后，创始人根据之前转让给自己的股份数量以及与投资者协商的估值，将股价定为 0.64 美元。股价也可以很容易地定为每股 1 美元——这在首轮融资中非常常见，然后调整已发行股份的数量，以反映创始人将保留的公司相对比例。这一轮有许多事情需要问询或解释：

（1）天使轮（本次融资之前）使用可转换债券。一旦本轮（A 轮）谈判完成，可转换债券将转换为普通股，债券持有人将以天使轮谈判时商定的 80% 折价买入。因此，按 0.64 美元 ×0.80 计算，他们的股价为 0.51 美元。可转换债券持有人在转换前也应计利息（每年应按 8% 的利率计息）。由于天使轮已过去了一年，天使轮有 100 万美元的本金加上 8 万美元的利息（100 万美元 ×1.08），也就是 108 万美元，以每股 0.51 美元的价格购买股票，从而获得约 210 万股和公司 21% 的股份。

（2）询问学生 In-Q-Tel 参与本轮活动的重要性。In-Q-Tel 是美国政府情报机构（如中情局）的战略投资者。它向市场发出了一个强烈的信号，即梅塔卡公司拥有极具价值的技术，因此在其他投资者眼中具有一定的信誉。

（3）询问学生如何确定交易前估值。

1）在每一轮中，通过创业者和投资者之间（在本案例中为 In-Q-Tel 和 A 轮的天使投资人）的协商确定估值。本案例的交易前估值为 508 万美元（即创始人股票价值加上天使轮可转换债券）。交易后估值是指交易前估值加上投资，即 508 万美元 +100 万美元 =608 万美元。

2）确保让学生一步一步地浏览所有的栏目，突出显示交易后估值所有权占比。请注意，创始人从拥有公司 100% 的股份到拥有公司 63% 的股份。股权结构表具体说明了稀释的概念。

3. B 轮（一年后拟议的风险投融资）

本案例的主要决定是创始人是否应接受罗森投资公司（Sevin Rosen，SR）提供的风险投融资，如 SR 向梅塔卡公司提供的风险投资协议所述。在深入研究这个问题之前，确保学生理解建议出价的含义。

（1）再次询问交易前估值是什么，以及如何确定。此时，SR 已经提交了 650 万美元的报价，作为交易前估值。最终估值将由创业者与 SR 协商确定。这是分析的起点，本案例询问创业者是否可以协商出更好的交易价格。请注意，此交易前估值与前几轮交易后估值没有任何关系。估值独立于前几轮，根据以下因素确定：

1）公司是否按照预期实现其目标和进度？如果你用的是整个案例，会注意到梅塔卡公司"烧钱"的速度比预期的要快。这表明它很难达到目标。如果你没有用完整的案例，请指出上一轮的低升幅（low step-up），表明公司正在努力实现关键的目标。

2）另一个影响所有寻求融资的公司的因素，是当前的宏观条件。如果经济环境，特别是股票市场是活跃的，在所有其他条件相同的情况下，估值往往会更高。

（2）要求学生解释当前方案的影响。大多数学生都会注意到创始人的股份受到严重稀释（从 63% 到 16%）。一些人会专注于稀释，忽略了寻求新资金时稀释是不可避免的。这种稀释对创业者不利，但更重要的是要关注股价。创始人和早期投资者被"稀释"，这意味着他们的股价已经贬值（从每股 0.64 美元到每股 0.33 美元，几乎是它以前价值的 50%）。

（3）询问学生是什么导致了"稀释"。通过检查前几轮的交易后估值（608万美元），并将其与本轮的交易前估值（650 万美元）进行比较，尽管增幅不大，但该公司的价值有所增加。推动"稀释"的一个重要因素是包含了期权池。

（4）询问所有学生是否有期权，如以前的工作或创业。这就引出了对期权池的解释。为吸引未来的关键员工，以及奖励继续为公司努力工作的现有员工，我们留出了一些期权。还有几点要强调：

1）为科技公司设立一个期权池是很常见的，尽管拟议的梅塔卡公司的期权池比大多数公司稍大一些（通常占总发行股本的 15% 左右）。

2）期权有助于使员工与风险投资目标保持一致，因为每个人都希望公司的价值增加，这将为所有相关人员带来更高的薪酬。这是代理理论的基本"结果"——奖励体系，即员工通过为公司实现目标获得奖励。如果员工以工时计酬，或薪酬与公司业绩无关，则被称为"行为"奖励制度。

3）庞大规模的期权池，可能表明风险投资公司认为梅塔卡公司需要建立其人力资本基础设施以实现公司的快速增长。

4）请注意，所有期权都在降低创始人和早期投资者的股权价值（或交易前估值），这被称为"期权池洗牌"，实际上使交易前估值达到327.4 万美元（322.6 万～650 万美元）。

5）了解更多信息，请访问："The Option Pool Shuffle"，http://venturehacks.com/articles/option-pool-shuffle。

0:30～1:00 **谈判准备**。

现在需要分组，代表创业者的小组和代表投资者的小组。我通常报数（count off），这样我就有偶数个小组，每个小组有四、五名成员。奇数组将承担创业者，偶数组代表投资者。通常，在对股权结构表分析之后，创业者会对自己股权的稀释感到震惊，并考虑如何将稀释降至最低。投资者通常关注其所有权比例，以及激励新员工促进增长（期权池）。在小组休息准备时告诉他们，梅塔卡公司的现金（OOC）即将用完，按照目前的"烧钱"速度，他们将在一个月内用完资金；可能没有足够的时间找来新的投资者，因为尽职调查通常需要六个月的时间。因此，他们最好的选择是谈判以达成更好的协议。

谈判的关键是找到达成谈判协议的最佳选择方案（BATNA[⊖]）。如果投资者的条件过于苛刻，可能会降低创业者的积极性，从而使投资面临风险。如果创业者

⊖ BATNA：best alternative to negotiated agreement，达成谈判协议的最佳选择方案。——译者注。

不接受投资，他们可能会在几个月内倒闭。在准备阶段，每个小组都应该仔细思考当前风险投资协议的含义，然后制定一个能带来双赢结果的战略。这意味着投资者在实现增长的同时，实现了维持和激励现有团队和未来员工的目标。当企业被收购或上市时，创业者看到了资本大幅增值的途径。对创业者来说，关键不在于持股比例，而在于他们所持有股份的价值。因此，如果公司实现显著增长，创业者和投资者会双赢。当双方准备谈判时，他们应该考虑对方需要达到什么目标。

1:00～1:15　谈判

将小组配对，开始他们的谈判。例如，第 1 组（创业者组）与第 2 组（投资者组）配对。指定一个人作为观察者，记录每组的谈判情况，因此每两组有两名观察员。投资者在问什么问题？创业者如何回应？创业者提出了哪些备选方案？投资者如何回应？

1:15～1:30　汇报

请观察员开始分享谈判中的一些亮点。梅塔卡公司几乎没有现金这一事实大大降低了他们谈判的议价能力。尽管如此，以下是一些可能的谈判要点：

1. 期权池的规模——聪明的创业者将跟踪新雇用的员工和他们预期在未来的融资期（通常是一年左右）发放的绩效奖励，然后协商确定一个较小的期权池。

2. 为创始人预留的期权——创始人还可以根据其持续绩效，协商为创始人保留部分期权。

3. 尽管这不太可能，但创始人也许能说服 SR 在创业者和 SR 之间拥有同等稀释期权。

4. 筹集资金的数量（增长较慢的方法）——这可能有风险，因为这可能会延长退出时间，并可能意味着创业者很快会再次筹集资金，而公司也因为增长放缓，而显得不那么激动人心。

5. 前一轮天使投资人可能会意识到，如果 SR 投资，他们将面临严重稀释的情况。虽然这将保护天使投资人的股权地位，但问题是 SR 的附加值是否会抵消稀释。SR 是首屈一指的风险投资公司，拥有强大的商业人脉，将公司上市或出售以获得丰厚回报的经验，以及领导未来融资的雄厚财力，这些增值因素提高了公司未来的整体估值。

虽然不可能确定最好的结果，但要确保学生考虑 BATNA。在实际谈判中，梅塔卡公司接受了提交的风险投资协议，只是其谈定了 20% 的较小期权池。

1:30～2:15　期权条款清单（高级）

对于高级课程，像创业金融，可以让他们逐渐了解条款及其含义。这是一份相对简单的条款清单，但有几点需要注意：

1. 优先股——投资者将持有优先股，而创业者将持有普通股。优先股优先于普通股，在股息、分配、清算和赎回方面给予持有人优先权（优先支付）。

2. 清算优先权——这意味着投资者在普通股持有人获得任何东西之前，获得特定金额的资金。条款清单中的 1 倍优惠，意味着 SR 收到 650 万美元（其投资回报），然后剩余的流动性价值，根据所有权进行分割。2 倍或 3 倍优先的条款清单并不少见。若该条款清单有 2 倍的优先权，则意味着 SR 将在流动性事件的剩余收益被所有股东分配之前获得 1 300 万美元。清算优先权对创业者非常不利，应尽可能避免或限制为 1 倍。

3. 股息——由于投资者持有优先股，应首先支付给他们。

4. 领售权（drag-along rights）——意味着投资者可以强制出售，因为在这种情况下，他们拥有大部分股份。

5. 反稀释权——投资者有权加入任何后续投资者，其投资金额使其所有权保持在同一水平，一般情况下为 50%。

6. 优先购买权——投资者有权成为未来所有回合的主要投资者，除非他们放弃该权利。

7. 兑现——意味着创始人、员工和新员工按照四年计划获得其有权股份（entitled shares），在这种情况下，每年获得其 25% 的股份，但在一周年（一年期悬崖）之前不得获得任何股份。

课后作业

从这个案例中得出的一个有用的练习是，让学生为他们计划发起的企业（如果适用）建立一个股权结构表。对需要筹集外部资本的创业者来说，了解股权结构表至关重要。让学生设想未来五年需要筹集多少资金，以及这对他们的潜在所有权和股票增值意味着什么，这是很有用的。由于创业者通常在资金短缺时（早期）拿到低于市场的工资，因此确保他们在流动性事件（首次公开募股，即 IPO，或被收购）中拥有足够的所有权，可以帮助学生了解投资企业是否值得去追求。

教学小贴士

学生经常过度关注稀释。他们应该真正关注的问题是他们需要多少资金才能达到下一个重要目标（这将提高公司的估值，从而降低后续融资回合的成本）。稀释本身并不重要。古老的格言是正确的："你想要小馅饼中的一大块，还是大馅饼中的一小块？"如果梅塔卡公司能利用 650 万美元实现一个重大目标，大大提高其估值（甚至可能发生流动性事件[⊖]），那么投资推动的增长，通常会抵消稀释。围绕股权结构表创建场景，可以帮助学生确定这是否可能实现。

风险投资协议

公司	梅塔卡公司。
证券	公司 B 轮优先股（"B 轮"）。
投资金额	SR（主要投资者）650 万美元。
	可转换票据和保险箱（"可转换债券"）根据其条款转换为影子系列优先股（与 A 轮一起称为"优先股"）。

⊖ 流动性事件（liquidity event）是指一家私人公司的大部分股份的所有者出售他们的股份以换取现金或另一家公司（通常是更大的公司）的股份的交易。例如，首次公开募股就是一种流动性事件。——译者注。

估值	1 300 万美元的交易后估值，包括相当于收盘后完全稀释资本 25% 的可用期权池。
清算优先权	1 倍（1x）非参与优先权。公司全部或实质上全部资产的出售或合并（统称为"公司出售"）将被视为清算。
股息	6% 的非累积股息，在董事会宣布后支付。
转换为普通股	持有人期权，并在①首次公开募股，或②多数优先股（在转换基础上）获得批准后自动转换（"优先股多数"）。转换率最初为 1∶1，并根据标准调整。
表决权	有限多数的批准需要，①变更优先股权利、优先权或特权所需的优先多数，②变更授权股份数量，③创建与现有优先股优先或同等权益的证券，④赎回或回购任何股份（服务终止或行使合同优先购买权时按成本购买除外），⑤宣布或支付任何股息，⑥变更董事授权人数，⑦清算或解散，包括公司出售。否则，以转换后的普通股进行投票。
领售	创始人、投资者和 1% 的股东投票批准公司出售，需要①董事会批准，②优先多数和③多数普通股（不包括可发行或转换优先股后发行的普通股股份）（普通多数），但标准例外情况除外。
其他权利和事项	优先股将拥有标准的宽泛加权平均反稀释权、创始人股票转让的优先购买权和共同出售权、登记权、按比例权利和信息权。公司律师起草文件。公司支付主要投资者的法律费用，上限为 30 000 美元。
董事会	（主要投资者指定 2 名董事。共同多数指定 3 名董事。）
创始人和员工行权	创始人：约翰·弗兰克（John Frank）、道格·布伦豪斯 (Doug Brenhouse) 和埃里克·劳赫 (Erik Rauch)。 员工：1 年断崖期，4 年内按月兑现。
禁止营业（no shop）	在 30 天内，公司将不会征求、鼓励或接受任何收购公司股本（服务提供商股权补偿除外）、公司全部或大部分资产的要约。"禁止营业"在双方之间具有法律约束力。本条款清单中的所有其他内容均不具约束力，仅作为本融资拟议条款的总结。

［梅塔卡公司］_____

姓名：_____

标题：_____

日期：_____

［SR］_____

姓名：_____

标题：_____

日期：_____

练习4-10　目标市场买方角色

作者：劳伦·贝特尔斯帕克

与实践类型的联系：👁 💡

涉及的主要创业主题

创业营销；创意构思；顾客开发

基本描述

　　买方角色是公司主要目标受众的虚拟代表。通常，学生认为他们没有资源（特别是数据）来真正了解他们的目标市场。从二手和一手数据源获取的多重来源数据，可以让我们全面了解目标市场，但总会有一部分遗漏。通过创建这个买方角色，学生可以用他们的最佳判断来填写这些作品，并思考谁会对他们的产品或服务做出最有利的反应。通过创建买方角色，学生可以开始以更"人性化"的术语来看待他们的目标市场，并考虑激励目标顾客的心理统计特征和生活方式等的变量。使顾客人性化，并考虑可能与关系无关的挑战，迫使创业者在开发与顾客的关系时超越买卖关系。

　　通过创建买方角色，创业者可以制定一个指导方针，帮助他们做出决策。例如，如果他们的买方角色的名字是弗兰西斯（Francis），那么在考虑新产品属性时，他们可以问自己"这与弗兰西斯有关吗"。本练习旨在鼓励学生开始思考他们真正的买方角色。

使用建议

　　这一练习适用于所有类型的创业者。它可用于本科生、研究生以及从业者。该练习也可用于沉浸式课程、研讨会或加速器项目。

开展方式

　　面对面、在线。

学习目标

- 展示买方角色在确定合适的目标市场和相关细分市场中的作用。
- 评估潜在的人物角色特征。
- 培养理解整个顾客的鉴赏力。

理论基础和素材

HubSpot buyer persona templates, free resource available at https://offers.hubspot.com/persona-templates?hubs_post-cta=slide&hsCtaTracking=88bb33dc-bafb-486b-ab07-01c5754a14a6%7Cbffa6832-3207-460f-be52-7b92a6a5820b(accessed 15 December 2020).

Kemp, A., E. McDougal and H. Syrdal (2018), 'Improving student understanding of core marketing concepts through the use of buyer persona workshops', *Marketing Management Association Annual Conference Proceedings*, Fall, 120-21.

Revella, A. (2015), *Buyer Personas*: *How to Gain Insight into your Customer's Expectations, Align your Marketing Strategies, and Win More Business*, Hoboken, NJ: John Wiley & Sons.

材料清单

- "买方角色"讲义在本练习末尾。
- 工艺用品：胶水、剪刀、杂志、马克笔、海报板或其他纸张。

学生的事先准备工作

学生应具备市场细分分析和目标市场识别的一般知识。建议将此视频作为课前预习材料（也可以在课堂上播放）：https://www.priceintelligently.com/blog/quantified-buyer-personas。

时间计划（90分钟）

0:00 ～ 0:15　讨论。在介绍本项目之前，学生应熟知顾客需求的重要性。根据课程结构不同灵活使用该项目。如果学生已经在一个项目上开展合作，他们应该留在这些团队中，并将此练习应用到他们的项目中。或者，可以为学生分配当前产品或虚拟产品进行此练习。他们可以被随机分组，也可以自选。由 3 ～ 4 名学生组成的小组是合适的。

本练习鼓励学生将顾客视为一个完整的人，并将此人用作决策和规划的指南。在前 15 分钟内，教师解释练习步骤（见下文）。本次活动的预期学习成果如下所述。

0:15 ～ 1:00　3 或 4 人一组，学生应使用上述材料确定其买方角色的特征。学生可以使用这个练习来考虑虚拟公司的买方角色。或者，如果学生先用这个练习来开发他们自己的产品或服务，那么开发买方角色对于反思他们的顾客群是很有帮助的。此练习也可用于当前公司。教师还可以要求学生为流行品牌或产品开发买方角色。

在这段时间内，教师可以与每个小组进行联系，了解他们的工作情况，并解决任何问题。教师应该准备好让学生思考，如果产品只是普通消费品，那么顾客的职业目标为何重要。准备好与学生一起了解在交易之外思考顾客的重要性，以及作为一个在销售产品之外有挑战的人的重要性。

1:00 ～ 1:30　课堂讨论小组的发现和人物角色的创建与开发。每个小组都应该准备好与全班分享他们的角色。其他团队可以提供建设性的反馈或改进建议。或者，每个团队可以把他们的买方角色放在墙上，个人可以四处走动，写反馈，每个人都有机会匿名参与。

教师可以向学生提出探究性问题，例如：

- 这个练习是如何改变你对顾客的看法的？
- 了解这些信息后，你是否会改变与顾客的沟通方式？
- 你会用哪些其他数据源（一手或二手数据），使你的角色更全面？

课后作业

学生应该使用他们的人物角色，来交流未来关于他们的产品或服务的想法。当他们开发他们的营销计划或其他计划时，他们应该接受挑战，审视与他们的买方角色的联系。

教学小贴士

学生经常会问，这是否适用于企业对企业（B2B）市场。本练习主要针对企业对消费者（B2C）业务的设计。然而，人物角色的使用在 B2B 环境中也很重要。学生可以作为最终用户或关键决策者开发买方角色。在整个人物角色开发过程中，与情境保持一致是很重要的。角色的内容保持不变。这个项目也可以单独完成，但应该有更多的时间（可能 2 小时，或作为家庭作业）。

资料来源

本练习是根据 HubSpot 免费改编的，https://offers.hubspot.com/persona-templates?hubs_post-cta=slide&hsCtaTracking=88bb33dc-bafb-486b-ab07-01c5754a14a6%7Cbffa6832-3207-460f-be52-7b92a6a5820b.

讲义4-4：买方角色

买方角色是公司理想顾客的代表。买方角色是对公司产品或服务做出最有利反应的顾客的映射。买方角色通过围绕顾客创建一个人性化故事，来与顾客建立关系。

买方角色基于市场调查、二手和一手数据，有时还需要直觉。当公司考虑顾客或最终用户的目标、愿望和限制时，人物角色是非常有价值的工具。买方角色对于识别与顾客沟通的适合语气与沟通工具，显得尤为重要。

第一步：

使用杂志、在线图片或其他工具（甚至可能是绘图）创建买方角色的"图片"。在单独的页面或海报上粘贴、绘制图像。

第二步：

填写关于买方角色的以下信息。

人口统计学特征： 年龄、性别、家庭状况、收入、教育、民族、种族等	
地理位置： 你的买方角色住在哪里	
职业抱负： 生活中，你的买方角色想做什么	
个人挑战： 在当前生活中，你的买方角色可能面临哪些个人挑战	
购物行为： 你的买方角色是如何购物的？他们做了很多研究吗？他们忠诚吗？他们对价格敏感吗？他们变化无常吗	
空闲时间： 你的买方角色如何利用他们的空闲时间？他们有哪些消遣活动？他们把闲暇时间和可支配收入花在哪里	
交流： 你的买方角色希望如何与他们接触？你将如何与你的买方角色沟通	

（续）

品牌忠诚度： 你的买方角色忠诚于哪些其他品牌	
价值主张： 你的产品如何为你的买方角色创造价值	
反对意见： 你的买方角色对你的产品或服务可能有哪些潜在的反对意见	

第三步：

给买方角色起个名字：_____。

当你推进你的营销计划或商业计划时，问问自己"这是我（插入买方角色的名字）想要的吗？"

第 5 章

创造：创造力训练

创造实践涉及学生创造力的释放，从而生成有价值的新事物。这种实践是多维度的，包括创造和发现机会、解决问题、寻找机会空间、产生想法和对世界的开放性。运用创造实践可以帮助学生更好地适应极端的模糊性和不确定性，以便在缺少完整信息的情况下，他们依旧可以采取行动。本章将提供8种创造实践的练习方法。

练习5-1 成长的选择

作者：坎迪达·G.布拉什

与实践类型的联系：💡❄️

涉及的主要创业主题
规模化与成长管理；机会评估

基本描述

本练习专为投身于扩大或发展自己业务的创业者而设计。其步骤可概括如下：首先学习成长选择的框架，然后针对如何追求每种战略选择产生想法，最后对每种选择进行实验、权衡利弊以及彼此间所带来的影响。成长选择框架最初由伊戈尔·安索夫（Igor Ansoff）于1988年提出，其产品、市场增长框架提供了四个基本选择，可以被视为帮助任何企业获得成长的方法。当然，这些选项会存在不同程度的不确定性和风险，学生将负责评估对商业运营、人力资源、竞争、产品或服务以及其他活动可能产生的影响。

使用建议

该练习适用于正在经营业务（有销售或顾客）并渴望成长的群体。或者，对当前未开办企业的学生而言，这样一份新企业案例研究的练习，可以作为背景素材被应用到日后企业的经营中。

开展方式

面对面、在线。

学习目标
- 使用产品、市场框架来探索成长选择。
- 将框架应用于特定的企业成长选择。
- 评估执行成长选择所需的资源和其他要求。

理论基础和素材

Ansoff, H.I. (1988), *The New Corporate Strategy*, New York: Wiley.

Brush, C., G. Bradley and M. Gale (2017), *Note on Growth*, Wellesley, MA: Babson College.

Brush, C.G., D.J. Ceru and R. Blackburn (2009), 'Pathways to entrepreneurial growth: the influence of management, marketing and money', *Business Horizons*, 52 (5), 481-91.

Churchill, N.C. and V. Lewis (1983), 'The five stages of small business growth', *Harvard Business Review*, 61 (3), 30-50.

材料清单
- 大型活动挂图：6人一组一幅图，教师绘制产品、市场矩阵图。

● 便利贴：6 种不同的颜色，保证组内每人的颜色不同。

学生的事先准备工作

无。

时间计划（预计60分钟）

0:00 ～ 0:05　解释本课程的价值。帮助学生探索成长选择。解释机会对于创业的重要性。请注意，一旦我们有意确定成长选择时，便不由自主地开始关注可能的情况、面临的挑战和所需要的资源。

0:05 ～ 0:10　向学生抛出问题：什么是成长？围绕成长的大问题是什么？你怎么知道什么时候该成长呢？究竟能成长多快？是否有可能成长过快？怎样才能快速成长呢？在此，需要向学生解释成长是一种选择，它需要与创始人也可能是投资者的个人目标相一致。大多数人认为，成长是正常的销售和利润的生命周期曲线，两者随着时间的推移而稳步提升。其后的假设是什么呢？（顾客一致性，不断成长的市场，支持成长的可用资金，训练有素的员工和执行力强的领导，稳定的供应渠道，较小的竞争）

更为普遍的观点是，成长有不同的轨迹（Brush, et al., 2009）。该文报告了一项比较美国和英国高速增长的公司的研究结果。研究发现，存在四种典型的成长轨迹，它们反映了较慢速成长、间歇式成长、渐进式成长或销售曲线呈上升与下降交替式成长的轨迹。如果你在销售曲线中考虑了不同的模式，为何会导致起伏呢？影响成长轨迹的常见因素如下。

● 管理：诸如团队的能力、领导的变化之类的管理因素可能影响成长轨迹。通常，企业成长期需要新的技能和能力的投入，这很可能会对成长轨迹产生影响。

● 市场：对企业产品或服务的竞争，无论是新的还是现存的，都会影响销售轨迹，进而对需求和最终利润造成一定影响。

● 资金：任何形式的资金、流入企业的现金流都会影响企业购买货品或提供服务、投资或成长活动的贷款能力，而其他金融实践也会强烈地影响企业成长。

● 商业模式：商业模式包括开发产品或服务的能力、库存管理、渠道管理、分销和履约、制造、来自不同渠道的收入来源，以及创造销售的方式。所有这些对企业成长轨迹的影响，取决于它们的一致性和稳定性。

0:10 ～ 0:20　产品 - 市场矩阵。用一个与学生相关的示例来介绍图 5-1 中的矩阵。遍历矩阵中的每个象限，讨论选项的含义，以及如何执行每一个选项。例如，我使用在波士顿零售商店出售的朱莉有机巧克力棒及其系列产品，这是一种无麸质健康有机食品。谈到朱莉的产品售价（6 ～ 9 美元）时，我们认为其差价取决于味道和配料。她在波士顿市中心有个店面，这些巧克力棒深受那些喜欢巧克力但严格的素食主义者、高收入人士和大波士顿地区的专业人士的青睐。如果朱莉想要实践市场渗透的发展战略，她会继续向同一顾客销售巧克力棒，尝试通过各种形式，如做促销（买二送一）、价格折扣、假日促销广告或其他活动的在线宣传，从这个群体中获得更多的销量。当然，她也会用相同的产品进一步渗透（或销售更多）给同样的顾客。

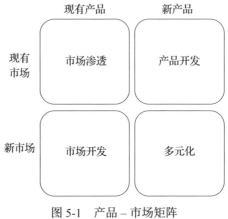

图 5-1　产品 – 市场矩阵

朱莉要将市场开发应用到实际的业务中，于是在其他城市设立了另一个店面，例如，佛蒙特州的伯灵顿或缅因州的波特兰，她会保持同样多的顾客档案。她正在谋划着开发新市场。

在产品开发中，朱莉将创造的新产品卖给同一顾客，例如，热巧克力或覆盖有机水果的巧克力，或者其他与巧克力有关的产品。另外，她也可能改变包装样式，例如，生产更大的巧克力棒，采用多种包装袋和礼品篮，致力于打造一款新的包装产品。可以说，她会开发出新产品。

对于多元化，朱莉在努力地为新市场创造新产品。在这样的情境下，新产品很可能与巧克力有关，如巧克力冰激凌。毋庸置疑，生产巧克力冰激凌不仅需要新技术、新设备（冰柜和冰激凌制作设备），可能还需要新的营销和广告策略。她甚至可能以零售店供应商的身份，向零售店批发冰激凌。或者，朱莉可以选择卖一些与巧克力无关的东西，如烘焙设备。这将需要一套全新的供应商、员工的新技能、新的分销渠道、广告和定价。由此看来，她会让产品和市场变得多元化。

需要注意的是，从市场渗透到市场开发、产品开发，再到多元化，无疑都增加了对业务能力和竞争力所产生的风险和需求。

0:20 ~ 0:25　设置应用练习。首先，给各组内的每个成员分发一张不同颜色的便利贴；然后，请每位参与者写下他们的企业是如何在四种发展战略（市场渗透、市场开发、产品开发和多元化）中寻求可能的成长选择的。

0:25 ~ 0:35　每组都有一个大型的活动挂图，上面画有产品 – 市场矩阵框架。当然，你可以选择提前画好，也可以让学生自己画。团队内的每个成员都要向团队展示：企业如何来执行每种战略选择，并将相应的便利贴贴在适当的象限。每个人分配 2 分钟，一旦时间到了需报告团队，使练习保持在正轨上并持续进行。在此过程中，小组参与者也应该在这些简短的演讲中提出建议和问题，但必须在学生提出所有四种选择之后。问题应该集中在以下方面，这将允许演讲者评估成长所带来的变化，以及他们是否有执行首选成长选择所需的资源（或新的资源）：

- 如何改变你的运营和活动以实现此选择呢？
- 你是否有人力资源来执行此选择呢？如果没有，你需要招纳哪些新人呢？
- 此选择是否使用相同的分销渠道？
- 你是否会使用相同的供应来源？
- 市场中的营销和定位如何？是否需要加入新的目标影响活动？
- 何为最高的成长选择？

0:35 ～ 0:40　自我管理任务——针对下述问题在组内展开讨论和总结：

- 哪种选择最难描述？
- 哪种选择最受欢迎，是何原因？
- 你的企业是否有资源和能力来执行最优选择？
- 还有其他要点或结论吗？

0:40 ～ 0:50　小组向较大规模的组报告。每组给出以下问题的答案，但鼓励各组不要重复之前小组的报告。如果没有新的见解，可以直接跳过，进行下一组。

- 是否会出现更偏爱某一种选择的情况？
- 偏爱其中一种选择的理由是什么呢？
- 从该练习中得到了什么收获？

0:50 ～ 0:60　总结和关键要点梳理。成长选择框架只是一种帮助组织潜在选择并对每个选择的利弊进行反思的方法。答案并没有对错之分。在结束练习前，几个关键建议如下：

1. 许多创业者都希望一次性完成所有工作。做出选择是战略成长中的一部分。如果你试图遵循两个以上的选择，就会稀释你的努力和资源，你的团队也会因此陷入困惑。所以，最好是挑选其中的一种战略方案，对其进行尝试，然后测试，并清楚地说明为什么这是正确的选择。

2. 方案的选择还需要对潜在需求和竞争进行一些额外的市场调查。对产品和服务而言，有很多种可以对其进行测试和运行的小实验，如提供短期试用、提供样品以及折扣券等。此外，重要的是要明确谁是直接竞争对手，以及对方的营销方法、定价、分销渠道和顾客的忠诚度。

3. 方案的选择还取决于个人的能力和资源。最好从你在业务实战中已开发的能力开始，并在此基础上进行构建。此外，成长需要新的资源，不仅是钱，还有人、时间、设备、技术或设施。有时，培训员工是必要的，例如，在市场开发、产品开发以及多元化的战略实施中。

4. 在执行该选择前应该做一下预算与预测，以确定在该方案投资后的盈亏平衡或回报的情况，以及执行选择方案所需要的资金预算和来源。

课后作业

作为课外活动，你可以让学生选择他们计划从事的项目，并开始估算所需的资源（人员、时间、金钱、设施、设备、技术、空间等）以及所具备的能力（营销、培训、信息技术等），并预测实施此方案的时长。

教学小贴士

学生有时会混淆市场渗透和开发之间的区别，所以最好给出非常明确的例子，就像之前朱莉的有机巧克力棒及其系列产品的例子中提到的那样。此外，存在一种倾向是希望同时追求两种或两种以上的成长选择。对小公司和初创公司而言，考虑到其资源需求和限制，这种想法是非常危险的。因此，鼓励学生对实施方案所需的资源和能力进行评估至关重要。

练习5-2 通过联合国可持续发展目标创造未来

作者：卡罗琳·丹尼尔斯（Caroline Daniels）

与实践类型的联系：(💡)

涉及的主要创业主题

创意构思；机会评估

基本描述

在探寻开发创意时，学生倾向于关注现状或有限的未来机会领域。该练习旨在培养学生面向未来的创业思维，并让学生将联合国可持续发展目标（United Nations Sustainable Development Goals，UN SDGs）应用于他们的机会领域之中。

首先，考虑经济或商业、技术和文化或环境等因素，通过头脑风暴设想未来的愿景，鼓励学生适应变革力量，构造开发创新的思维，并在现在和未来争取更大的成功机会。

其次，了解如何将 UN SDGs 融入新企业和企业创新，让学生专注于创造经济和社会价值的同时，对人类和地球产生积极的影响。

在这个练习中，学生首先会思考他们认为塑造未来的力量，然后专注于利用 UN SDGs 作为灵感，进一步地塑造机会。学生团队与联合国可持续发展目标在线摘要资讯互动，了解将 UN SDGs 应用于其机会的动态。联合国的材料描述了企业的行动是如何促进或削弱可持续发展目标的。

为学生设计一个故事板活动，辅助他们思考可以采取的进一步塑造机会的创业行为，以创建在符合 UN SDGs 方面发挥作用的企业。在许多方面，这个练习有助于学生理解其在创造再生经济中可以扮演的角色。

使用建议

适用于本科生、研究生或从业者的一般创业课程。课堂规模不限。这个练习也可以用在学生已选择机会领域的课程中，并准备采取后续措施来培养他们的想法。

开展方式

面对面。

学习目标

- 确定影响新市场的主要商业或经济、技术和文化或环境因素。
- 培养技能，塑造有助于 UN SDGs 实现的创业机会，建立具有经济和社会价值的企业。
- 开发关键的成功因素，采取行动进入机会市场。

理论基础和素材

Bullen, C.V. and J.F. Rockart (1981), 'A primer on critical success factors', Center for Information Management Research Paper, Massachusetts Institute of Technology, Cambridge, MA.

Marion, T.J., S.K. Fixson and G. Brown (2020), 'Four skills tomorrow's innovation workforce will need', *Sloan Management Review*, 61 (2), 1-7.

Schein, E.H. with P.A. Schein (2016), *Organizational Culture and Leadership*, 5th edn, Hoboken, NJ Wiley.

United Nations Organization (2020), *UN Sustainable Development Goals*, [2020-03-06]. https://sustainabledevelopment.un.org/sdgs and https://www.un.org/Sustainabledevelop-ment/sustainable -develop ment-goals/.

材料清单

- 学生应该带着笔记本电脑或手机，相对而言，笔记本更方便一些。
- 互联网接入研究。
- 每组准备活动挂图和马克笔。

学生的事先准备工作

- 在三人小组中，学生需要定义一个他们有兴趣探索的、以建立企业或实现企业创新为目标的机会空间。本练习目的的机会空间被定义为，创业者可以为创造经济和社会价值而开发解决方案的顾客问题或需求。
- 研究 UN SDGs。可以从 https://sustaina bledevelopment.un.org/sdgs 开始。
- 请阅读 " Neck，H.M., Neck, C.P.and Murray, E.L.（2020），'Using design thinking', Entreprene *Entrepreneurship*: *The Practice and Mindest*, 2nd edn, Thousand Oaks, CA: Sage." 的第 4 章内容。

时间计划（预计90分钟，必要时可扩展到120分钟）

0:00 ～ 0:15　学生团队针对选择关注的机会空间展开讨论。

0:15 ～ 0:45　讨论影响现在和将来生活的商业或经济、技术、文化或环境因素。让学生找出他们认为推动世界变化的主要力量是什么，比如不断增长的人口数量。关键要点如下：

- 影响世界的未来趋势和力量是什么，进而影响创办企业和公司创新？让学生说出他们认为将在未来 3 ～ 5 年，乃至 10 年影响世界的所有趋势和力量。在白板上记下这一点，并将其归为三类：商业或经济、技术和文化或环境（见表 5-1）。

表 5-1　变革示例

变革类型	示　例
商业或经济	不断增长的世界人口，新兴经济体，转向可再生能源，等等
技术	新的交通方式——电动汽车的普遍使用，计算机性能的提升——更快地访问数据，在衣服上使用传感器进行生物特征监测，等等
文化或环境	气候变化，互联网时代（如社交媒体），在线学习和分享经验，等等

- 一旦将这些未来趋势和力量呈现在白板上，学生可能会注意到许多趋势和力

量是重叠且相互影响的。例如，人口增长将对未来交通方式产生的影响。

- 让班里 1～2 名学生总结一下目前已确定的未来变革的总体驱动因素。
- 至此，学生可以尝试思考这些变革的驱动力是如何影响他们的机会的。他们可能会通过对未来的思考和行动来发现其中的真谛，通过识别新的、有益的方面来为机会空间识别新的利基市场。

0:45～1:00　介绍 UN SDGs。

- 采用 UN SDGs 将如何影响产品或服务（我们创造什么）、市场（我们为谁创造）和流程（如何开展业务）？上述目标图片可以在网上找到。
- 让每个学生团队选择一到两个可以在自己的机会空间中解决的 UN SDGs。
- 让学生探索并关注如何通过在机会中塑造活动、特点和利益，并将其与 UN SDGs 相结合以形成优势。

1:00～1:15　深入探讨 UN SDGs 如何与学生创业相联系。

- 让学生思考如何利用自己的机会落实 UN SDGs，即如何将 UN SDGs 整合到他们的业务流程中？将 UN SDGs 纳入其中能创造什么样的经济或社会价值呢？
- 要求学生创造三个关键的成功因素，即为实现 UN SDGs 而采取的关键举措。

1:15～1:30　介绍故事板练习。

- 让团队描绘其联合国可持续发展目标所影响的机会和需要采取的关键创业行动，以创造机会为 UN SDGs 做出贡献。
- 请团队分享他们对这个企业的新机会空间所做的插图。
- 请同学反思将 UN SDGs 纳入其中对机会可能产生的影响。

最后，在结束活动前与同学们分享一些经验见解，让他们充分意识到，将 UN SDGs 纳入新企业会产生巨大的价值。据估计，UN SDGs 蕴藏着 12 万亿美元的商业机会（见 https://sdgresources.relx.com/articles-features/Sdgs-opportunity-business 和 https://www.forbes.com/sites/michelegiddens/2018/05/24/the-sdgs-are-an-opportunity-not-just-a-challenge/#402091033ef5）。教师也可以提供一些利用这些目标的具体实战案例。此外，还可以强调一下，学生将机会与一个或多个目标联系起来，并非用其想法来解决整个问题，而是成为解决方案的一小部分。也许可以用下面的问题来结束本次练习：如果每个创业者都是解决方案的一小部分，这个世界会变成什么样子？

课后作业

将此练习与学生正在创造的任何类型的机会、创业或公司创新联系起来。如果你想要某种类型的评估作业，可以让学生写一篇三页的论文，介绍现有的初创企业及其与 UN SDGs 的关系。要求：在论文中，他们必须讨论三家与此目标相关的初创企业。

教学小贴士

如果事先取得联系，联合国将提供汇总 UN SDGs 的信息卡。具体参见：https://www.un.org/sustainabledevelopment/news/communications-material/。

本练习旨在让学生意识到，通过将 UN SDGs 纳入自己创建的企业，扩大机会空间，创造新价值，可以对世界产生积极的影响。更重要的是，强调企业可以在产生利润的同时产生积极的社会影响。强调 UN SDGs 代表着超过 12 万亿美元的市场机会。学生学习在建立新企业和采取建设性的、积极的社会行为之间建立联系。该练习为学生提供了一个讨论平台，以发展创新能力，致力于用他们的行动和企业推动建设一个积极的、可持续的或可再生的未来。

练习5-3 资源获取背后的付出

作者：菲利普·H. 金

与实践类型的联系： 💡 🧠

涉及的主要创业主题

建立网络；资源获取

基本描述

本练习能让参与者学会向他人寻求帮助，以建立新关系并加强现有关系。人们往往缺乏寻求帮助的信心或不乐意帮助别人，原因在于他们质疑自己的能力和价值。在本练习中，参与者通过遵循一种结构化形式来确定可对别人提供帮助和接受他人帮助的恰当方式。这对那些想要发展社交技能的创业学生来说尤其有用。关键要点如下：①先付出可以加强网络资源；②互惠可以创造新的机会；③实践可以让寻求帮助变得更容易。

使用建议

本练习不仅适用于不同类型的参与者（如本科生、研究生和从业者），也适用于不同规模大小的参与者。对那些专业社交经验有限的参与者来说，你可能需要展示更多的例子和角色模型的不同活动步骤。在整个学期的课程中，这个练习作为学生之间建立关系的一种方式，可以放在学期初期进行。当然，它也可以在课程的其他时间发挥作用。

开展方式

面对面、在线。

学习目标

- 练习如何寻求帮助。
- 扩展相关的专业社交网络和资源。
- 培养"给予为先"的心态，为他人提供价值。

理论基础和素材

Baker, W. (2014), '5 ways to get better at asking for help', *Harvard Business Review Digital Articles*, 18 December, [2020-12-15]. https://hbr.org/2014/12/5-ways-to-get-better-at-asking-for-help.

Baker, W. (2020), *All You Have: to Do Is Ask: How to Master the Most Important Skill for Success*, New York: Currency.

Give First Podcast (2020), [2020-02-25]. https://givefirst. techstars.com/.

Givitas tool (2020), [2020-02-25]. https://giveandtakeinc. com/givitas/.

Grant, A. (2014), *Give and Take*, New York: Penguin.

材料清单

- 活动挂图（或大张的纸，每组大约 5 人）。
- 耐久性马克笔（每人一支）。
- 8 英寸 × 6 英寸的大便利贴（每人两张）。
- 3 英寸 × 3 英寸的常规便利贴（每人一本）。
- 胶带。
- 谷歌表单（可选择）。

学生的事先准备工作

阅读韦恩·贝克（Wayne Baker）的《五种方法让你更擅长寻求帮助》（详见"理论基础和素材"部分）。

时间计划（预计90分钟）

场景布置（正式练习前）

1. 有可移动桌椅的教室是此练习的理想场所，因为它要求参与者将物品挂在活动挂图上并在房间里移动。

2. 把活动挂图排列整齐，在房间里间隔摆放。这样一个活动挂图的空间大约可以容纳 5 个参与者。如果你没有画架上的活动挂图，就把活动挂图挂在房间四周的墙上。

3. 在每张活动挂图的中央画一条垂线，将挂图纸分为左右两栏，分别在顶部写上"给予"和"得到"的明显字样。

4. 把型号大的与常规大小的便利贴和马克笔放在前面的桌子上或房间四周随手可得的位置，以节省活动时间。

0:00 ～ 0:10　准备活动

5. 向参与者提出下面几个热身问题。你可以要求参与者根据选择（是或否）或量表（1 ～ 10）进行投票。只需根据需要修改问题的措辞即可。每个问题都可以扩展为与同伴一对一讨论、在小组中讨论或作为一个较大的组对话的形式。在时间允许的情况下，你可以问尽可能多或少的问题，但至少要问一个问题，为小组的练习做准备，这是很重要的。

（1）当你被要求与他人"建立社交网络"时，你会想到什么？

（2）当别人向你求助时，你对帮助别人抱有多大信心？

（3）拓展人脉的最佳方法是什么？是先给予他人帮助，还是主动寻求帮助？为什么？（注：这个问题很有启发性，我建议在白板上记录"给予"和"得到"的票数。你可以在练习的最后环节参考这些数字）

6. 向参与者描述"互惠"概念：在给予他人时所创造的一种对未来某种回报的期待。描述或询问不同类型的关系（家庭、朋友、邻居、同事等）中的例子。在本练习中，你将构建基本的人际关系质量。

7. 向参与者声称，我们经常缺乏寻求帮助的信心或技巧，或者当别人向我们寻求帮助时，不能坚持兑现承诺。这就是"给予—得到"练习有益的原因。

8. 向学生解释, 在这个练习中, 每个人都会面临一些给予别人帮助和得到别人帮助的情形。

0:10～0:30 SMART 技术

9. 以贝克 (2014) 为基础, 引导学生通过 SMART 技术寻求帮助。

（1）S (specific): 明确你的请求, 这样应答者就能准确地知道你需要什么。

（2）M (meaningful): 提出一些有意义的请求, 这样你的应答者才会认真对待。

（3）A (action): 描述你希望应答者为你付出的行动。

（4）R (realistic): 为你的应答者创造现实的期望。

（5）T (timeframe): 为你的应答者制定一个行动时间表。

如果时间允许的话, 从你的人生经验中寻找一个请求帮助的例子并用 SMART 框架进行描述。对本科生来说, 如果他们的专业社交经验有限, 这一点就显得尤为重要。举例如下:

（1）我想与区块链技术方面的专家进行 30 分钟的谈话, 这有助于我在下个月了解如何将这项技术应用到农业方面。

（2）我想与有商用厨房经验的人一起探讨, 以便为我的美食企业准备一份新菜品的样品。我想下周在农贸市场得到反馈。

10. 让参与者准备一个 SMART 请求。这是他们想从别人那里"得到"的东西。你可能想在幻灯片上展示一些例子, 给学生作为指导。至少, SMART 技术应该被投影 (或作为讲义分享)。根据你的听众或目标, 你可以让他们专注于专业或个人的请求。

向学生解释, 他们应该做到将听众的请求牢记于心, 以便做出相应的调整, 增加需求得到满足的可能性。把请求用大号字体写在大便利贴上——大到足以让 3～5 英尺外的人清晰阅读。使用耐久性马克笔, 提醒他们在各自的便利贴上标注名字, 这样其他人就知道是谁提出了请求。建议限制参与者每人提供一个"提议"。

示例提示: 对你的职业和个人发展而言, 你认为"得到"什么会有帮助呢?

示例回答:"我想要别人帮我介绍一个在编码方面的专家, 以确定目前的应用程序在技术上是否可行。我希望他们在接下来的两周里能同我见面一小时, 这样我就可以征求他们的建议和反馈。"

11. 让参与者准备一个 SMART 提议。这是他们愿意"给予"其他参与者的东西。用第二张便利贴写下 SMART 的提议。建议限制参与者提供两次"给予"。

向学生提出屏幕上的问题: 在现在或将来, 你愿意与这个群体分享什么技能、专业知识、资源 (专业和个人方面) 呢?"给予"相关的示例如下:

- 我可以教授新网站或手机应用的颜色搭配的基础知识。
- 我可以分享向投资者推介新商业理念的最佳实践。
- 我可以向你介绍我在机器人行业从事人工智能和自动化工作的同事。

0:30 ～ 1:10　　**给予和得到相辅相成**

12. 一旦完成后，参与者可以将他们的"给予"和"得到"挂在房间里任何活动挂图上适当的标签栏下。如果时间允许且小组规模比较小，你可以请一些参与者在组内分享他们给予别人以及得到别人帮助的具体事例。这就给了演讲者一个表达内心付出和收获的机会，也给了听众一个听取不同类型的付出和收获的机会。

13. 在所有的"给予"和"得到"张贴展示后，组织引导参与者在房间里进行参观。如果他们能提供帮助，便可以将自己的名字写在一张 3 英寸 × 3 英寸的便利贴上，并将其贴在最初的请求上。同样地，他们也可以对任何自己希望获得的帮助采取同样的行动。

14. 鼓励参与者直接与他们希望接受或提供帮助的作者进行一对一的讨论。在此期间，他们应该交换彼此的联系信息，并进一步地讨论任何后续环节。注意，提醒参与者给他们的"给予－得到"便利贴拍照，以记录他们的回应。

1:10 ～ 1:30　　**总结**

15. 有些参与者可能对他们的付出和收获并不在意。这里提供了一个讨论 SMART 技术是否被充分地用于描述要约或请求的机会。通常，可以改善技术的一个或多个方面，并且小组可以与参与者进行头脑风暴以提升描述。我通常会让参与者在大家面前重申自己的要求，团队中往往有人乐意提供帮助。

16. 你还可以进行讨论来确定这个练习的付出和收获的难易程度。

17. 为了结束会话，你可以再次回顾热身问题。

（1）当你被要求与他人"建立社交网络"时，你会想到什么？

（2）当别人向你求助时，你对帮助别人抱有多大信心？

（3）拓展人脉的最佳方法是什么？是先给予他人帮助，还是主动寻求帮助？为什么？

类似于热身，问这些问题也有不同的方法。如果你先前投过票，请询问小组成员关于同样问题的投票情况，强调先前和后来分数的差异，并讨论人们为什么会改变他们的投票。如果你在热身阶段使用了量表，首先询问相比于先前是否有更多的学生感觉更舒服、更自信、更愿意付出。你也可以重新考虑互惠交换的原则，通过给予先来加强这一基本原则，感召其他人在未来更乐于给予帮助。你还可以通过询问是否有可能只是先给出而不期望任何回报（也称为广义交换）来扩展讨论。

课后作业

提醒参与者在下节课之前贯彻他们从练习中学到的智慧。你可能想用常规的询问来开启后续的课程，以观察是否建立了任何有意义的连接。

教学小贴士

解释跟踪时间进度的重要性。因为长时间的热身讨论致使进度延后的情况屡见不鲜。给参与者留出足够的时间来准备其"给予－得到"的任务，并在房间里张贴后与他人进行讨论。其中，有的参与者一开始手足无措，甚至想出一个点都很困难，而有的参与者可能希望准备的不止一个。考虑到听众感受和节奏安排，我建议设置一些限制（如上所述），让所有参与者都享有平等的机会。

你也可以准备一个谷歌表格（或类似的调查工具），让参与者可以在网上输入他们的付出和收获详情，并在会议结束后与每个人分享。你可能倾向于将整个练习切换为在线形式，但社交网络中面对面互动的重要性是毋庸置疑的，因为可以创建更有意义的关系。此外，考虑到学生更喜欢上网，所以让他们亲身参与会迫使其走出自己的舒适区，真正地培养一种更多的"给予－得到"的心态。然而，如果你完全使用在线教学的话，使用谷歌表格（或类似调查工具）完全可以在工作中发挥优势。

资料来源

这个练习改编自韦恩·贝克的"互惠之环"（Reciprocity Ring），由积极组织学研究中心（Center for Positive Organizations）提供（https://positiveorgs. bus.umich.edu/cpo-tools/partner-product-reciprocity-ring/）。

练习5-4　用4H框架进行推介

作者：黛比·克莱曼

与实践类型的联系：（💡）（👁）

涉及的主要创业主题

新企业创生；社会创业；设计思维；创业营销；推介

基本描述

　　本练习可以帮助创业者学习如何以清晰而有说服力的方式推介他们的初创公司（或项目、想法、新方案）。4H框架将引导信息流向听众，帮助创业者在推介时更加自信。该练习提供了讲述情感故事的工具。练习讲稿分成4个简单易懂的部分，学生可以分节写作，这样任务就不那么艰巨了。此外，这个框架还包含这样一个理念：学生需要感受、理解听众的内心（使用移情），才能展开有效的推介。

使用建议

　　本练习适用于本科生、研究生或从业者，以有助于其推进项目、课程或任何培训类计划的进度。本练习假设学生能理解和表达其创业企业独特的价值主张。参与者数量控制在30人以内。

开展方式

　　面对面。

学习目标

- 以 Mighty Well 公司和爱彼迎（Airbnb）公司为例，学习 4H 框架的具体组成部分，以指导推介流程并理解每个部分（标题 –headline，内心 –heart，头脑 –head，希望 –hope）所包含的内容。
- 利用 4H 框架为企业、项目或新方案进行简短的描述。
- 通过情绪化的语言和意象传递一段或一部分内容来练习讲故事，以达到吸引听众的目的。

理论基础和素材

　　完整描述 4H 框架及其在推介中的应用方式和在创建过程中涉及的重要信息。参见：Kleiman, D. (2020), *First Pitch*: *Winning Money, Mentors, and More for Your Startup*, Wellesley, MA: Babson College。

　　明确如何创造价值主张对本练习非常重要（对创业公司来说也是如此）——由策略管理与创新顾问公司 Strategyzer 创办人 Alex Osterwalder 开发的价值主张画布（value proposition canvas），是协助你的最佳工具之一。它可以帮助你真正了解你的顾客，有效地组织关于顾客和你为他们创造的价值信息。

材料清单

- 对 2008 年前后的爱彼迎公司进行简短的描述（在练习结束时提供微型案例）。

- 填写爱彼迎公司 4H 框架模板示例（在练习的最后提供）。
- 空白的 4H 框架模板。

学生的事先准备工作

无。

时间计划（预计40分钟）

0:00 ～ 0:05　讨论推介的目标。例如，为什么你需要的是演讲的提纲而非脚本；展示讲故事和引人注目的价值主张的重要性，并将其结合到具体的推介实例中进行考虑。引导学生思考听众接受推介的动机和背景（这里假设学生之前已经讨论过如何创造价值主张）。

0:06 ～ 0:11　介绍 4H 框架，描述每部分的内容和目的：标题、内心、头脑和希望。表 5-2 结合了来自初创企业 Mighty Well 公司的实例展开解释，以便学生更好地理解每个组件。

表 5-2　4H 框架

组件	描述	实战示例
标题：交代背景	用 4 ～ 7 个短语概括公司的本质（理念、概念或新方案）——类似于你调配的"特殊酱料"；这些词应该能让听众为你将要谈论的内容有所准备。这不仅可以显示在幻灯片标题上，而且在不使用幻灯片的情况下推介产品时，用这种方式介绍公司同样适用，并且听起来会比使用幻灯片更像对话	"你能穿得健康"——这是 Mighty Well[①]的标题——一家专为残疾人制造时尚服饰及用品的适应性服装公司。透过标题，你马上就知道演讲者说的这款衣服与医疗相关。这样你就掌握了一定的背景知识以处理将要发生的事情
内心：感受情感	讲一个你目前正在解决的问题的故事，然后制造一些戏剧性的场面。这通常是从个人的角度讲述公司的"起源"故事——它为什么成立，文化理念从何而来；或是讲述你的公司如何解决一个问题，使这个世界（或至少是一小部分世界）变得更好的故事。在这里，你需要做的是让观众开始关心故事中的主角或英雄。你的目标是让观众对问题有所感受，甚至是任何一种情感反应，只要它能让观众产生解决问题的欲望。此外，你需要确保将价值主张作为故事的一部分被清楚地陈述	Mighty Well 的创始人艾米丽·利维（Emily Levy）在大学期间被诊断患有慢性莱姆病，之后她萌生了创办公司的想法。她讲述了自己作为一名大学生被视为"患病女孩"（由于手臂上有外周插入的中心导管或 PICC 线）的艰难历程，市场上没有外力可以帮助她，所以她决定自力更生。这是一个极具正能量的故事，她通过传达力量和幽默将观众的情感紧紧凝聚在一起
头脑：思考流程	这一部分是关于预测并回答观众此时正在思考的问题的——它是如何工作的。这一节更多地需要分析性和直接性的思维。你要描述的是商业模式（如何赚钱）、任何潜在的能创造收益支持你的独特价值主张的技术或过程、与目标市场相关的细节、团队，以及你如何获得顾客的详细信息	在这里，利维描述了她的产品，以及她如何将功能和时尚完美结合的过程，并深入研究了她使用的面料和所选择设计的特点。她也谈到了市场的规模（有数百万像她一样的人），并指出任何可能作为竞争对手的公司，都无法创造或销售与 Mighty Well 吸引力接近的产品。除此之外，她还谈到了自己目前开发的产品和未来的新产品、Mighty Well 的分销渠道、吸引与留住消费者和合作伙伴的计划，以及如何创建"粉丝"社区扩大信息等

（续）

组件	描述	实战示例
希望：绘制愿景	当你的初创公司取得巨大成功时，通过描绘一幅鼓舞人心的画面来想象未来世界的蓝图。与你演讲的其他方面一样，这种愿景或希望的叙述也应该以故事的方式传达，使用情绪化的语言或图像来展示你对世界的期望，至少在细微之处可以使世界变得更美好。在这里，独特的价值主张便是推动这一愿景的燃料。这里的目标是鼓励人们参与进来，助力实现这一愿景	在 Mighty Well 的案例中，利维想要帮助病人和他们的护理人员化疾病为力量。这一愿景是为那些想成为战士而非受害者的病人进行大规模的赋能。这使得这家初创公司的价值不再限于为 PICC 线提供时尚封面

① 更多的 Mighty Well 公司内容，见该公司官网 mighty-well.com。

0:12～0:15　分享爱彼迎的案例，以展示 4H 框架是如何运作的。首先，将爱彼迎的微型案例分发给学生阅读。其次，将填写好的 4H 框架模板发给小组，看看它在框架中是如何发挥作用的。和小组成员一起复习 4H 框架内容并在继续之前检查是否理解。或者，你可以在这里延长学生将 4H 框架应用于爱彼迎的时间（预计额外增加 15 分钟），然后分发完整的模板以供讨论。

0:16～0:25　使用 4H 框架在休息时间进行推介。分发空白的 4H 框架模板（见本练习末的表 5-3）以供填写使用。学生们可以两人一组或三人一组合作，共同为一个创业计划工作，也可以各自独立工作。如果是一个大团队，可以把房间分成三个部分，第一部分的人负责"内心"故事，第二部分的人致力"头脑"故事，第三部分的人专注于为初创公司开发"希望"愿景。他们应该聚焦于谈话要点，而不是写剧本，并思考如何通过叙述与听众产生情感上的共鸣。

0:26～0:35　汇报进展。选择每组中的一名成员陈述他们所完成的任务，这样整个小组就可以听到与内心、头脑和希望相关的各种故事案例。如果小组规模不大，每个人都有自己的论述（所有部分）的话，请志愿者分享他们的提案草稿，然后向整个小组征求反馈、建议和改进方案。

0:36～0:40　结束练习。重复学习目标和总结 4H 推介框架。提醒学生讲故事的重要性，建立与听众的情感联系，并在推介自己的创意或新企业时绘制一个宏伟的愿景。练习移情（同理心）会帮助他们成为更好的投资者。

课后作业

如果在课堂上没有完成，学生应该使用一个空白的 4H 框架模板来标记 4H 框架中的每个部分，为自己的推介做好准备。可以适当地使用幻灯片，以有助于创业者在不背稿子的情况下，继续思考如何谈论自己的初创公司，开始后续完整的推介流程。

教学小贴士

- 如果他们在没有讲述故事的情况下只简单给出示例，那就在"内心"部分寻找一个情感吸引或情绪化的语言和意象，让他们尝试更深入地了解为什么初创企业如此重要。
- 倾听推介中所陈述的价值主张；理想情况下，应该在每个部分展示一些象征性的表意。

- 当他们展示"希望"部分时，鼓励投资者为这个解决方案描绘一个更大目标、更有意义的愿景——为什么它必须存在？
- 在探索中"升级"——他们能否建立更大的或更高层次的情感需求，并得到满足呢？
- 此练习可适用于在线或 Zoom 环境下。按照指示进行，当需要以更小规模的组来完成部分工作时，使用分组讨论室让参与者一起工作。

资料来源

这是我根据我的书创作的练习，Kleiman, D. (2020), First Pitch: Winning Money, Mentors, and More for Your Startup, Wellesley, MA: Babson College.

"希望"部分的灵感来自 Nancy Duarte 的 TED 演讲，"The secret structure of great talks"，https://www.ted.com/talks/nancy_duarte_the_secret_structure_of_great_talks?language=en.

讲义：爱彼迎公司的创业理念（2008年）[⊖]

业务描述：爱彼迎是一家将旅游人士和家有空房出租的房主联系在一起的服务型网站，它可以为用户提供多样的住宿信息。

1. 对在线预订旅游的人来说，价格是个大问题。
2. 酒店会让你与城市及其文化脱节。
3. 要想和当地人订一间房或成为房东，并非一件容易的事。

用户可以在旅行时省钱，房东可以出租房间赚钱，旅行者可以与城市建立联系，了解当地文化风俗。它是第一批基于新型共享经济为精打细算的顾客服务的旅游企业之一。它的竞争优势在于：

- 率先面市
- 组合激励（host incentive）
- 即可显示（list once）
- 方便使用
- 公司资料可查
- 设计和品牌

团队：乔·杰比亚（Joe Gebbia）和布莱恩·切斯基（Brian Chesky）都是企业家和设计师，毕业于罗德岛设计学院（Rhode Island School of Design）。联合创始人兼首席战略官内森·布莱查奇克（Nathan Blecharczyk）已经为 Facebook 开发了多个成功的应用程序，并拥有哈佛大学计算机科学学位。

商业模式：预算旅行者使用爱彼迎网站在线预订旅行，房东会在网站上发布用户可以访问的城市中的房屋、公寓、高档公寓和房间等相关的简介资料。爱彼迎从每笔交易中获得

⊖ 这份讲义中的信息来源于 https://piktochart.com/blog/startup-pitch-decks-what-you-can-learn/ 网站上爱彼迎 2008 年的演示文稿。

10% 的佣金。

市场： 每年全球旅行预订量超 20 亿次。其中"穷游族"的在线预订量达 5.6 亿次。

表 5-3 给出了应用于爱彼迎的 4H 框架模板。

表 5-3　应用于爱彼迎的 4H 框架模板

推介组件	你想说什么	与价值主张的联系
标题：交代背景	"向当地人预订房间，而非酒店"（我将听到一些关于制订不同的旅行计划的事情）	业务模式、类别和目标市场都很清楚
内心：感受情感	我去西班牙旅行的故事（讲述一个故事）。我住的旅馆价格高昂，但地处旅游区内，而我却不知晓，于是错过了巴塞罗那所有游客看不到的惊叹风景。我真诚希望能有当地的联系人来帮助我真正欣赏这座城市	可以更好地旅行；方便使用；更省钱；与城市的居民和文化联系在一起
头脑：思考流程	这是一个巨大的、不断增长的市场，按城市进行在线搜索，查看房源并预订，房主获得收益。我们得到比竞争对手更好的利润，因为你只需要发布一次详细的房主简介，相应的图片和评论等信息应有尽有，游客方便预订和规划	在线平台；当前目标低于标准；率先面市；双方都有卓越的用户体验
希望：绘制愿景	你能想象自己坐在餐桌旁的样子吗？你能想象那有多棒吗？尽情地想象这段旅程，世界变得更加紧密，旅行有个全新的维度，而且具有开放性；对有闲置空间的户主来说，迎来了一次新的商机和繁荣	与当地人的联系和独特的体验因为旅行而改变

练习5-5　创意板

作者：海迪·M. 内克

与实践类型的联系：💡🧠

涉及的主要创业主题

创意构思；机会评估；推介；市场或竞争分析

基本描述

　　创意板作为一种帮助学生快速表达新想法的工具，致力于辅助学生描绘想法及其重要部分。目前，创意板成功地将想法与市场、团队和现有资源联系起来。对创业课程而言，创意板应紧随头脑风暴或其他想法生成技术之后，在早期投入使用。

使用建议

　　创意板应该在商业模式画布之前使用，但是在与创意产生相关的主题之后。创意板不是用来假设开发或测试的，相反，它是一个帮助学生梳理自己创意的工具，同时也能帮助其在此过程中不断塑造自己的想法。创意板适用于所有听众。

开展方式

　　面对面、在线。

学习目标

- 阐明早期未经测试的想法的基本组成部分。
- 评估学生对此想法的热情程度。
- 在头脑风暴或其他想法生成技术之后，确认并回答有关想法的早期问题。

理论基础和素材

Bourque, A. (2012), '4 powerful reasons to storyboard your business', 17 November, [2020-07-02]. https://www.socialmediatoday.com/content/4-powerful-reasons-storyboard-your-business-ideas.

Glaser, M. (2008), Drawing is Thinking, New York: Abrams Press.

材料清单

- 创意板的大量打印文件（见图 5-2）。给海迪·内克（hneck@babson.edu）发电子邮件即可获取打印文件。
- 耐久性或其他类型的马克笔。

学生的事先准备工作

　　在使用创意板之前，学生需要准备一份商业或产品的创意方案。

名称：创意想法			
宣传语：简短的语言描述本质	理念：简明扼要地阐明是什么，其优势在哪里		
满足需求：不要列出超过三种核心需求(考虑动词)	引人注目的视觉效果：看起来像什么？是否将创意付诸行动		
独特性：如何在现有基础上更进一步	手头的资源：你有哪些资源可以用来立即、及早地采取行动（如人力、财力、信息、技术）	创造价值：经济、社会、声誉、团体、外在或内在等方面	快乐指数： 　　　低 　1　2 　3　4 　5　6 　7　8 　9　10 　　　高 圈出一个数字
团队：为什么选择你？团队打算如何用方案"迎合"创意			

图 5-2　创意板模板

时间计划（预计60分钟）

此练习分为两个模块；完成模板与填写模板，并征得班内同学的反馈。虽然学生可以将这个想法作为新企业创建课程的一部分，但练习场所和形式不限，既可以在课外项目、训练营、研讨会中进行，也可以单独进行。

0:00 ～ 0:10　创意板简介

向每个学生小组分发一份创意板（见图5-2）。团队规模较为灵活，但为保证练习效果，将团队成员控制在3～5人最佳。向学生介绍模板上的每个组成部分。

- **名称：**企业或想法的名称。鼓励学生从中获得乐趣。
- **宣传语：**用简短的一句话描述本质特征。例如，星巴克的冰沙。这不是营销口号，而是描述性标语。
- **满足需求：**鼓励学生思考正在解决的问题以及为谁解决问题。将需求与解决方案分开固然是个好主意。从词性上看，"需求"是动词，"解决方案"是名词。以"够到高架子上的物件"这个需求为例，其解决方案自然是"梯子"。具体分析，"梯子"是名词，"够到"是动词。也就是说，提出的想法能帮助人们做什么？
- **独特性：**这与差异化以及为什么这个想法比市场上的其他产品、服务、计划更好有关。这个想法有什么新奇之处？整个想法不一定很新颖，但某些方面必须要保证独特。这可能与设计、分销、顾客服务或功能相关联。
- **团队：**鼓励学生尽早了解其团队成员以及团队成员的优势和不足是很重要的。团队与理念的契合度越高，就越有可能获得前进的动力。
- **理念：**理念陈述是对创意是什么、为谁服务以及这个想法好在哪里的更深入的描述。把这看作一个对早期创意进行的10秒的快速陈述。为了更好地引导学生，我提供了以下"填空"形式的句子作为开始：[创意]是[描述]针对[目标市场][所解决的问题]。

- **引人注目的视觉效果**：鼓励学生针对自己的创意，画一幅粗略的草图，以有助于完善其后续的塑造。然而，把创意付诸行动会让你的思路更加清晰。如果你在课堂中使用故事板的话，这便可以被视为一个迷你版本。
- **手头的资源**：效果推理理论表明，企业家开展商业行动首先考虑所拥有的资源，而不是所需要的资源。鼓励学生思考现在可以获得的资源，并从手头的资源出发去探索这些资源可以创造的价值，以采取一些早期行动。每一次行动都会带来新的收获。
- **创造价值**：在这个世界上，我们并不缺乏想法，但确实缺少能为不同利益相关者创造价值的创意。在学生反思他们的想法可能创造的价值的过程中，有助于其更好地识别独特的领域。相反地，如果他们不能识别任何价值，那么就会很早就意识到可能潜藏着一些问题。
- **快乐指数**：执行创意需要大量的精力、激情和热切的愿望。在这个阶段，我想知道学生们对他们创意的兴奋度有多大。如果他们圈出 8 或更少分数的话，我建议他们重新开始。

0:10 ～ 0:30　**学生团队完成他们的创意板**

在我的课程中，学生以团队的形式研究新想法。因此，我要求每个小组在课堂上完成创意板。鼓励使用耐久性马克笔，以便可以在反馈环节看到文本。如有可能，应将创意板打印在海报大小的纸上。

0:30 ～ 0:50　**反馈环节**

假设班内有偶数个小组，在小组间进行组队。比如说，你有 10 个小组，将 1 组和 2 组配对，3 组和 4 组配对，5 组和 6 组配对，依此类推。反馈环节的安排如下：

1. 奇数组进行 2 分钟的创意板分享。
2. 偶数组对奇数组的想法进行 3 分钟的反馈。这包括他们喜欢的内容、认为可以做得更好的地方以及需要考虑的其他改进或增强的方面。
3. 偶数组进行 2 分钟创意板展示。
4. 奇数组对偶数组的想法进行 3 分钟的反馈。这同样包括他们所喜欢的内容、认为可以做得更好的地方以及需要考虑的其他改进或增强的方面。

如果时间允许，你可以把分组配对混合在一起，再次进行这部分练习，以获得额外的反馈。

0:50 ～ 0:60　**反思和修正**

在反馈环节之后，每个小组都应该写一份他们从同伴那里获得的反馈摘要。此外，他们还应该根据反馈写一份改进清单。在小组讨论中，你可能想问：对早期的创意得到反馈感觉如何？这些反馈给你的团队带来了什么价值？你什么情况下把反馈纳入自己的方案中？而什么情况下不纳入呢？

课后作业

如果你没有时间（或不喜欢）在课堂上汇报，你可以采用以下两种类型的书面报告或反思。

- 类型 1：指导学生以书面形式为他们配对的小组进行反馈记录。这种方式将鼓励小组成员更认真仔细地听取课堂汇报。如果有更多的时间提供反馈，借助书面报告会产生更高质量的反馈。汇报内容应包含以下几点：对创意的描述、至少三个创意的优势、至少三个创意的改进建议、至少三个未回答的问题。
- 类型 2：学生团队（或个人）写一篇在汇报过程中获得团队反馈后的反思总结。反思总结应该包括以下几点：对所提出创意的描述、反馈的总结、反馈中收到的惊喜、反馈结果中包含的改进建议、对提出早期想法过程的整体感受。

教学小贴士

创意板对课程、项目或研讨会中的早期想法都大有裨益。它可以帮助学生在面试或尝试与潜在顾客沟通之前，为新想法添加内容。创意板练习应该先于商业模式画布或精益画布。本练习可用于任何构思技巧的总结，包括设计思维的构思部分。不过，请记住以下几点：

- 学生可能会纠结于"需求"部分。记得提醒他们需求是动词，而解决方案是名词。抛出问题——你的想法能让顾客做什么呢？
- 尽管快乐指数非常具有主观性，但它有助于学生诚实地告诉自己和团队，他们对这个想法的兴奋程度达到多少，赋予了多高的期望值。如果老师说"如果你在快乐指数表上圈出了 8 或更少的分数，你应该考虑换一个新的想法"，这也就给学生传达了一种必要的许可，促使其重新开始。
- 在学生完成创意板的过程中，要给予充分的支持和鼓励。绘制一幅草图能让学生更清楚地梳理思路并完成框格填写。

练习5-6　接受访谈时，请告诉我

作者：海迪·M. 内克

　　　安东·亚库申

与实践类型的联系：💡 👁

涉及的主要创业主题

创意构思；顾客开发

基本描述

　　本练习介绍了创业学生在机会识别和概念发展过程中需要进行的两种访谈之一。简单来说，一是需求发现式访谈，二是反馈式访谈。在需求发现式访谈中，创业者对他们想要涉足的市场空间（如宠物、健康饮料、老年护理、送礼）有自己的想法，但还缺少完善的构思和创意。需求发现式访谈的目的是更好地了解市场中的消费者，以确定他们的需求或发现其可能潜藏着的重大问题。反馈式访谈假设创业者拥有一个经过深思熟虑的想法，甚至是一个原型，并寻求顾客在设计、功能和价格等方面的反馈。本练习提供的角色扮演针对的是需求发现式访谈。

使用建议

　　本练习适用于本科生或研究生。对分组和规模而言，只要学生能分成三人一组，观众规模就无所谓了。

开展方式

　　面对面、在线。

学习目标

- 描述在机会识别的早期阶段采用的两种访谈类型。
- 识别出适合需求发现式访谈的优劣之处。
- 开展一次需求发现式访谈练习，并举例说明如何从这些访谈中产生想法。

理论基础和素材

Constable, G (2014), 'Talking to humans: success starts with understanding your customers', [2020-07-30]. https://www.talkingtohumans.com/.

Neck, H., C. Neck and E. Murray (2020), 'Using design thinking', *Entrepreneurship: The Practice and Mindset*, 2nd edn, Thousand Oaks, CA: Sage, pp.78-103.

材料清单

- 在本练习结束时，分发给每位学生一份"需求发现式访谈记分卡"。
- 为获胜学生颁发的小奖品。
- 在线秒表（用谷歌进行搜索）。

学生的事先准备工作

尽管这种角色扮演可以独立存在，但我们通常在学生进行 VentureBlocks 模拟之后才使用。欲了解更多信息，请参见 https://ventureblocks.com/。

时间计划（预计75分钟）

0:00～0:15 **介绍**

向学生介绍创业者在开发新机会时所进行的两种类型的访谈。第一种是需求发现式访谈，第二种是反馈式访谈。在需求发现式访谈中，创业者对他们想要涉足的市场空间（例如，宠物、健康饮料、老年护理或送礼）只有一个大概的想法，还尚未经过深思熟虑。需求发现式访谈的目的是更好地了解市场中的消费者，以确定其需求或发现其问题。反馈式访谈假设创业者有一个成熟的想法，甚至是一个原型，并在设计、功能和价格等方面寻求顾客的反馈。这里的访谈角色扮演是发现需求（而不是反馈）。

接下来，向学生介绍一些在需求发现式访谈中使用的不好的问题示例（见表 5-4）。以老年护理为例，让学生假设他们正在采访一位 82 岁妇女的女儿。在你和学生讨论了不该问的问题之后，你可以讨论可以正常问的问题类型，即好问题（见表 5-5）。

表 5-4 不好的访谈问题

不好的问题类型	描述	示例（以老年护理为例）
节奏太快	在合适的谈话之前询问对方的承诺或个人信息	你能告诉我自己母亲的健康状况吗
个人主义	对这个人的假设可能是错误的。这可能会把你自己的偏见带入谈话中	你打算什么时候送你的母亲去养老院
死胡同	通常回答是 / 否或一个字，不允许对方告诉你任何有意义的解释	你的母亲是一个人住吗
差的倾听者	这表明你显然没有听取对方之前对已经提出的问题的回答	你的母亲多大岁数了？哦……我已经问过你了吗
推销行话	询问对方是否对你的产品或服务感兴趣。你应该了解他们，而不是推介或销售	你是否有兴趣使用一款应用程序来提供按需家庭健康服务，这样你就可以快速看到谁在附近可以帮助你的母亲
冒犯、无礼	一个可能会冒犯对方的问题，迫使其结束和你的谈话	我打赌你从没想过你要同时照顾你的母亲和三个孩子

表 5-5 好的访谈问题

好的问题类型	示例（以老年护理为例）
注重方法	我正在做一些关于孩子如何照顾年迈父母的研究。可以借用 2 分钟时间回答几个问题吗？（注意 2 分钟很重要，因为人们不希望你占用他们很长时间）
第一个宽泛的问题：探究性问题	聊聊你母亲现在的生活吧。她过得怎么样？她的社交能力如何？探究性问题是基于上面第一个宽泛的问题提供的答案，适当地倾听和探究。例如，"你说你母亲不再开车了，那她怎么出行呢？"或者"你说你母亲变老让你有些难过，你最难过的是什么？为什么呢？"（不断问为什么以得到更深层次的答案，但不要问太多次，这样会让人很恼火）
总结性问题	在这个简短的对话中，我学到了……（插入三个主要知识）。你还能想到什么我该知道的事吗
收尾性问题	感谢你与我共度的时光。你觉得，我还应该找谁谈谈

需求发现式访谈设计得比较简短。访谈对象可以是陌生人，可以是地铁上、活动中或其他地方的人；或者，他们可以更正式一些，在特定的地点或网上提前安排。重要的是要告诉学生，他们不是在和受访者一起进行调查，而是正在进行一场以几个问题开始的对话。

在介绍了好的问题和不好的问题之后，是时候进行角色扮演了。

0:15 ～ 0:20 **设置角色扮演**

首先，将学生分成三人一组。学生将轮流担任以下三个角色。

1. 创业者：创业者对顾客进行访谈，记笔记并提出商业想法。

2. 顾客：顾客将与创业者交谈，回答他们的问题，并对创业者想法的好坏进行排名。注意，我们使用的是"顾客"一词，但这可能是任何利益相关者，就像前面采访一位年迈父母的女儿的案例一样。

3. 审计员：审计员将确保创业者和顾客遵守规则，并计算创业者的得分。

   该练习将进行三轮，每轮用时 10 ～ 12 分钟。

第一轮，每组学生应该决定谁将在他们的小组中扮演每个角色（每个小组应该只包含 1 名创业者、1 名顾客和 1 名审计员）。

其次，确定访谈的话题。好的话题广泛性强，适用于每个人。例如，"你是怎么送礼的"，或者"你是怎么安排旅行的"，或者"你是如何组织你的功课的"，都是很好的话题切入。

0:20 ～ 0:25 **向学生解释规则**

1. 在一轮考核的开始，审计员在记分卡上填写创业者、顾客和审计员的名字。这是本轮中唯一使用的记分卡。

2. 顾客访谈：创业者可以就练习中选定的主体向顾客提出七个访谈问题。顾客如实地进行回答。审计员边观察问题，边跟踪创业者问了多少问题，以在记分卡上分类记录。当创业者问了七个问题时，审计员还会提醒他们提问结束。

3. 问题或需求识别：审计员将记分卡交给创业者，创业者写下他们从顾客访谈中了解到的三个问题或需求。然后创业者将记分卡交给顾客，顾客将每个问题或需求从 1 ～ 5 星进行排序（其中，从 1 到 5 重要性依次递增。1 代表无足轻重，未表现出对顾客问题或需求的理解或未基于顾客进行访谈；5 代表非常重要的问题或需求）。

4. 商业创意的产生：创业者将拿到的记分卡翻到背面，以便于在为顾客讲解分析时涂写或勾画两个商业想法，让顾客边看边听，理解得更加透彻。在这之后，顾客把记分卡翻到正面，对想法给他们带来的吸引力进行打分（吸引力从 1 到 5 依次递增，其中 5 分表示最吸引人，1 分表示最没感觉）。

5. 在所有这些完成后，审计员拿着记分卡，在顶部为创业者写下总得分：

   a. 每问一个好问题得 1 分。

   b. 每个问题或需求对应的每颗星得 1 分。

   c. 每个商业创意对应的每颗星得 1 分。

6. 学生们交换角色，开始下一轮，如下（此顺序很重要）：

> a. 创业者成为下一个审计员。
>
> b. 顾客成为下一个创业者。
>
> c. 审计员成为下一个顾客。

0:25 ~ 1:00　**角色扮演**

进行三轮，让每个学生都能扮演每个角色。请记住上面第 6 条的顺序。在屏幕上或笔记本电脑上设置一个 10 分钟的在线时钟可能会有所帮助。

1:00 ~ 1:15　**分组讨论，选出获胜者**

在所有的学生完成游戏后，你们可以在班里找出得分最高的选手，并让其所在的小组讨论访谈的具体情况，分享他们发现的问题或需求和商业创意。谈谈哪些问题是有效的，哪些是无效的。通过重复不好的问题和好的问题的类型来总结要点。

课后作业

对此练习的反思工作应该在课外进行。以下提示可以帮助学生进行反思。在访谈过程中，我对自己所问问题的认知程度如何？哪些问题产生了最有价值的信息？需求发现式访谈与你开展过的其他类型的访谈有何不同？访谈后更容易发现商业创意还是更难呢？在角色扮演练习中最让你惊讶的是什么？为什么？

教学小贴士

确定一个人人都能参与的访谈话题是很重要的。送礼一直是我们最成功的话题。清晰的规则、流程和角色是至关重要的，所以制作一份关于规则的额外讲义或将规则投射到房间的屏幕上可能会有所帮助。每组三人是一个神奇的划分方式，如果你的班级成员不能被平均分成三人一组，我们建议教师参与到一个团队中，而非保持两人一组。你可能想尝试在全班同学面前进行一次角色扮演，让所有未参与角色扮演的学生都充当审计员。不要这样做，因为大多数学生认为在一大群人面前认真对待角色扮演非常困难。如果你的视频会议软件支持虚拟会议室，此练习很容易在网上进行。

资料来源

本练习改编自海迪·内克和安东·亚库申所创建的版本，作为 VentureBlocks 模拟的补充。详见 https://ventureblocks.com/。

需求发现式访谈记分卡

最终得分（由审计员统计）

创业者：＿＿＿＿＿＿＿＿＿＿＿＿＿＿＿＿＿

顾　客：＿＿＿＿＿＿＿＿＿＿＿＿＿＿＿＿＿

审计员：＿＿＿＿＿＿＿＿＿＿＿＿＿＿＿＿＿

1. 顾客访谈

创业者向顾客提出 7 个问题。审计员在适当的框中对问题类型进行标记。

好的问题	节奏太快	差的倾听者
	个人主义	推销行话
	死胡同	冒犯、无礼

2. 问题或需求识别

创业者写下 3 个问题或需求，然后顾客用星号对每个问题或需求进行评估。

（1）_____ ☆☆☆☆☆

（2）_____ ☆☆☆☆☆

（3）_____ ☆☆☆☆☆

3. 商业创意生成

创业者把想法写出来或画出来（用背面画草图），然后顾客用星号对每个创意进行评估。

（1）_____ ☆☆☆☆☆

（2）_____ ☆☆☆☆☆

得分：每问一个好的问题得 1 分；在问题或需求识别中，每一颗星得 1 分；在商业创意生成中每一颗星得 1 分。

练习5-7　对创业者来说，公共政策应该是什么

作者：帕特里夏·G. 格林

与实践类型的联系：⚡ 👁 ❄

涉及的主要创业主题

规模化与成长管理；创业团队；公共政策

基本描述

就这项工作而言，公共政策被视为政府为最好地满足社会需要而采取的行动（条例、法律、资金优先级）。

本课程首先讨论公共政策的目的以及与创业、规模和生态系统相关的现有公共政策的例子。将学生进行分组，然后让其自行选择一个感兴趣的公共政策问题，并创建一个政策推介传达给班里其他同学。推介内容将包括：①定义主题，包括政策存在的原因，以及政策应该服务或保护的对象；②任何相关政策的当前状态；③任何个人或团体对该政策提出的担忧或挑战；④政策的建议变更条目（添加、修改和删除）。演讲的重点是要做好专业准备，以便能传达给决策者。

本练习在可用性方面具备很大的灵活性，可以通过多种方式来完成。

选项1：首先，在课堂上进行开场讨论和安排；其次，学生在一周的课程中完成他们的团队项目（具体时间由教师决定）；最后，以报告的形式进行课堂展示。教师可能会建议学生在课外作业上花4～6个小时（这个时间可能会调整，以满足教师对演讲细节的期望）。

选项2：开场讨论和作业在课堂上进行，团队成员在课堂上一起进行研究并完成报告。此外，期末报告也会在课堂上进行。这种模式可以用于一周上几次课的课程，并且最好有一周的时间专门用于这个项目。理想的时间安排是学生在项目上至少花2个小时。

选项3：使用选项1或选项2完成研究和报告。政策制定者被邀请来听期末报告，或听一组精选的期末报告，时间由教师决定。

使用建议

本练习适于本科生、研究生和从业者，还可用于课程或研讨会中。通过调整团队规模，本练习适于任何规模的课堂。

开展方式

面对面、在线。

学习目标

- 发现并分析与选定的创业问题相关的现有公共政策。
- 就相关创业问题制定拟议的公共政策或修改现有政策。
- 准备并发表一篇有说服力的公共政策推介报告。

理论基础和素材

Arenal, A., C. Feijoo, A. Moreno, C. Armuña and S. Ramos (2019), 'An academic perspective on the entrepreneurship policy agenda: themes, geographies and evolution', *Journal of Entrepreneurship and Public Policy*, 9 (1), 65-93.

Bosma, N. and D. Kelley (2019), *Global Entrepreneurship Monitor* 2019/2019 *Global Report*, London: Global Entrepreneurship Research Association, London Business School.

Rand Corporation (2020), 'Entrepreneurship public policy: studying the way legal and regulatory policymaking affect small businesses and entrepreneurship', [2020-02-21]. https://www.rand.org/well-being/community-health-and-environmental-policy/portfolios/entrepreneurship.html.

www.congress.gov provides the real-time listing and status of US federal bills from proposal to their ultimate disposition; [2020-02-21]. www. Congress.gov. While this website pertains only to the US, similar sites may be found for other countries.

材料清单

● 通过互联网查询公共政策资料（例如美国国会网站）。
● 公共政策推介演示（仅用四张幻灯片进行任务描述）。演示应解决下列问题：
   a. 该政策要解决的问题包括政策存在的原因、服务或保护的对象以及支撑性研究。
   b. 解决这一问题的政策现状和声明。
   c. 提议的政策变更条目（修订、增加、删除）。
   d. 实现这一目标的步骤，以及预期产生的影响。

学生的事先准备工作

无。

时间计划（预计两节1小时的课）

本练习的时间取决于选择的交付选项（见前面的练习选项）和计划演示的班级规模。以下建议的时间是针对选项1的，分为两节1小时的课程，两节课至少间隔一周的时间。

课堂1（60分钟）

0:00～0:30　教师首先定义公共政策。一种可能的定义是，政府为解决社会问题而采取的一系列行动（法规、法律、资金优先级等）。例如，枪支管制和性别平等。各国在内容和流程方面的政策方针存在很大差异。然后，继续进行课堂讨论：
● 公共政策对创业者重要吗？
● 政策是在哪里制定的（以国家、联邦、州、城市、社区等各级为例）？
● 有哪些相关的政策会有所帮助？
● 有哪些相关政策会让它变得更加困难？
● 还有哪些补充？
希望学生能涉及一些日常话题，如税收政策和知识产权保护等，但也会认识到一些问题的重要性，如最低工资、探亲假规定和投资法规等。

0:30～0:60　将学生分成团队，其规模由教师根据班级规模来决定（最佳的工作团队由

4～6名学生组成）。团队成员的组成可以由教师随机选择，也可以由学生提出特别感兴趣的话题，招募团队的其他成员。

教师将任务的步骤陈述如下。

1. 选择你的创业政策主题。

2. 规划方案，研究下列问题的答案：

- 该政策要解决的问题是什么，包括该政策存在的原因，以及它应该服务或保护的是什么？
- 解决这一问题的相关政策的现状如何？
- 你提出的政策变更条目（修改、添加、删除）是什么？
- 需要采取哪些步骤来实现这一目标，以及预期的影响是什么？

3. 创建最终演示文稿的计划，保证四张幻灯片中的每项内容都不要超过一张。

这节课的剩余时间用于团队组织项目的实施方案，包括如何分工、研究和演示准备流程、如何沟通彼此的工作进展，以及如何把琐碎的工作变成一个连贯的最终演示产品。

课堂 2（60 分钟）

0:00 ～ 0:60　团队的演示时间取决于班级规模，建议每个小组的分配时长为 8 分钟：5 分钟用于展示 4 张幻灯片，3 分钟用于提问和回答。在课程结束时，教师应预留 10 分钟时间，对演示的主题（机遇和挑战）进行最终讨论。

课后作业

无。

教学小贴士

在开始的讨论中，准备好至少两个当前政策变更或辩论的例子，以锚定现实。例如，在美国，①联邦雇员现在可以享受 12 周的探亲假，一些州和许多城市也要求公司提供探亲假，但仅限于一定规模的企业；②据高盛集团旗下的 10 000 家小企业的研究表明，以增长为导向的小企业主支持提高最低工资。你使用的例子应该来自你任教的国家，甚至可能与政府层面相关。

本练习可以在任何国家进行，但是，关键是要使讨论尽可能不涉及政治色彩，集中于政策而非政党或政治家。

练习5-8　尴尬的处境（Hot Seat）[○]

作者：安东尼特·何
　　　辛迪·克莱因·马默

与实践类型的联系：💡 👁 🧠

涉及的主要创业主题

商业模式开发；推介

基本描述

　　Hot Seat 是一种创业者推介其商业机会的活动，在活动过程中，接受建设性的反馈，与其他的小规模团队合作，以重建演示文稿，然后重新向新的听众进行推介。对演讲者来说，Hot Seat 的目的是练习在一个相对正式的大群体的情况下展示他们的商业机会，并增强说服性演讲的效果。Hot Seat 帮助学生获得向投资者、顾客和其他利益相关者展示所需的沟通技巧和信心。对听众来说，Hot Seat 的目的是练习积极倾听和提供建设性反馈。其他学习目标包括主动学习和移情（同理心）的实践。在此练习中，学生在没有外部访客的情况下向同伴参与者、指导教师和导师展示，这样就可以在一个安全的环境中获得预期的诚实反馈水平。对所有参与者提供一个 Hot Seat 框架（见专栏 5-1），但主要用于演讲者在组合演示文稿时进行参考。

使用建议

　　此练习可用于所有听众（本科生、研究生、从业者）。它在课外环境中是最有效的，例如作为加速器项目或新兵训练营的一部分。该练习也可用作开办新企业的课程。理想情况下，项目或课程中的每个学生团队都应该在项目或课程期间至少参加一次 Hot Seat 演讲。此外，如果参与加速器项目或课程的每个人都是 Hot Seat 的普通听众，效果会更好。可以为练习的重建和重新推介部分组建规模较小的团队。

开展方式

　　面对面、在线。

学习目标

- 以一种有说服力的方式进行有效沟通；内容和表达都力求清晰简洁。
- 从一个特定的目标听众的角度来评估和分析你的推介。
- 练习接受、评估和综合反馈，以提高整体的可指导性。

理论基础和素材

Cialdini, R. (2001), 'Harnessing the science of persuasion', *Harvard Business Review*, 79 (9), 72-81.

Cuddy, A. (2012), 'Your body language may shape who you are', [2020-01-31]. https://www.ted.com/talks/amy_cuddy_your_body_lan guage_may_shape_who_you_are?language=en.

　　○　Hot Seat 虽然被翻译成尴尬的处境，但不是很好的中文译法，故文中还是用原文。——译者注

Duarte, N. (2012), *HBR Guide to Persuasive Presentations*, Boston, MA: Harvard Business Review Press.

Goldstein, N.J., S.J. Martin and R.B. Cialdini (2010), *Yes! 50 Scientifically Proven Ways to be Persuasive*, New York: Free Press.

Santinelli, A. and C.G. Brush (2013), *Designing and Delivering the Perfect Pitch*, Wellesley, MA: Babson College.

Sinek, S. (2009), 'How great leaders inspire action', [2020-01-31]. https://www.ted.com/talks/simon_sinek_how_great_leaders_inspire_action.

材料清单

- 笔记本电脑。
- 使用视听设备进行幻灯片演示。
- Hot Seat 框架（见专栏 5-1）。
- 用白板或笔记本电脑做笔记。
- 用摄像机或移动设备来记录演示。

学生的事先准备工作

提前选择好演讲者，以便于进行演示准备。第一个 Hot Seat 演讲者应由教师预先决定。另外，第一个演讲者应该做到在听众面前表现自如，并乐于接受反馈。随后的演讲者可以根据自身情况提前报名。演讲者应该遵循以下准则。

- 用有目的性和组织性的信息流开展 6～8 分钟的演讲。
- 根据特定的听众需求决定角色。这可以是潜在顾客、合作伙伴、投资者等。
- 建议：根据听众编辑幻灯片或演示文稿。

并非要求演讲者为了演讲而盛装打扮。为了得到最有价值的反馈，演讲者应该准备好随时接受评论。参加 Hot Seat 训练重建课程的学员也应提前报名。这些人需要致力于帮助演讲者根据反馈重建推介。我们推荐三四名参与者作为重建团队的一部分。

时间计划（预计2小时）

第一部分：Hot Seat，时长 40 分钟。

第二部分：Hot Seat 重建，时长 1 小时。

第三部分：重建推介，时长 15～30 分钟。

第一部分：Hot Seat

0:00～0:05　步骤 1：介绍 Hot Seat 框架。

分发和审查 Hot Seat 框架。建议把它打印出来，或者放在白板上，以便于每个人都能在演示过程中看到。关于 Hot Seat 框架，请参见专栏 5-1。

0:05～0:07　步骤 2：选择一位 Hot Seat 主持人。主持人的任务如下。

- 确保演讲者准备好展示文稿（如果适用的话）。
- 启动活动，吸引听众的注意力。
- 提醒听众注意 Hot Seat 规则。

- 规则包括：
  - 演讲结束时不要鼓掌。
  - 不要打断演讲者。
  - 只给出建设性反馈。反馈的目的是帮助演讲者改进演讲内容和效果。反馈不应该只是赞美性的，而应该专注于交付、美学和演示内容上的提升。反馈示例如下。
    - 在展示问题或产品上花费过多时间，造成听众的注意力分散。
    - 没有对听众提出要求。
    - 演示的流程令人产生困惑。
    - 主持人不经意的动作，可能会分散听众注意力。
- 要求演讲者指出预期的目标听众。这点很有用，这样那些听众就能理解演讲的目的，并给出适当的反馈。
- 在演讲者进行推介时控制好时间。在演讲者结束后，主持人告诉演讲者演示的时间，然后会议进入反馈环节。
- 调节观众的反馈：
  - 向听众征求反馈意见，重点是建设性的批评建议。如果反馈范围很窄，那就鼓励其他人提供涵盖推介各个方面的反馈（例如，内容、风格、视觉效果、口头陈述和肢体语言）。
  - 观察重复的反馈，可以用打响指的方式表示对反馈的赞同。
  - 提醒演讲者不要回应反馈。
  - 总结反馈部分，询问听众演讲者今后应该牢记什么。
- 通过询问听众他们认为演讲者应该在活动的重建部分致力于做出哪些努力，进行总结。

0:07 ～ 0:15　步骤 3：演示。

演讲者进行演示。在此期间，听众应该参考 Hot Seat 框架，并指出演讲者需要改进的地方。

0:15 ～ 0:40　步骤 4：Hot Seat 反馈。

听众向演讲者提供反馈。Hot Seat 的目的不是赞美，而是完全专注于什么不是最佳的，以及如何使演示变得更强大、更具说服力。在反馈过程中，练习积极倾听的演讲者应该记下听众认为需要改进的地方，而不要做出回应。如果听众在演示过程中做了改进记录，主持人应该积极鼓励其与演讲者分享笔记内容。

第二部分：Hot Seat 重建

0:40 ～ 1:40　步骤 1：确定要关注的内容。

根据听众的反馈，最终结合并取决于演讲者认为需要引起重视的问题，进一步确定重建活动的主题。主题可以源自困境、演示流程、定义价值主张等任何内容。

步骤 2：获得重建。

选择一个重建参与者，其工作职责是让每个人保持在正轨上并提醒团队注意时间安排。因为随着时间的不断推移，有些工作很容易偏离轨道。你希望在重建过程中拥有在这些方面有高度责任心的人。在重建期间，积极倾听演讲者的需求，并开始头脑风暴以帮助满足这些需求。我们建议使用白板或黑板来记下想法，甚至为重建的参与者和演讲者提供一个独处的空间。每次重建活动都看起来不同，这取决于演讲者的需求。有时重建参与者会重写演示文稿的部分内容，使其更加清晰、简明扼要，有时团队会讨论幻灯片的顺序或演示文稿的流程。这个环节是有机的，在推进上应该顺其自然。

课后作业

演讲者可能想花 1 个小时来反思并实现重建参与者在重建会话中提出的所有建议。对演讲者而言，这属于个体化过程。这是演讲者练习重新推介的时间，并且只关注重建团队所做的部分演示。

第三部分：Hot Seat 重新推介

步骤 1：重新推介的时间选择和参与者。

完全取决于演讲者，他们可能想在当天重新推介，或者可能希望有几天时间进一步调整、处理演示工作，然后再开展重新推介。重新推介的参与者应该从那些没有参与重建的人中进行挑选。

步骤 2：重新推介。

演讲者可以重新推介其整个演示文稿，也可以只推介在重建过程中做过调整的部分。

步骤 3：反馈。

重新推介的参与者会给出一些建议供演讲者考虑。这也被视为一次机会，使得演讲者从一个新的角度获得一些关于演示的最终评论。

教学小贴士

- 如果定期安排 Hot Seat，建议教师在课程或加速器、新兵训练营开始时进行反馈和重建。当学生对过程和框架有了一定的理解和把握后，学生可以与教师一起加入听众的行列。
- 尝试让项目或课程中的每个人至少为 Hot Seat 活动提供一次助力。
- 如果 Hot Seat 适用于某门课程，教师应该明白，当成绩与学生无关时，课堂参与者给出的反馈可能不像预期的那样具有建设性。
- 如果 Hot Seat 适用于在线授课，教师可以利用在线视频会议平台的聊天功能来获取反馈。除此之外，应建议听众在整个过程中将视频保持在开启状态，允许演讲者进行视觉反馈提示和回应。
- 牢记 Hot Seat 框架。为了进行最有效的演示，演讲者需要整合框架的所有方面，这无疑会增强对目标听众的说服力。
- 这不是要遵循任何特定的公式。在很多情况下，演讲者会在其他类似的演讲中进行演示。而创业者需要做的是从中找到一种脱颖而出的方法。
- Hot Seat 过程就是给演讲者一份"礼物"，他们已经具备交付能力来完成一次精彩的演示。
- 幻灯片或其他视觉效果应该支持演示，而不是分散听众注意力。在低技术环境下，演讲者可以利用活动挂图来强调演示的重要信息。

- 拍摄演讲过程，让创业者观看这些视频。这有助于演讲者反思他们的演示风格，以进行下一步的改进。

资料来源

Original framework created for Babson College by Steven K. Gold, MD, https://www.linkedin.com/in/stevenkgold.

专栏 5-1　Hot Seat 框架

约定

◇ 立即以有针对性的方式赢得你的听众是至关重要的，否则你就会失去他们的部分或全部注意力，从而弱化演讲的效果。成功的开始——抛出一个问题、讲述一个相关的故事，或者分享一个有趣的发现。记住，无论你做什么，最初的印象会产生持久的影响。

实质

◇ 你的听众时间宝贵，他们正在收集信息以形成印象或做出决定。用有条理的语言，高效地向听众传达有价值的信息。避免那些边际收益递减的偏离和干扰。

风格

◇ 这是你"包装"语言的方式，这点至关重要，特别是因为你所传达的 85% ～ 90% 的内容是以视觉形式传达给听众的。充分利用肢体语言，透过语言传达出你的热情，尊重你的听众。

自问

◇ 演讲总是有目的的。那你的目的是什么？你想从这里得到什么？如果这不是显而易见的，那么就明确地要求你的听众做点什么。你的方法可以是微妙的，也可以是直接的，但如果你不问，你永远不会得到你想要的。

说服

◇ 向你的观众提问是一回事，而创造出真正的欲望又是另一回事。学习说服技巧［例如，西奥迪尼（Cialdini）框架］，并在每次演讲中融入部分或全部技巧——互惠、喜好、社会认同、一致性、权威性和稀缺性。

视觉和道具

◇ 我们总是习惯使用视觉和道具，例如，从我们的身体、穿着和行动方式开始，延伸到所使用的幻灯片和原型。视觉和道具应该通过强化和阐明所传达的信息来为我们服务，而我们永远不应该屈从于它们。

第 6 章

试验：行动力训练

　　基于试验的练习，就是学生为学习而行动。这需要学生收集来自现实世界的新数据，而不是通过便捷的互联网搜索引擎或浩如烟海的大学数据库去验证新概念。试验是一个延续不断的循环过程，包括行动、学习、构建和重复环节。伴随其中而产生的每个新想法和新机会，相当于一套彼此联系的假设和问题。基于试验的练习鼓励学生去测试每一个假设、提出批判性问题、找寻相应的答案。本章将向你呈现9个基于试验的实践教学练习。

练习6-1　培养性别洞察力，提升包容性创业领导力

作者：苏珊·G.达菲

与实践类型的联系：⊛ 🧠 👁

涉及的主要创业主题

创业团队；性别洞察力

基本描述

这个练习由多个部分构成，旨在向学生介绍与性别和包容性创业领导力相关的基础概念，并提供机会让学生通过试验来学习新知识。为了实现练习目标，包容性创业领导力被定义为这样一套思考和行动范式，即领导者有意识培养多元化劳动力，由此营造公平对待和尊重全体成员的组织环境，每个人享有平等的机会和资源，并深受鼓舞而全身心投入到创业机会识别、资源整合以及自我提升当中。

在性别的社会建构研究、术语和概念体系中，性别洞察力是一个基础概念，反映了对个体、组织和社会层面性别偏见的基本认识。

本练习的起点是为学生提供机会来识别自身潜在的性别偏见：在判断一个人的角色、价值、权力和潜能时，会根据这个人的性别身份进行无意识、想当然的假设。

在此之后，学生从提升创业者和企业效果角度，对这些性别偏见假设进行验证。相关主题包括但不仅限于：想法生成（谁、何时、为何被倾听）；创新（所有的可能都被视为可执行的平等机会吗）；沟通（每个人都获取到有助于做到最优的信息了吗）；权威（谁、为何被视为拥有权力）。

在练习结尾，学生将设计简单的先导试验来应用被强化的性别认识，据此在自身情境下（例如，他们的创业项目、家族企业、企业体系、学校俱乐部或团队）创造更具包容性和生产性的产出。

使用建议

本练习面向所有层次的本科生和研究生，适用于创业基础、创业型企业成长或创业型领导力课程。理想的班级规模是20～40名学生。本练习同时也适用于初期创业者和家族企业领导者，前者往往需要建立成长型或内部创业型的企业文化，后者通常需要营造更具包容性的文化。

开展方式

面对面、在线。

学习目标

- 区分男性和女性在特质和行为方面的差异，掌握这些差异与创业型领导有效性认知之间的联系。
- 认识自身潜在的性别假设，理解这些假设如何影响个体和企业层面的绩效。

- 设计一个即时性、可操作的行为变革试验，来验证性别洞察力的提升有助于提升更具包容性的创业领导力。

理论基础和素材

这些资料素材是为你作为指导教师的教学探索所设计，内隐联系测验（implicit association test，IAT）可以作为本练习的准备工作。你可以考虑提供一个列表以供学生课后自学，亦可另行设计一个课后作业（如书面评述、学习日志或博客等）。你也可以选择一个视频在课堂播放并展开讨论。

以下内容有助于了解外显和内隐偏见实例：

'Silent Beats'（视频），一名非洲裔美国男孩在一次普通的便利店之旅中面对假设和刻板印象的严酷现实，[2020-12-20]. https://www.youtube.com/watch?v=76BboyrEl48.

'Blind Spots'（视频），回顾隐性偏见基础知识及其影响的一系列视频。同一网站上的视频下方还提供了视频讨论指南，[2020-12-20]. https://www.pwc.com/us/en/about-us/blind-spots.html.

以下内容有助于了解术语的界定以及行动当中的偏见实例：

'Inclusion, exclusion, illusion and collusion', [2020-12-14]. https://www.youtube.com/watch?v=zdV8OpXhl2g.

'Recognizing gender bias and barriers', [2020-12-14]. https://www.youtube.com/watch?v=YbMQ5YapnfE&list=TLPQMjYwMjIwMjDD2esnrfAW3g&index=5.

以下内容有助于对性别多元化相关的商业案例进行基础性回顾：

Kimmel, M. (2015), 'Why gender equality is good for everyone, men included', [2020-12-20]. https://www.ted.com/talks/michael_kimmel_why_gender_equality_is_good_for_everyone_men_included.

Turner, C. (2017), 'The business case for gender diversity', [2020-12-20]. http://www.huffingtonpost.com/caroline-turner/thebusiness-case-for-gen_b_7963006.html.

以下内容有助于进一步了解创业和企业情境中的性别偏见实例：

Coury, S., J. Huang, A. Kumar, S. Prince, A. Krivkovich and L. Yee (2020), 'Women in the workplace 2020', McKinsey & Company, [2020-12-20]. https://www.mckinsey.com/featured-insights/genderequality/women-in-the-workplace-2018.

Gerzema, J. and M. D'Antonio, (2013), *The Athena Doctrine*: *How Women and the Men Who Think Like Them Will Rule the Future*, San Francisco, CA: Jossey-Bass.

Guillen, L. (2018), 'Is the confidence gap between men and women a myth', *Harvard Business Review*, [2020-12-20]. https://hbr.org/2018/03/is-the-con"dence-gap-between-men-and-women-a-myth.

Haller-Jordan, E.T. (2012), 'How to avoid gender stereotypes', *TEDxZurich*, [2020-12-20]. https://www.youtube.com/watch?v=9ZFNsJ0-acohttps://www.youtube.com/watch?v=9ZFNsJ0-aco.

Turban, S., L. Freeman and B. Waber (2017), 'Study used sensors to show that men and women are treated differently at work', *Harvard Business Review*, https://hbsp.harvard.edu/tu/2ba15180.

Walker, K., K. Bialik and P. van Kessel (2018), 'Strong men, caring women: how Americans describe what society values (and doesn't) in each gender', Pew Research Center, [2020-12-20]. http://www.pewsocialtrends.org/interactives/strong-men-caring-women/?http://www.pewsocialtrends.org/interactives/strong-men-caring-women/?.

材料清单

- PPT 课件（见图 6-1 ～图 6-7）。
- 挂图活页纸和记录笔。

学生的事先准备工作

通过以下网址进行有关性别和职业的内隐联系测验：

https://implicit.harvard.edu/implicit/user/agg/blindspot/indexgc.htm。

这个测验是内隐项目的一部分，以下网址有更多相关信息（截至 2020 年 12 月 20 日）：

https://implicit.harvard.edu/implicit/user/pih/pih/index.jsp。

时间计划（90分钟）

0:00 ～ 0:04　**阐述本单元学习目标**

在阐述本单元学习目标之前，向全班学生说明本单元将向大家"介绍"一个复杂的现象，这个现象已经在所有领导者和组织中产生了广泛深远的影响。然后解释本单元将用"性别偏见"作为导入点来验证偏见的普遍性。据此向学生阐述他们接下来需要做的事情：测试学生自身无意识的假设；认识这些多种多样的假设如何共同影响领导力和企业产出；结合学生自身的环境设计一个小试验，以形成新的认识并提升学生对性别和包容性领导力的理解。

0:04 ～ 0:25　**快速词语联想练习的开展与汇总**（见图 6-1）

图 6-1　快速词语联想练习课件

将学生分成四组，每组五人（如果每组人数较多，可以为相同的词语再多分几个小组）。从以下词语中为每个小组随机指定一个词：

1. 创业者　　　　　　　　　　　　　　2. 领导者

3. 女性　　　　　　　　　　　　　　　4. 男性

（1 分钟）为每个小组说明要求：围绕指定给小组的词语，列出尽可能多的联想词语。可以是与这个词语有关的行为、特质、价值观、动词、形容词、实例以及任何其他想法。以小组为单位，将这些联想到的词语自上而下写在挂图活页纸上。注意：提醒各组将联想到的含义对立的词语分别列示。

（5分钟）各组列示联想词语。在此阶段结尾，为每个组在教室或会议空间指定一个区域展示其结果。若图6-1中某个词语有多个小组进行联想练习，则将这几个小组安排在相邻位置。

（14分钟）汇总：

- 请学生查看其他小组列示的词语。如果条件允许，可以采取快速的"画廊漫步"方式让学生查看其他小组作品，或者也可以让学生围绕一两张挂图活页纸查看。

- 引导学生观察与思考这些练习数据：他们发现了什么有趣之处？他们认为每个小组列示的词语清单还可以加入哪些不同的联想词语？他们看遍清单后发现了何种规律？（创业者和领导者通常与男性高度相关）

- 内容主题。从文化和社会视角看，性别反映的是男人和女人在意义建构、信仰、行动方面的两种群体差异，亦可称为男性气质或女性气质。每个人的性别气质，都可以视为从男性到女性气质的连续统一体。不过，如果一个人的行为方式有别于他人对其行为的期望（亦即男人应该表现出男性气质、女人应该表现出女性气质），那么这个人可能会受到苛责、轻视或误解。他人期望如果建立在文化、宗教、家庭观念和行业规范上，将会有更加鲜明的指向。请向全班提问，让同学们提供在上述情境下他们所观察或体验到的性别偏见实例（例如，女人如何被期望应离职去照顾家庭；男人又如何被期望不要情绪外露；青年男女从小就开始的或强悍或温柔的社会化过程是怎样的）。

- 讨论问题。这些联想词语对创业者、企业、社会分别会有什么样的影响？向创业者、投资人、社会大众分别传递出哪些信息？备注：在讨论过程中可以采用男性、中性、女性术语的综合清单作为背景课件（见图6-2）。

0:25～0:45　讨论内隐联系测验并评述偏见内涵

请学生回顾课前已经完成的内隐联系测验，并让他们彼此分享在测验过程中的体会感受。然后请学生针对测验结果谈谈有什么是意料之中和意料之外的？以及他们的测验结果与刚刚完成的课堂练习有着怎样的联系？

- 请学生界定什么是外显和内隐偏见，并用实例说明。然后给出基础定义。外显偏见——鲜明的、有意识的、意向性的偏见；内隐偏见——想当然的、下意识的、经常无意识的偏见（见图6-3）。

- 讨论认知捷径对人类生存和高效处理信息的作用。人类生存：如果我们每次遇到相同现象都去调动宝贵的大脑能量，那么将是十分低效的，为此，人类大脑具有快速联系机制——狗熊–不安全、家庭成员–安全。

- 分享内隐偏见结构的特征（见图6-4）。

女性特质			中性气质	男性特质	
有创见 (original)	擅长多重任务执行 (good at multitasking)	尽责 (conscientious)	有远见 (visionary)	坚定 (rugged)	勇敢 (brave)
独立自主 (free spirited)	宽容 (kind)	合作 (cooperative)	有活力 (energetic)	统治 (dominant)	勇于创新 (daring)
有魅力 (charming)	支持性 (supportive)	参与 (involved)	单纯 (simple)	坚强 (strong)	好胜 (competitive)
可靠 (trustworthy)	慷慨 (giving)	友善 (friendly)	真实 (authentic)	严格 (rigid)	兴致勃勃 (gusty)
口才好 (articulate)	好的倾听者 (good listener)	跟上时代 (up to date)	与众不同 (different)	领袖 (leader)	固执 (stubborn)
可信赖 (reliable)	富有爱心 (loving)	无私 (selfless)	机敏 (agile)	天生领袖 (natural leader)	过于自信 (assertive)
专注 (dedicated)	感性 (sensuous)	有感悟力 (perceptive)	无忧无虑 (carefree)	善于分析 (analytical)	有紧迫感 (driven)
通情达理 (reasonable)	易受伤 (vulnerable)	有社会责任心 (socially responsible)	协作 (collaborative)	傲慢 (proud)	直接 (direct)
灵活 (nimble)	温和 (gentle)	鼓励 (encouraging)	理解力强 (intelligent)	果断 (decisive)	职业导向 (career oriented)
适应性强 (adaptable)	潇洒 (stylish)	热心 (empathetic)	精明 (cunning)	有野心 (ambitious)	有活力 (dynamic)
乐于助人 (obliging)	易动情 (emotional)	有表现力 (expressive)	公正 (candid)	霸道 (over bearing)	自信 (confident)
健康 (healthy)	实际 (down to earth)	有理解力 (understanding)	守规则 (traditional)	努力工作 (hard working)	坦率 (straightforward)
受欢迎 (popular)	规划未来 (plans for the future)	有耐心 (patient)	有趣 (fun)	有逻辑 (logical)	利己主义 (selfish)
非暴力 (passive)		镇定 (poised)		共识 (consensus builder)	独立 (independent)
坚定 (committed)	接受新思想 (open to new ideas)	赶时髦 (trendy)		自力更生 (self reliant)	难以接近 (unapproachable)
社群导向 (community oriented)	独特 (unique)	家庭导向 (family oriented)		专注 (focused)	进步 (progressive)
乐于助人 (helpful)	宽宏大量 (generous)	有同理心 (caring)		与众不同 (distinctive)	革新 (innovative)
有创造力 (creative)	团队合作精神 (team player)	显露感情 (affectionate)		有献身精神 (resilient)	克制 (restrained)
灵活 (flexible)	诚实 (honest)	敏感 (sensitive)		有适应力 (devoted)	有能力 (competent)
凭直觉 (intuitive)	有创造力 (imaginative)	有治愈力 (nurturing)		有进取心 (aggressive)	
善社交 (social)	谦逊 (humble)	有魅力 (glamorous)			
真诚 (sincere)	有好奇心 (curious)				
热情 (passionate)	忠诚 (loyal)				

图 6-2　男性、中性和女性术语课件

资料来源：Gerzema and D'Antonio（2013）.

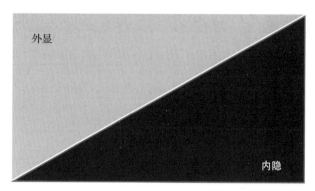

图 6-3　外显和内隐偏见课件

图 6-4　内隐偏见结构的特征课件

● 分享内隐偏见研究的示例（见图 6-5），并调动和收集学生对此的反馈。

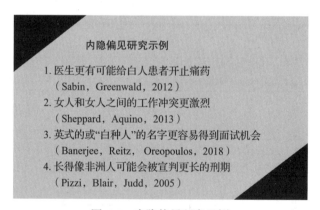

图 6-5　内隐偏见研究示例

资料来源：Sabin, J.A. and A.G. Greenwald (2012), 'The influence of implicit bias on treatment recommendations for 4 common pediatric conditions: pain, urinary tract infection, attention deficit hyperactivity disorder, and asthma', *American Journal of Public Health*, 102 (5), 988-995; Sheppard, L.D. and K. Aquino (2013), 'Much ado about nothing? Observers' problematization of women's same-sex conflict at work', *Academy of Management Perspectives*, 27 (1), 52-62；Banerjee, R., Reitz, J.G. and P. Oreopoulos (2018), 'Do large employers treat racial minorities more fairly? An analysis of Canadian field experiment data', *Canadian Public Policy*, 44 (1), 1-12；Blair, I.V., K.M. Chapleau and C.M. Judd (2005), 'The use of Afrocentric features as cues for judgment in the presence of diagnostic information', *European Journal of Social Psychology*, 35 (1), 59-68.

- 分享"性别图式"（gender schema）的概念，指出其可以作为我们看待世界的视角（见图 6-6），并调动和收集学生对此的反馈。

图 6-6 性别图式课件

资料来源：Virginia Valian (1998), Why So Slow? The Advancement of Women, Cambridge, MA: MIT Press.

- 讨论：请学生根据内隐联系测验和课堂练习的试验，讨论从中得到的新发现，比如此次练习之前他们没有发觉自身可能具有的无意识偏见有哪些？这些偏见（个体或集体层面）会对一位创业者或领导者的成功产生怎样的影响？这些偏见对决策制定者、公司带来的局限性分别有哪些？（见图 6-7）

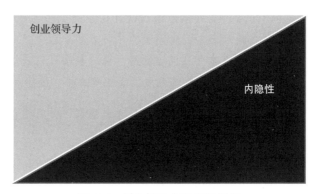

图 6-7 创业领导力和文化课件

- 引导：这些练习都在证明这样一个观点，即作为人类的我们具有无意识和想当然的假设。包容性领导者跳出了自身偏见带来的自我意识框架，有意识地营造一种环境，包容、理解甚至最优化差异性。随后，我们将带领学生更加深入地挖掘，为什么包容性领导力和文化如此重要（见图 6-7）。

0:45 ～ 0:55 **让学生为"包容性创业领导力"和"包容性企业文化"下定义**

学生在上述练习中亲身体验了内隐偏见，班级也已进行了相关讨论，此时向学生提出在个人和集体练习基础上形成自己的学习认识，给出他们对"包容性创业领导力"和"包容性企业文化"的界定。对此，可以按照"思考 – 同伴 – 分享"（think-pair-share）方式组织互动：

- 思考你对"包容性创业领导力"和"包容性企业文化"的定义，想想其外在表现形式。如果你创立一家企业或推动一家企业成长，打造包容性文化会有哪些好处？影响包容性文化的积极因素有什么？然后请与邻座的其他同学进行交流，讨论你们如何定义一种包容性文化？（5分钟）

教学备注：教师注意回应"包容性创业领导力"的定义。根据本次练习的学习目标，包容性领导力被视为这样一套思考和行动范式，即领导者有意识培养多元化劳动力，由此营造公平对待和尊重全体成员的组织环境，每个人享有平等的机会和资源，并深受激励而全身心投入到创业机会识别、资源整合以及自我提升当中。

- 组织全班成员分享自己的定义、讨论的好处和积极影响因素。让学生运用具体实例说明，包容性文化要素与成功的创业型企业或领导者如何具有紧密联系。
- 激发学生评价自身的包容性创业领导力：在当前他们作为领导者的情境下，比如在组建团队、组织班级项目、领导运动团队、带领学生俱乐部、组织联谊活动等过程中，他们如何体现出或没有体现出包容性创业领导力。对实践领域的学习者而言，这个自我评价可以聚焦于他们在工作场所的作用发挥。他们如何在同样的群体中强化包容性文化？

0:55 ~ 1:20 **性别激活包容性创业领导者的想法和试验**

（5分钟）说明：根据教师之前对性别图式的"迷你报告"，此时激发学生产生一些新想法，鼓励学生通过设计相应的试验去测试这些想法并将其落地实施。这部分试验对来自实践领域的学习者和管理者极其重要，因为他们正好打算在组织中立即构建更具包容性的环境。教师可以采用自己喜欢的任何手段来鼓励学生产生新想法，但是尤为重要的一点是，要给学生一个相同的总体挑战：

怎样跳出自身偏见带来的自我意识框架，并有意识地营造一种包容、理解甚至最优化差异性的环境？

虽然我喜欢让学生以小组方式进行，但是各环节也可以进行个人练习。我鼓励我的学生从微小的、可行的想法开始。例如，一个学生可能产生了在校园里举办小型恳谈会的想法。或者一位实践领域的学习者可能打算在自己的公司举办系列讲座。同时还需要着重关注的是，学习者自身产生的想法就是一组试验，学习者与其他人一道将想法落地就是实施试验的过程。

学生的学习说明

我们一起来解决以下问题：

怎样跳出自身偏见带来的自我意识框架，并能有意识地营造一种包容、理解甚至最优化差异性的环境？

3 ~ 4名学生一组，提出三个小处着眼但切实可行的想法，这些想法中至少有一个是你和你的团队成员有能力立即采取行动去实施的。针对每一个想法，请描述想法细节，并说明它是如何解决以上这个问题的。另外，针对每一个想法，你需要提出三种行动方案，说明你可以对每个想法进行验证、测试和落地。

（10分钟）以小组方式进行，用记录笔在挂图纸上记录。如果时间允许，建议这部分练习时间延长至15～20分钟。

（10分钟）让组与组之间分享其想法和相应的行动步骤（每组5分钟）。若这是个人练习，则让学生个人之间像采取小组方式一样，对想法和行动进行分享。

1:20～1:30　**收尾和总结**

选取学生的几个想法和行动在更大范围进行分享。提醒学生重视分享中表现出的性别偏见。向学生分享或提问：通过他们的分享，学生的想法和行动可以为创业者和企业带来怎样的提升效果（例如，更高水平的组织参与、更多的日常讨论和想法、更高的团队绩效）。回顾学习目标，说明模块内容的内在联系。询问学生是否还有其他问题。

课后作业

学生可以对课程模块的任何活动进行反思，把课上产生的想法和相应行动写成一份短报告，或者用一页纸反思学习收获并在指定日期前提交，或者从本练习资料素材清单中指定内容让学生在反思环节进行阅读或查看。

教学小贴士

如果是第一次进行这个模块的教学，特别是对那些不熟悉人类偏见或性别偏见的教师来说，阅读和查看本模块开篇列示的教学资料素材清单尤为有帮助。对于这一模块教学，教师无须是一位研究偏见的专家学者，因为试验练习本身就能生成许多教学内容。这些内容很容易被实践领域的学习者接受，也不难通过线上开展。如果时间允许，可以在课堂上加入本模块资料素材清单中的任何视频。

性别对任何人都是一个敏感话题。如果这个模块的某个主题需要更多时间，可以在线下继续进行讨论，或者在工作时间与更多元化和包容性的专家共同探讨，或者鼓励学生对教学资料素材进一步学习并在后续发起更深入的讨论。尤其需要重视的是，对性别的"二进制"区分方式已经过时。性别形式和身份应该被视为个人特质和行为从男性、中性到女性气质的连续统一体。大部分创业者都应用这种适应情境的领导风格。

资料来源

上述练习改编自一个中性协会的练习（原作者未知）以及内隐联系测验和百森商学院的女性创业领导力中心项目。图6-1～图6-7的课件是苏珊·达菲博士"性别图式与包容性创业领导力"课件的一部分。资料来源已在相应位置标注。

练习6-2　运用商业模式画布测试创业想法

作者：玛丽·D.盖尔

与实践类型的联系：⊛ 💡 🧠

涉及的主要创业主题

创意构思；设计思维；机会评估；测试；商业模式开发

基本描述

这个练习的目的在于帮助学生通过一张商业模式画布（business model canvas，BMC），将他们最初的和正在进行的创业想法转化为一套商业模式假设。

商业模式有着多种多样的定义，如何对其进行界定取决于使用这一术语的情境。在本练习中，商业模式是指一套商业模式要素体系，学生需要考察这些要素，教师可以据此研究和评价学生的想法是否切实可行。学生可以选取和使用一些正式的商业模式画布作为分析工具。最初的商业模式画布已经有了诸多修订版本（Osterwalder，Pigneur，2010），本练习选取和采用了百森商业模式画布（BBMC）作为分析工具，详见图6-8。

百森商业模式画布

重要伙伴	核心资源	价值主张	提升优势的差异化	顾客细分
	6		3	
	关键指标		渠道通路	
7	8	2	4	1
成本结构 9		收入结构 5		

图6-8　商业模式画布的修订版

资料来源：根据 Angelo Santinelli 的商业模式画布（http://www.businessmodelgeneration.com）进行的调整。本图已经得到使用许可，符合 CC3 开源协议（Creative Commons Attribution-Share Alike 3.0 Unported License），以下网站可以查看许可：http://creative.commons.org/licenses/by-sa/3.0/。本图由本练习作者绘制。

那些形成创业新想法的学生，在研究想法是否具有实效性和可行性时，对如何把自己的概念构建成商业模式，往往不太理解或经常欠缺洞察。除此之外，他们可能也无法理解或主动去思考以下问题：他们对商业模式某个要素的任何改变，都会影响其他一个或多个模式要素，或者会改变他们的创业想法本质。在学生进行市场分析和测试过程中，他们的商业模式假设会发生各种变化，而这个练习就是通过简单便捷的方式帮助学生记录和跟踪这些改变。同时，这个练习也具有警示功能，提醒那些正在实施想法的学生注意每个商业模式要素的变化都能影响其他要素和模式整体，学生应对此进行分析和反思。这些要素变化和模式转型工作，需要学生同时运用分析性和创造性能力。

在学生或学生团队开始评估一个创业新想法的实效性或可行性时，指导老师需要在教室或工作坊介绍 BBMC 和本练习的基本情况。这一环节可以安排在任一学期或学年，或者更常见的做法是安排在学生已经产生了一个新的商业想法之后。在课堂或工作坊，向学生提出问题，让他们为每个商业模式要素提供特定的假设（如目标市场、价值主张和渠道）。然后，学生或学生团队需要在指定的时间内更新他们的画布。比如通过为期两周的"冲刺"方式，或者也可以是其他事先规定好的时间范围。每次对商业模式要素的迭代都用颜色编码方式进行标记，以此体现出新的调整，从而反映出学生最近一次较前一次有了提高。每次迭代学生无须在全新的画布上进行。相反，在完成测试和反思后，学生可以用新的颜色标注出他们不再坚持的假设，并在画布的相应栏目添加他们产生的新假设，从而体现出变化和转型。除此之外，学生还要确定新的研究步骤，以便确认、巩固这些新的假设并通过一个简短的附录进行列示。图 6-9 是一个标注问题的商业模式画布的示例。

百森商业模式画布

重要伙伴	核心资源	价值主张	提升优势的差异化	顾客细分
• 谁是你的重要伙伴 • 你们彼此传递什么价值 • 合作伙伴在价值主张传递中怎样发挥关键作用 • 你们彼此交流哪些核心资源或关键活动 • 哪些风险或不确定性得以减少	• 传递价值主张所需的核心资源是什么？（人力、财务、物质、智力） • 这些资源对你而言能否以较为合理的成本获取 • 哪些资源不用去购置而是可以被租用或借到	• 价值主张是什么 • 价值主张面向谁 • 为什么这些人需要价值主张 • 你正在为顾客解决的问题有多重要 • 价值主张如何发挥作用 • 价值主张的独特性或差异性是什么	• 你的产品实际具有的独特性是什么 • 哪些特点契合你的目标顾客 • 具有持久优势吗为什么？ • 价值能被定性或定量验证吗	• 你为谁创造价值 • 总体可用市场（total available market）是什么 • 细分可达市场（segmented obtainable market）是什么 • 如何识别每个潜在的细分市场 • 如何比较每个细分市场需求 • 细分顾客在哪里购买 • 细分顾客如何购买 • 细分顾客为何购买 • 细分顾客付出了什么、怎样支付 • 细分顾客之间存在何种联系 • 细分顾客期望你提供的其他产品或服务是什么 • 每个细分市场如何盈利 • 关于顾客如何看待价值主张-差异化-渠道-定价方面，你认为取得成功的准则是什么

关键指标	渠道
• 评价商业模式成功的关键指标有什么 • 如何测度向顾客传递价值 • 如何开发绩效标准 • 这些指标如何客观反映你的收入和成本	• 你怎样触达每个细分顾客 • 目前获得顾客了吗？是直接还是间接获客？是拥有还是合作 • 哪些渠道最有实效？ • 渠道是整合的吗 • 哪些渠道在成本方面最有效率

成本结构	收入结构
• 什么在驱动成本？（活动、资源、标准） • 什么是你生产产品或服务的资源密集度（resource intensity） • 什么是你的成本结构单元 • 存在规模经济或范围经济吗 • 哪些成本是固定的？哪些成本是变动的 • 价值主张是成本驱动的还是价值驱动的 • 在成本模型中何处具有杠杆效应 • 获客成本是什么 • 运营资本需求（working capital requirements）是什么	• 什么在驱动收入 • 什么是顾客想要为之付费的？价格调节机制是什么 • 他们如何付费？是否有可供选择的其他付费方式 • 一笔销售达成的平均时间是多少？顾客的购买频次如何？每次购买量怎样 • 边际收益怎样 • 盈亏平衡点在哪里？（单位量、销售量） • 在收入模型中何处具有杠杆效应 • 顾客终身价值（customer lifetime value，CLTV）是什么

图 6-9 标注问题的商业模式画布

资料来源：根据 Angelo Santinelli 的商业模式画布（http://www.businessmodelgeneration.com）进行的调整。本图已经得到使用许可，符合 CC3 开源协议，以下网站可以查看许可：http://creative.commons.org/licenses/by-sa/3.0/。本图由本练习作者绘制。

本练习也可以根据创业项目或课程的规定时间安排布置课后练习，以便提醒学生每次转型通常都会改变构成商业模式整体的要素。为此，可以安排三四次的系列家庭作业，让学生为所有的商业模式要素提出新想法、新假设。对于每次或全部的课后作业，可以根据指导老师提出的要求进行评分。对于学生提出的新想法和假设，连同研究计划一道，可以通过不同的新颜色进行可视化展示，呈现出商业模式的变化，这些新增或删除的想法反映出学生思考问题的进步，从而对自身和项目指导者都具有积极作用。一个创业项目或课程最终形成的BBMC 将是非常长的，进而可以验证创业之旅是非线性的，也是一个持续的学习、迭代和反思进程。许多学生会为自己在迂回曲折的创业之旅后拨云见日而感到自豪或体验到惊喜。

在课堂教学的第一个环节，建议任课教师先主动与学生讨论商业模式的概念，介绍一页纸的 BBMC 工具以及如何应用，并说明使用过程中可能出现的偏差错误。然后，教师组织一个课堂内工作坊，让学生以个人或团队的形式完成一页纸的商业模式，据此来验证他们对商业模式每个要素的想法。

使用建议

本练习适用所有层次的本科生和研究生，包括那些正在为新的创业项目探索或评估想法的学生。本练习没有班级规模的限制。

开展方式

面对面、在线。

学习目标

- 让学生通过一页商业模式工具开发特定的创业想法，理解如何把一个创业想法通过不断调整和转型最终转化为一个创业企业。
- 实践体验商业模式假设的生成和调整。
- 反思和分析商业模式作为一个整体，其中一个构成要素的变化如何与其他一个或多个要素的变化联动。

理论基础和素材

目前已有众多能概括反映商业模式的工具，可以从中选取一个作为本练习的基础。以下是为教师和学生提供的三个常见资源。

Magretta, J. (2002), 'Why business models matter', *Harvard Business Review*, 80 (5), 86-92, [2020-12-16]. https://hbr.org/2002/05/why-business-models-matter.

Osterwalder, A. and Y. Pigneur (2010), *Business Model Generation*: *A Handbook for Visionaries, Game Changers, and Challengers*, Hoboken, NJ: John Wiley & Sons.

Ovans, A. (2015), 'What is a business model', *Harvard Business Review Digital Articles*, 23 January, 2-7, [2020-12-16]. https://hbr.org/2015/01/what-is-a-business-model.

材料清单

- 学生可以带着自己的笔记本电脑。虽然智能手机也可以用于练习，不过笔记本电脑会更方便。

- 商业模式画布完成过程需要联网。
- 商业模式画布形式便于交流互动。
- 活动挂图纸可以贴在墙上。
- 活动挂图纸的记录笔。

学生的事先准备工作

学生应当阅读一篇介绍商业模式画布的文献或观看一段认识商业模式画布的视频。以下文献和视频供参考。

文献：

Ovans, A. (2015), 'What is a business model', *Harvard Business Review*, 23 January, [2020-12-16]. https://hbr.org/2015/01/what-is-a-business-model.

Strategyzer (2019), 'Business Model Canvas overview and pitfalls', 11 December, [2020-12-16]. https://www.strategyzer.com/blog/imd-business-school-a-short-video-series-on-the-business-model-canvas.

视频：

Osterwalder 解释的商业模式画布，可以通过 2020 年 12 月 16 日的视频链接 https://www.youtube.com/watch?v=RpFiL-1TVLw 查看。

Stragegyzer 解释的商业模式画布，可以通过 2020 年 12 月 16 日的视频链接 https://www.youtube.com/watch?v=QoAOzMTLP5s 查看。

时间计划（60分钟，但是也可以延长至90分钟）

0:00 ～ 0:10　介绍商业模式。在这一部分，对商业模式的不同定义进行考察。提出如下问题并请学生回答："什么是商业模式？"鼓励学生之间围绕不同定义进行探讨。对此没有所谓的"正确答案"。但是，要强调一点，一个合理的商业模式将形成一家新的创业企业，但企业也会因为商业模式的一点缺陷倒下，原因在于哪怕再小的要素都是商业模式切实可行并取得实效的组成部分。

除此之外，向学生解释在把创业想法开发成商业机会过程中为什么假设非常重要，以及这些假设为什么有助于激发创业者不断开发出迭代的市场测试。

- 这些假设能帮助学生拓展机会的原因在于，假设往往相当强劲。它们帮助学生把一个"庞大但模糊的想法"转变为一个更加具体的商业愿景，例如，包括为谁服务、为什么有价值、采取何种步骤才能将想法落地到市场并确保盈利、渠道、营销战略和策略以及合作伙伴等。
- 这些假设如何帮助学生通过市场测试进行价值创造。假设会激发学生提出一些关键问题。学生能想出创造性的方式来证明假设成立（通常更加重要的是，证明假设不成立）。这些假设为市场分析提供了方向，帮助学生避免跟风而掉入创业陷阱。尝试去证明或证伪假设有助于让学生始终跟进并关注市场分析过程中最为重要的因素。证明或证伪假设的市场测试可以包括二手资料分析、消费者和行业专家访谈、竞争对手比较分析或初级产品或服务的提供等。

0:10 ～ 0:25	如何制作一页纸的画布。由于经典的商业模式画布（BMC）太过流行，建议教师可以采用自己倾向的方式来介绍和解释一种商业模式画布。如果不这样做，以下建议供参考：用课件方式向学生展示商业模式画布，但是画布中的各模块名称是空白的。然后将学生按照每两三人为一个团队的方式随机地进行分组，或者也可以根据已经有商业项目的小组进行分组，为每组分发挂图活页纸和笔。接着让学生为同一个指定企业描绘出商业模式画布。教师可以用一个大家熟知的企业，或者也可以设想一个趣味性的主题项目，类似"消灭水下火灾的设备"。

当学生完成上述内容，请他们把他们完成的完整画布进行展示。采用一个"明显愚蠢"的示例可能更有助于学生理解差异化的重要性。以水下灭火设备为例，可能会出现各种各样的目标顾客，例如海上钻井公司、消防部门、海上巡逻队以及海岸警卫队。为了触达这些差异化的顾客，营销渠道将是多种多样的。其他商业模式要素也同样会千差万别。

本练习的这个阶段，引导学生在为商业模式画布每个要素栏目填写内容时，避免仅使用一个特定词语或句子，因为这样做会将答案局限在一些通用表述上，如"社交媒体"或一个冗长的描述。在能展示足够大且空白画布的一张课件或一块黑板上，记录下学生的答案。

0:25 ～ 0:35	留出时间让学生在挂图活页纸上完成商业模式画布。
0:35 ～ 0:45	练习的小结。请各小组学生查看彼此张贴的商业模式画布，并标出他们眼中的前三名。向学生展示评价其他小组画布的一套标准：

- 假设是独特的吗？（不寻常、不模糊）
- 每个假设与整体的商业想法都相关吗？
- 单个假设之间是一致的吗？价值主张反映了目标顾客的需求吗？渠道在触达目标细分市场方面具有强有力的方式吗？以水下灭火设备为例，如果在 Facebook 上做广告就没太大意义，而直销或目标行业的竞标将会更有实效。
- 对于目标细分市场和相应渠道，收入来源看上去可行吗？

备注：当学生已经确定了商业模式画布中面向用户的要素，即目标市场、价值主张、渠道、产品或服务解决方案，指导教师可以选择性地介绍对收入和成本的考虑。

0:45 ～ 0:50	在小结之后，请各小组学生用不同颜色的彩笔删除那些对整个商业模式而言没有效果或不匹配的假设。然后，再用新的彩笔在被删除要素的同一个栏目中写下新的假设。这种方法有助于学生不断迭代市场测试并完成后续的项目环节。
0:50 ～ 0:60	通过以下话题总结此次练习：

- 你在画布上写下的每一点都是一个假设而非一个事实。对你自己的商业模式而言均是如此。伴随你收集越来越多的信息，你所要做的是想方设法地明晰想法，然后证明、证伪和改变这个模式及其要素，以此不断迭代优化。
- 最佳的商业模式是各要素紧凑并整合为一体。

0:60 ～ 0:90	如果时间允许，请某个学生或某组学生团队在课堂上完成他们的第一个画布。这样也可以为指导教师提供一个及时解答问题的机会。

教学小贴士

商业模式形成的过程对学生而言起初都比较难以理解。学生可能需要教师的帮助和指导，以便更好地理解这种方法如何适用于其他任务和技能，从而有助于工作任务完成得更可行和有实效。最为常见的陷阱包括：

- 绘制一个商业模式画布并将其"束之高阁"，而不是把商业模式画布作为工具用于开展焦点讨论来明确特定的目标市场或让基于二手资料的研究计划更为精准。
- 当学生收集的新信息证明以前的想法有问题时，未能使用商业模式画布作为简单易行的可视化工具来更新假设。在画布栏目中删除原有的不合理假设并替换为新的假设，是一个体现进步的行之有效的方式，有助于学生进行深度的开发和反思。
- 学生可能倾向于用商业模式画布的网络版本在线跟进他们的假设和变化。如果所有收集到的数据信息都可以存储，而且学生能看到自己在思考和转型方面的演进，那么，这种线上方式也是有效的。

练习6-3　思维的转变

作者：海迪·M.内克

与实践类型的联系：（❄）（🧠）

涉及的主要创业主题

失败；测试；思维模式

基本描述

"思维的转变"的教学过程由三个阶段构成，每个阶段被安排在课程的不同时点。第一阶段处于课程开始，第二阶段处于课程中期，第三阶段处于课程尾声。每次思维转变虽然仅需要学生完成一项小任务，但是每次思维转变都会通过完成任务而提升学生的勇气和创造性水平。学生参与每次活动，并在课堂讨论画板（或者线上讨论也可）展示他们如何完成任务，以便让其他同学能了解和响应。同时，学生的展示需要符合百森的创业型知行（entrepreneurial thought & action™，ET&A）方法体系，当然，任课教师也可以将此与其他合适的课程内容相连接。

使用建议

本练习旨在让学生鼓起勇气，适用本科生和研究生以及符合教学目标的各层次学生。

开展方式

面对面、在线。

学习目标

- 尝试新事物来体验恐惧和兴奋。
- 当你无法预测结果时能鼓起勇气采取行动。
- 战胜对失败和拒绝的恐惧。

理论基础和素材

Neck, H., C. Neck and E. Murray (2020a), 'Activating the entrepreneurial mindset', *Entrepreneurship*: *The Practice & Mindset*, Thousand Oaks, CA: Sage, pp.30-54.

Neck, H., C. Neck and E. Murray (2020b), 'Anticipating failure', *Entrepreneurship*: *The Practice & Mindset*, Thousand Oaks, CA: Sage, pp.256-78.

Neck, H., C. Neck and E. Murray (2020c), 'Practicing entrepreneurship', *Entrepreneurship*: *The Practice & Mindset*, Thousand Oaks, CA: Sage, pp.2-29.

Rejection Therapy with Jia Jiang, 见 www.rejectiontherapy.com (2020-07-11 11).

Jiang, J. (2017), 'What I learned from 100 days of rejection', [2020-07-11]. https://www.youtube.com/watch?v=-vZXgApsPCQ.

材料清单

无。

学生的事先准备工作

无。

时间计划

思维的转变是在课堂之外进行的练习。为此，我设计了三个阶段的思维的转变活动，但是也可以安排更多次练习。我在一门为期七周的课程中采用了思维转变练习，这门课是 MBA 学生的创业导论课。第一阶段思维的转变被安排在了课程初期（开课前两周完成）。第二阶段思维的转变被安排在了课程中期（第四周前完成）。第三阶段思维的转变被安排在了课程末期（第六周前完成）。

教师需要向学生提供一页学习安排材料，关于思维的转变的整体介绍包括如下内容：

- 本课程中创业被定义为一种思考和行动方式，创业者充满着勇气和整合能力去发现或创造新机会并采取行动实现机会价值（Neck, et al., 2020c, p.3）。
- "思维的转变"练习是一个小型活动，目的在于帮助学生鼓足勇气。在本课程中学生将完成三个阶段的思维的转变练习。每个阶段的练习应当都是勇气和创造性的再一次升级。

我会先安排第一阶段思维的转变练习，换言之，学生完成第一阶段练习之后即在第一阶段的截止时间之后，才能获知第二阶段的练习安排。以下是每个阶段的练习安排介绍。

第一阶段思维的转变：做些创业型的事

让学生做些创业型的事，并在课堂讨论画板上向大家展示自己在第一阶段具体做了什么。学生只有展示了自己的活动，才可以看到其他同学的展示。把学生的活动与百森的 ET&A 体系要素相对照，组织班级讨论。让学生确认自己正在做的事情的确是创业型的活动。关于"创业型"的定义，教师有意不向学生说明，但是之前对创业的界定（参见前文）应该有助于学生理解"创业型"的内涵。在学生展示了自己的活动之后，让学生对其他同学的展示进行响应。这将充满乐趣，去成为创业者吧！

第二阶段思维的转变：做些你从未做过的事

在第一阶段，学生被要求做些创业型的事，但这并不意味着他们做的事具有新意。在第二阶段，学生需要做些他们过去从来没有做过的事。让学生在画板上展示他们在这个阶段的行动、期间的学习收获以及感受体会，并开展课堂讨论。同样，只有自己展示完成才可以看到其他同学的展示。在学生展示之后，确保每个同学对其他同学的展示进行回应。勇敢些，这将充满乐趣，去成为创业者吧！

第三阶段思维的转变：做些你将会被拒绝的事

让学生在自己可能遭遇拒绝的地方开展行动。在完成这个阶段的任务之前，一项重要的安排是观看一个 TED 演讲，即"理论基础和素材"里名为"100 天的拒绝让我学到了什么"（What I learned from 100 days of rejection）的 15 分钟视频。让学生在画板上展示他们在第三阶段的行动、期间的学习收获及感受体会，并开展课堂讨论。同样，只有自己展示完成才可以看到其他同学的展示。在学生展示之后，确保每个同学对其他同学的展示进行回应。拥抱不确定性和恐惧。

课后作业

每个阶段的思维的转变练习完成后，学生需要把自己在本阶段从事的活动内容展示在课程管理系统的讨论板块中。如果条件允许，对讨论板块进行设置，以便学生只有自己展示完成才可以看到其他同学的展示。教师在讨论板块设计的讨论问题可以与课程内容相关，或者也可以建议学生在此尽可能展示他们在每个阶段做了什么、有什么感受、收获了什么。

教学小贴士

我在一门为期七周的课程中采用了思维的转变练习。对整个学期而言，我建议最多进行六阶段的思维的转变练习。在我课程中的每一阶段思维的转变练习，会按五分制进行评价。我发现如果没有评分，无法保证全部学生都参与活动。五分制中，三分用于评价学生的创造性活动和参与程度；其余两分则用于评价学生参与课堂讨论和对其他同学的展示进行反馈的主动性。在练习的第一阶段，指导教师的反馈无疑非常重要，因为这能反映出教师的期望，更有挑战性的是，要对学生在系列练习中的思维的转变有所推动。每个阶段的思维的转变练习结束后，我会向一些学生表示感谢和赞许，这些学生确实做了一些有趣的事；让其他学生特别是那些付出不够多的学生有所启发和深受鼓舞，从而更加努力地去行动，或者至少让他们认识到自己为什么没有拿到五分。

练习6-4　供应链创新：降低生态影响

作者：维奇·L.罗杰斯

与实践类型的联系：⊛ 💡

涉及的主要创业主题

设计思维；测试；资源获取；规模化与成长管理

基本描述

　　这个练习的目标在于指导学生认识到自己已经或正在开发的新产品会对生态产生影响。通过应用企业可持续发展领域的实践性系统方法，学生可以选取一个他们自己选择（或创造）的产品，对其供应链的生态影响进行评估。然后，他们通过团队合作的方式，把个人的分析进行整合，形成一个系统地图。课堂上，需要向学生介绍如下概念：供应链周期、循环经济、工业共生。以此让学生理解如何让企业在生态方面更负责任。在此基础上，鼓励学生为自己的产品设计一个工业共生体系，并建议合作的其他企业伙伴把废物垃圾转变为可用资源。

使用建议

　　本练习适用于本科生和研究生层面的创业基础课程。本练习没有班级规模的限制，在小班和大班课程中均可实施。

开展方式

　　面对面、在线。

学习目标

- 为你的产品进行供应链生态效应的评估。
- 通过识别合作伙伴行动路径，为你的产品设计一个工业共生体系。
- 对以上变革的生态收益进行评价。

理论基础和素材

Benyus, J. (1997), 'How will we conduct business? Closing the loops in commerce: running a business like a redwood forest', in J. Benyus, *Biomimicry*: *Innovation Inspired by Nature*, New York: Morrow, pp.238-284.

Biomimicry Institute (2020), 'What is biomimicry?', [2020-02-12]. https://biomimicry.org/what-is-biomimicry/.

Braungart, M. and W. McDonough (2002), *Cradle to Cradle*: *Remaking the Way* We *Make Things*, New York: North Point Press.

Chertow, M.R. (2007), " 'Uncovering' industrial symbiosis ", *Journal of Industrial Ecology*, 11 (1), 11-30.

Childress, L. (2017), 'Lessons from China's industrial symbiosis leadership', *GreenBiz*, 8

December, [2020-02-12]. https://www.greenbiz.com/article/lessons-chinas-industrial-symbiosis-leadership.

Ellen MacArthur Foundation (2017), 'Effective industrial symbiosis', *Case Studies*, [2020-02-12]. https://www.ellenmacarthurfoundation.org/case-studies/effective-industrial-symbiosis.

Herczeg, G., R. Akkerman and M.Z. Hauschild (2018), 'Supply chain collaboration in industrial symbiosis networks', *Journal of Cleaner Production*, 171 (10), 1058-1067.

Lombardi, D.R. and P. Laybourn (2012), 'Redefining industrial symbiosis: crossing academic-practitioner boundaries', *Journal of Industrial Ecology*, 16 (1), 28-37.

New, S. (2010), 'The transparent supply chain', *Harvard Business Review*, October, [2020-02-12]. https://hbr.org/2010/10/the-transparent-supply-chain.

材料清单

- 学生可以带着自己的笔记本电脑。虽然智能手机也可以用于练习，但笔记本电脑会更方便。
- 企业产品分析过程需要联网。
- 产品供应链影响工作表（见本练习末尾）。为教师提供的一个完整的实例。
- 活动挂图纸和记录笔，或者在课堂内预留可以进行张贴或展示活动的白板区域。

学生的事先准备工作

将学生分组，每组 2 ~ 4 人。要求每组选择一个其感兴趣的且相对简单的产品。或者，考虑到创业课上的学生可能正在开发有关新产品的创业想法，小组也可以选择自己的创业想法。每组选择的产品构成应当包括 5 ~ 20 种原材料或成分，包括包装以及产品可能产生的有一定危害的副产品。鼓励学生为产品选择某个品牌和规格。产品类型可以是玩具、食品、美容产品、服装、居家或办公用品或其他产品。

学生应当阅读下面这篇文章，理解生态影响、供应链和生命周期分析的背景知识：

Bové, A. and S. Swartz (2016), 'Starting at the source: sustainability in supply chains', McKinsey & Company, [2020-03-23]. https://www.mckinsey.com/Business-functions/sustainability/our-insights/starting-at-the-source-sustainability-in-supply-chains.

在上课之前，每位学生应当已经分析了他们产品的供应链，以便能在课堂上尽可能精确地评价生态影响。还有一点需要提前明确，企业往往不会非常明确地公开发布它们的供应链到底产生多少污染和废物，所以学生需要对此进行一些合理的和可观的预测，从而能评价生态影响。有必要提醒学生注意，如今的消费者对企业供应链的透明度有着越来越高的需求。为学生开展分析提供的指导说明参见工作表。小组先在课下进行分析，然后再在课堂上进行集中活动，具体安排如下。

时间计划（按照一堂课90分钟进行，但是如有必要，也可以分解为更多课外练习或分成两个班级进行）

0:00 ~ 0:20　学生以小组为单位，将他们个人对小组产品的生态影响分析，进行整合并确定小组层面对产品生态影响的一致评判。小组学生应当进行合作，带着个人的工作表开展小组讨论，形成一份供应链影响地图（见本练习末尾的示意图）。鼓励学生团队尽可能明确污染、副产品和废物垃圾的具体类型。

0:20 ～ 0:25　由于学生选择的大多数产品供应链往往是线性的，让学生讨论线性供应链，以及供应链在"采购、制造、排放"过程中的问题，提出线性供应链如何转型为循环供应链的行动，以期实现零污染的循环经济。以下网站的图片可以帮助教师让学生更加直观地认识单向线性的传统经济与循环经济的差异: https://www.government.nl/topics/circulareconomy/from-a-linear-to-a-circular-economy；http://www.sbcvaluechain.org.nz/overview/what-is-a-value-chain。

以下网站有三个企业或产品的实例，它们已经从线性供应链成功转型为循环供应链: https://igps.net/blog/2019/10/31/three-real-world-examples-of-a-circular-supply-chain/。

0:25 ～ 0:35　向学生介绍工业共生的概念，这是能实现污染最小化的循环供应链方式。并解释工业共生的目的在于让工业体系中的成员与其他企业一道，把一个生产过程的结果即垃圾排放，转变为另一个生产过程的投入即原材料，这个循环过程就像自然界的循环规律一样。如此一来，工业共生体系的成员就需要来自不同的领域。通过如下网站可以看到一些现实图片以及对相关概念的界定和可行性讨论: http://industrialsymbiosing.com/2019/05/definition-industrial-symbiosis/。

同时，向学生介绍一些实例，比如第一个完全实现工业共生的丹麦卡伦堡工业园区。作为一个工业生态园区，卡伦堡园区里的企业和市政部门通力合作，实现了废弃物、能源、水和信息的双向循环，使得污染排放最小化。（详情可以查看以下网站上的两分钟视频: http://www.symbiosis.dk/en/kalundborg-symbiosis-vision-and-goals-2018/）

0:35 ～ 1:10　请学生再回到自己的小组，使用他们的供应链影响地图，让他们挑战自己去为小组选择的产品设计一套工业共生体系，在这个体系中，应当至少有三种"废弃物"流向了其他企业作为原材料资源。为了做到这点，学生需要开展一些研究来分析和发现合适的企业，让它们成为合作伙伴来接收这些废弃物并将其作为原材料来源用于产品生产。注意向学生强调这些合作的其他企业可以从各种各样的差异化行业中选择，而且这种做法也不仅限于企业用于自身产品的循环。学生可以用不同颜色的记录笔，直接在地图上标出这些合作伙伴并向全班进行展示。

1:10 ～ 1:25　小组向全班进行汇报，展示他们的合作伙伴及其构建的工业共生体系。

1:25 ～ 1:30　对以上所有小组的设计结果进行简要梳理，并讨论构建工业共生过程中企业合作可能带来的价值和面临的挑战。

课后作业

学生需要对课堂上他们小组提出的工业共生体系，到底在多大程度上减少了生态影响进行评估。学生也需要反思构建工业共生过程中企业合作可能带来的价值和面临的挑战，并且通过一些实例分析来探索有助于他们更好工作的解决方案。这些工作可以让学生通过撰写论文进行分析，也可以组织在线讨论开展探索。

教学小贴士

选择合适的产品：在学生选择了自己的产品时，确保向学生进行反馈和确认。产品应当是相对简单的，即原材料或成分不十分复杂、产生的副产品危害性有限、废弃物不被其他企业利用。提醒学生要把产品包装考虑在内，这点容易被忽视。以下是本练习适用的一些产品实例，比如某个品牌的润唇膏、薯片、芭比娃娃、眼线笔、皮革面的笔记本、凉拖、创可贴、双肩背包、牛仔服。如果还有更加简单的产品，你也可以为学生小组提供参考或建议。

评价生态影响：这对学生而言非常具有挑战性，甚至有时还会带来很多困惑，但非常有利于学生认识到，很少有企业能完全实现透明化供应链（对此，可以介绍 Everlane 的实例并进行讨论：https://www.everlane.com/about）。为了预测生态影响，需要进行客观的评价。例如，为了衡量一家钢铁制造企业的生态影响，可以先了解行业平均水平下制造钢铁通常需要消耗多少水，然后根据用水量标准来评价这家钢铁企业。

创造工业共生：激发学生的创造性，让他们深入思考如何与各行各业的企业进行合作，不仅成为伙伴企业，还需要提出可行方案把废弃物转化为原材料。

产品供应链影响工作表

选择的产品（包括具体的品牌和规格）：

请尽可能填写下方表格信息，如需要请尽量做出合理客观的预测。在进行这项分析时，为了更好地认识不同地区的不同人群带来的影响，请充分思考原材料可能来自何地、又被用在何处进行生产制造。

原材料分析

列出主要原材料 / 成分和包装	原材料的来源地信息	提取 / 加工原材料产生的污染预测（具体的空气、水或土壤污染）

生产制造分析

在生产制造环节使用的、未在原材料分析表中列示的其他资源（如水、能源）	生产制造过程的副产品

供应链影响地图示意

（在课堂上以小组方式为你的产品构建供应链影响地图）

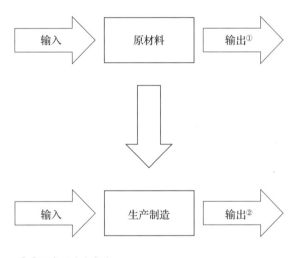

①②副产品或废弃物。

供教师使用的产品供应链实例

选择的产品（包括具体的品牌和规格）：李维斯品牌的 501 牛仔服（女士）

原材料分析

列出主要原材料 / 成分和包装	原材料的来源地信息	提取 / 加工原材料产生的污染预测（具体的空气、水或土壤污染）
棉布	得克萨斯州（美国排名第一的生产地）	棉花成长的投入：化肥、水、农药 产出：氮磷残留、二氧化碳
聚酯	天然气精加工	水、二氧化碳、二氧化硫、二氧化氮
合成靛蓝染色	不了解，不过通常在发展中国家	热水、重金属、硫
塑料价签	天然气精加工	水、二氧化碳、二氧化硫、二氧化氮
纸质价签	美国东南部	木材、水、油墨

生产制造分析

在生产制造环节使用的、未在原材料分析表中列示的其他资源（如水、能源）	生产制造过程的副产品
清洗牛仔（水）	被染色的水（被污染的水）
设备缝制（线和能源）	二氧化碳
添加成衣配件（金属纽扣和拉链）	二氧化碳
放进包装盒（树、水、能源）	二氧化碳

供应链影响地图示意

（在课堂上以小组方式为你的产品构建供应链影响地图）

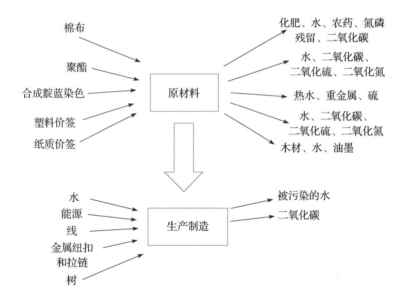

练习6-5　转型的价值：你应投资哪家公司

作者：山中康裕

与实践类型的联系： ✳ 👁

涉及的主要创业主题

失败；测试

基本描述

　　这个练习可以为学生提供机会来全面认识转型的价值和相关问题，有助于学生理性掌控对失败的恐惧。通过一个简单的活动，学生能学习到创业者及其创建的新企业，如何进行有效的转型调整并最终走向成功。

　　讨论的内容包括：每个人对失败的理解力、对承担风险的包容性都存在个体差异，包括因果逻辑和效果逻辑在内的不同创业逻辑各有利弊，每个转型案例背后的经验教训需要学习，商业价值如何评价。关于失败恐惧的讨论，可以拓展到从国家、区域和社会层面分析内涵（如相似性和差异性）。

　　这个练习有助于让学生认识到，为了以有效和及时的方式来实现更加相关和更为重要的目标，必须高度重视转型的价值。该练习的汇报环节可以鼓励学生在界定失败概念的基础上探讨转型与失败的联系，帮助学生克服对失败的恐惧。

使用建议

　　本练习适用于所有层次的读者，无论是本科生、研究生还是实践者。这个练习对所有创业课程而言都具有适用性和可行性，尤其是新企业的创建和创业思维（如宽容失败）。练习环节最好安排在每学期伊始，或者也可以安排在学生正在准备采取行动投身创业项目实施时。这个练习不受班级规模的限制，可以在小班或大班课程中进行教学。

开展方式

　　面对面、在线。

学习目标

- 围绕现实中成功的创业企业案例讨论转型的重要性。
- 围绕多种多样的创业方式比较各种方式的利与弊（如因果逻辑和效果逻辑）。
- 评估和管理你对失败的恐惧（如风险容忍性）。

理论基础和素材

Lee, S.-H., Y. Yamakawa, Y., M.W. Peng and J.B. Barney (2010), 'How do bankruptcy laws affect entrepreneurship development around the world?', *Journal of Business Venturing*, 26 (5), 505-520.

McGregor, H.A. and A.J. Elliot (2005), 'The shame of failure: examining the link between fear of failure and shame', *Personality and Social Psychology Bulletin*, 31 (2), 218-231.

Sarasvathy, S.D. (2001), 'Causation and effectuation: toward a theoretical shift from economic inevitability to entrepreneurial contingency', *Academy of Management Review*, 26 (2), 243-263.

Schlesinger, L.A. and C.F. Kiefer (2012), *Just Start*: *Take action*, *Embrace Uncertainty*, *Create the Future*, Cambridge, MA: Harvard Business Review Press.

材料清单

无。

学生的事先准备工作

无。

时间计划（60分钟，但是也可以延长至90分钟）

0:00～0:10　课程一开始，向学生介绍关于企业失败的相关统计数据。这些数据可以是那些已经宣布破产的企业数据（American Bankruptcy Institute 网站有相关信息：http://www.abi.org/newsroom/bankruptcy-statistics），也可以是仍在运营的企业数据（如普查数据：http://www.statisticbrain.com/startup-failure-by-industy）。

向学生分享一个普遍性观点：创业者都对成功感兴趣，不幸的是，大部分新创企业都以失败告终。

0:10～0:20　用一页课件将学生的注意力转向创业情境下失败的普遍性。

这页课件应当列出这些企业的清单，说明它们在某个时点的经营情况。例如，以下是处于相似阶段的四家企业：你会投资哪家企业？为什么？

公司 1：设计时尚麦片盒子的公司。估值 3 万美元。

公司 2：视频约会公司。融资数百万美元。

公司 3：游戏和图片应用程序公司。具有诸多鲜明特色。

公司 4：教育领域的社会网络工作应用程序公司。融资数百万美元。

询问参与者哪一家企业更能吸引投资。

0:20～0:30　向学生展示每家公司遇到的情况。解释每家公司成功成为独角兽企业的进程，此处的独角兽企业是指私人或公共市场价值达到 10 亿美元的创业型企业。

继续以前文例子进行说明，这些公司如今已经闻名于世：

公司 1：Airbnb——价值 310 亿美元，收入 17 亿美元。

公司 2：Youtube——被谷歌在 2006 年以 16.5 亿美元收购。

公司 3：Instagram——被 Facebook 在 2012 年以 10 亿美元收购。

公司 4：Musically——被今日头条在 2017 年以 8 亿美元收购。

以下网址资源有助于了解和学习以上公司的更多故事。

- https://getpaidforyourpad.com/blog/the-airbnb-founder-story/.
- http://www.nbcnews.com/id/15196982/ns/business-us_business/t/google-buys-youtube-billion/#.XmQA9JNKjBI.
- https://dealbook.nytimes.com/2012/04/09/facebook-buys-instagram-for-1-billion/.

- https://www.billboard.com/articles/business/8031183/musically-acquired-chinese-startup-800-million-report.

0:30 ~ 0:40　开展讨论。内容包括: 分析每家公司的案例, 评价公司价值, 最为重要的是, 关注转型如何助力公司获得成功。

0:40 ~ 0:50　按照学习目标继续推进, 向学生解释不同创业方式。例如, 当未来可知或能从过去经验中进行可靠的推测时, 采用定量的工具和其他分析方法会更为有效, 能比较准确地预测潜在风险和收益。这一点通常是教育环境和大公司背景下最为常见的核心逻辑。同时, 当未来不可知且也不能从过去经验中进行预测时, 这就意味着处于高度的不确定性当中, 那么, 唯一的符合逻辑的选择就是马上行动。这种方法聚焦于什么是实实在在和可证实的, 而不依赖推测和假设。敏捷行动胜过分析——这是连续创业者的心得。总体而言, 每一种方式方法都很重要, 但是要在不同的情境下使用才能发挥更好的作用。要点在于, 当你打算投身一个未知领域时, 最好的方法是采取行动。这样可以强化采取行动的重要性。最为重要的一点, 讨论需要聚焦于从行动当中学习的能力, 而不是紧盯着计划。如果每家公司不能从先前的失败中学习、转型和投入到一个新的方向, 这些公司都会失败。

0:50 ~ 1:00　启发和收获的讨论环节。对个体来说, 不去行动的根源是什么? 是失败的恐惧吗? 失败的恐惧如何影响创业? 对讨论进行概括, 结束时提示学生, 不同的个体、群体和国家对此有不同认识, 但是对失败的恐惧是普遍的, 因为每个人都害怕犯错误, 这一点会影响创业者行动。但是, 即便不是所有独角兽, 绝大多数独角兽企业都经历过转型, 从自身的错误中学习并走向成功。

根据学习者的人口统计特征, 比如国籍, 可以将学生分为小组, 讨论在不同区域、文化、社会领域对失败恐惧的相关认识。在不同国家, 风险包容性的含义有何差异? 例如, 可以选取全球创业观察 (Global Entrepreneurship Monitor, GEM) 报告 (http://www.gemconsortium.org/docs) 围绕对失败的恐惧展开讨论。GEM 报告通常会发布不同国家对失败的恐惧的统计。登录 GEM 官网可以看到最新的全球报告。

课后作业

这个练习可以与任何类型的失败讨论联系起来。可以让学生把练习反思写成文章或发布在讨论区板块。或者也可以让学生思考并分享他们自己的转型实例, 这对任课老师也很有帮助, 有助于充实和丰富个性化的教学素材库。

教学小贴士

学生通常会问起独角兽企业的相关细节。正因为如此, 教师需要充分掌握企业案例信息。例如, 有的学生已经熟知 Airbnb 的故事, 从麦片盒子到高速成长的独角兽企业, 它的创业想法是如何体现的。不过, 转型是创业过程的基本方式, 有时非常必要, 能帮助创业者实现质的飞跃, 从而以一种更具时效性的方式获得成功。这点简单却重要的信息需要传递给学生以让他们有所收获。

教学关键点：

- 许多新创企业在成长过程中都经历过失败，但是可以从失败中学习和转型并走向成功。拥抱转型的价值，从失败中学习。不要让失败挡住你采取行动的道路。

- 理解创业逻辑（因果逻辑和效果逻辑）和方法，认识它们的同等重要性，以及在不同情境下这些逻辑和方法的有效性。

- 虽然不同的个体（和国家）在失败恐惧方面存在差异，但是其中存在的规律是，我们都害怕失败，这一点对创业之路影响重大。

练习6-6 小测试为了大成长

作者：安德鲁·扎卡拉基斯

与实践类型的联系：⊛ 💡 👁

涉及的主要创业主题

创意构思；机会评估；失败；测试

基本描述

这个测试练习的出发点在于，创业者在测试结果基础上重塑商业过程，以使创业更具可行性。学生将在此练习中评价一个商业机会，识别其背后的假设，理解商业模式如何运行（例如，谁是顾客、为什么他们会购买产品或服务、他们将为此支付多少）。在此基础上，学生可以理解多项核心假设，他们将通过设计低成本（通常为零成本）测试来检验和证实这些假设。通过机会开发、假设测试和验证，创业过程不断进阶，这就意味着种子期的最初想法应当是代价极小的（0～50美元）。并且，通过产品开发、获取顾客和企业成长，创业假设就会相应地得到验证。从本质上看，创业是建立在测试基础上，启动小测试，着眼大成长。

使用建议

本练习和相关基础概念适用所有层次的学习者，包括本科生、研究生、MBA 学生和高级职业经理人培训学员等。通常，本练习可以全班一起参与，最好被安排在一门创业核心课程的开始阶段，而且本练习没有班级规模的限制。通常会将全班以三四人一组的方式进行分组教学。

开展方式

面对面、在线。

学习目标

- 以尽可能低的成本对创业机会的方方面面进行测试。
- 设计相关指标来衡量测试结果，重视测试结果（不论是积极的还是消极的）和指标之间的差异。
- 从每次测试中进行学习，对机会和商业模式进行重塑，然后规划下一次的测试（进阶到市场测试）。通过这一过程，创业者能学习到怎样降低总体风险。

理论基础和素材

Hall, D. (2008), *Jump Start Your Brain*, 2.0, Cincinnati, OH: Clerisy Press.

Zacharakis, A., A. Corbett and W. Bygrave (2020), *Entrepreneurship*, 5th edn, Hoboken, NJ: Wiley, ch. 3. To obtain a free examination copy of this book, please go to https://www.wiley.com/en-us/Entrepreneurship%2C+5th+Edition-p-9781119563099.

本练习结尾为有教学需要的老师提供了一个小型案例。这个案例的完整版也可以从如下链接中获取：

Zacharakis et al. (2020) as "Feed Resource Recovery," or you can order the case through Harvard Business School Publishing at https://hbsp.harvard.edu/product/BAB156-PDF-ENG?itemFindingMethod=Other.

材料清单

- 课堂上使用的案例简版（见本练习结尾的"从垃圾到能源"案例示例）。
- 市场测试计划工作表（附在本练习结尾）。

学生的事先准备工作

无。

时间计划（60分钟）

0:00 ～ 0:15　**步骤1：机会**

请学生对"从垃圾到能源"案例中的机会进行评价。创业者需要对机会进行诸多重要的预测假设，如果他们估计错误，那么这些无法证实的假设就会影响企业存活，或者将会导致企业投入巨大的经济和时间成本来纠偏。对学生而言，他们在设想创业机会时需要重点考虑以下两个重要领域[⊖]：

（1）产品预测——我们对产品的设想在现实中成立并能实现吗？

（2）顾客预测——顾客如何使用产品？顾客将因此不得不改变自己的习惯吗？

在此基础上，学生形成一份包含5～10个条目的预测清单（请注意，每个条目的预测可能又包括多项子预测），然后让学生把每条预测转化为一项假设。以"从垃圾到能源"案例为例进行说明。一项假设可能是：便利店工作人员在扔垃圾时，已经提前把有机和非有机垃圾进行了分类。其他可能还有：厌氧消化（anaerobic digestion）通常需要3天时间才能将有机物质完全转化为沼气和堆肥。

0:15 ～ 0:45　**市场测试计划工作表**（见本练习结尾）

学生从二手资料研究中也可以学习、收获很多。一手研究有助于激发和提升学生有价值的洞察力。让学生首先设计自己可以实施的前3个试验。每个试验最多花费50美元。关键之处在于设计出一项低成本测试。

（1）这个练习适用于把班级分成若干个小组的方式。

（2）经过小组讨论，每组需要详细说明他们第一个低成本市场测试的细节，教师或学生可以将其写在黑板上展示出来。围绕测试目标开展充分讨论，尤其要关注成本如何尽可能地降低。要对最具创造性的低成本测试予以特别讨论。

例如，为了验证便利店工作人员是否提前分类了有机和非有机垃圾，应当进行如下两项测试，而且每项测试成本不超过50美元。

（1）到便利店后院观察便利店工作人员如何进行垃圾分类。

⊖　这里需要注意还有其他众多关键领域需要学生考虑，比如竞争、政府监管等，但是，在创业最初期阶段，产品和顾客预测通常是最为重要的。

（2）在便利店后院放置两个独立的垃圾桶并在桶面进行标注（有机垃圾、非有机垃圾），然后看看便利店工作人员是否进行了相应的分类。

0:45～0:60　**步骤 3：概念整合**

让学生将上述过程涉及的概念进行整合，据此反思自己的创业项目。需要注意的是，要让学生意识到哪些是关键假设，以及他们有必要进行的前 3 项测试。然后对测试相关内容进行分享和讨论。

课后作业

学生需要把自己的收获用于实践。对本练习而言，这意味着学习者应当认识到在自己的创业机会背后存在哪些关键预测，而且自己应当去把这些预测转化为可进行验证的假设，并针对最为重要的几项假设进行测试验证（他们的每项测试成本不能超过 50 美元）。请学生把市场测试计划表格转化为自己能开展实际测试的每一项行动，然后反馈测试报告。如果项目练习仅是为了学术研究的目的（而不是为了在现实当中真正开办一家企业），学生可以从产品和顾客预测中分别选择一项，并在现实当中进行验证。

教学小贴士

在案例分析中，学生通常会预测这是具有挑战性的工作。例如，在"从垃圾到能源"的案例中，学生可能会假定厌氧消化已经有相应的技术装备（实际没有）。因此，我会鼓励学生在花钱之前思考和设计试验，以此验证他们脑海中的概念是否在现实中行之有效。例如，形成一套功能完备可行的技术产品通常需要耗费 10 万美元以上。相反，学生可以进行一项成本极低的测试（零成本）。比如为切实了解在厌氧消化装置中进行有机垃圾分解需要多长时间，学生可以找一个装鞋的盒子并放进牛粪（因为牛粪中的菌群与厌氧消化装置用到的基本相同），然后把一些有机垃圾放进这个盒子，接下来，每隔 24 小时看一下盒子里的反应变化。如果教师认为"从垃圾到能源"的案例（由于涉及厌氧消化）对自己的学生来说过于偏重技术，那么教师完全可以选择其他案例或让学生针对自己选择的想法开展相关练习。

教学手册：课堂教学用的简版案例

从垃圾到能源⊖

不少有机垃圾最终都被填埋，比重占 10%～25%⊜。我们能否将其转化为有用之物？虽然很多家庭将有机垃圾用作堆肥，但仍有很多家庭并未这样做。居民产生的有机垃圾中，仅有 34.5% 作为堆肥，其余的最终都被填埋。⊜虽然每家每户产生了大量的有机垃圾——每天每人超过 4 磅⊝——但餐馆和超市产生的实际更多。为此，有很多解决方案（见专栏 6-1），不过这些方案都有效吗？一位名叫沙恩（Shane）的百森商学院学生，就对提升有机垃圾利用率非常感兴趣并正在开发这个机会。

⊖ 案例作者：Reuben Zacharakis-Jutz，Andrew Zacharakis。

⊜ 资料来源于肯塔基大学：http://www.ehow.com/facts_7427808_much-waste-can-save-composting_.html（2020年 12 月 18 日）。

⊜ http://www.epa.gov/epawaste/nonhaz/municipal/index.htm（2020 年 12 月 18 日）。

⊝ http://www.epa.gov/epawaste/nonhaz/municipal/index.htm（2020 年 12 月 18 日）。

专栏 6-1　有机垃圾堆肥化方法

气化（gasification）：

◇ 这个过程是通过高温和减少氧气供应量的方式，把有机物质或生物质转化为天然气或液体燃料。（Bauen, A., 2004, 'Biomassgasification', in C.J. Cleveland（ed.）, *Encyclopedia of Energy*, Edinburgh: Elsevier, pp.213-221.）

等离子电弧气化（plasma arc gasification）：

◇ 这个过程是把固体废物碎化并注入熔炉，然后用极限电荷升高温度超过3 000度。大概一小时以后，废物材料被分解为分子砌块，副产品在以下三个领域具有市场价值：易燃的合成气体、能转化为水汽或能发电的合成气；能被再销售或熔解的金属铸块；能被再加工为地板砖或砾石材料的玻璃状固体物质。（Durst, S., 5 March 2007. 'Problem no. 3: Waste disposal', *Fortune*, vol. 155, issue 4, p.B-4.）

好氧堆肥（aerobic composting）：

◇ 这个过程是采用微生物并在好氧或氧化环境中分解有机垃圾。（Pace, M., B. Miller and K. Farrell-Poe, 1 October 1995, 'The composting process', Utah State University Extension, AG-WM 01）

厌氧消化（anaerobic digestion）：

◇ 这是一个生物化学过程，在一个无氧环境下通过特定种类的菌群消化成为生物量。不同类型的细菌共同合力把复杂的有机垃圾分阶段分解，最终变成"沼气"产品。（http://www.oregon.gov/ENERGY/RENEW/Biomass/biogas.shtml#Anaerobic_Digestion，2008年4月1日）。

垃圾管理正在成为热门领域。在清洁技术领域，垃圾转化技术作为一个利基领域日益受到广泛关注。一个典型实例是一家位于波士顿的名为"有机转化"的公司，这家公司正处于发展阶段，致力于通过食物垃圾再循环生产有价值的、全天然的、有机的土壤添加剂。公司成立于2003年，从一家五名员工的初创企业如今成为上市公司，IPO融资990万美元，市值规模1 430万美元。[⊖]

沙恩开始研究垃圾堆肥行业，并对垃圾转化技术充满兴趣。他了解了气化、等离子电弧气化、好氧堆肥以及厌氧消化技术。最后一种厌氧消化吸引了他的注意力。这项技术已经被验证、使用而且比较经济，看上去应该是最为可行的选择。接下来，沙恩开始了解废物流市场，想知道谁是最大的垃圾制造者、他们产生哪些垃圾以及相关行业的竞争情况如何。他进一步考察了居民家庭和小型餐馆，发现大多数情况下它们产生不了足够的垃圾来进行厌氧消化的现场测试，而把这些垃圾运到指定位置和集中放置的成本又十分巨大。经过深入的研究分析，沙恩发现食品加工厂和超市产生的食物垃圾最为可观，这是因为它们虽然制造了大量

⊖　资料来源：Van der Pool, L. (2007), 'Spurned by VCs, waste conversion startup goes public', *Boston Journal Online*, [2008-01-30]. http://www.bizjournals.com/boston/stories/2007/03/19/story8.html.

的食物废弃物，但都在一处指定位置集中放置垃圾（见下图）。沙恩想到建立一个分布式系统，放置在超市后面，空间大小约等于一个大型垃圾箱（便利店通常都会有多个大型垃圾箱）

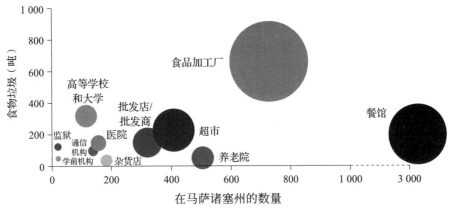

垃圾制造目标细分市场的识别

资料来源：Feed 商业计划。

垃圾进料系统也被称为 R2，采用了厌氧消化（anaerobic digestion，AD）这一清洁、安全和可行的技术后，可以把生物可降解垃圾变成燃料（沼气）并成为分布式发电单元。AD 在缺氧环境下利用微生物来分解有机物质。虽然这个过程也会在垃圾填埋中自然发生，但 AD 是一种人为加速反应的过程，促使有机垃圾快速产生沼气和变为固体残渣。数百年来人类都在把垃圾变为沼气，很多发展中国家还把小型的 AD 原理技术用于做饭的燃料。AD 在欧洲得到了快速发展，绝大多数以先进技术方式用在了大型且核心区工厂。R2 把印度和中国的相对经济和简洁的系统与欧洲国家大规模、昂贵和技术复杂的系统相整合，形成了一个完全自动化的系统：让消费者处理垃圾的同时现场实现能源供应，而且无须改变当前投放垃圾的行为习惯。

沙恩意识到，便利店可以从使用这样的系统中获得好处。它们在垃圾排放和能源消耗方面的支出会因此减少，同时还会变得更加绿色和环保（沙恩有时会怀疑用户的价值判断）。沙恩概述了该系统的工作原理（见下图）。有机垃圾可以通过 R2 分解（由于许多州已经发布相

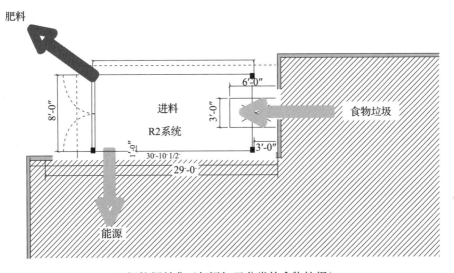

现场垃圾转化（仅添加已分类的食物垃圾）

关监管要求，因此很多便利店已经开始进行垃圾分类）。有机垃圾通过厌氧消化分解和转化为沼气、肥料残渣。沼气可以驱动涡轮进行发电，从而为便利店供电，同时也降低了便利店的能源消耗支出。肥料残渣可以送给或卖给当地农民，对提升店面声誉也大有裨益。

任务：

1. 沙恩对厌氧消化装置已经形成了很多预测，包括有机垃圾在一个机器里进行处理需要花费多少钱、有机垃圾变为沼气和堆肥需要多长时间、人们是否会在把垃圾投入设备时提前把有机和非有机垃圾进行分类等。请你继续识别沙恩正在形成的其他关键预测。

2. 把上述预测转化成为一些假设。

3. 进行一项低成本（不到 50 美元）的测试来验证上述每条假设（采用市场测试计划工作表）。

教学手册：市场测试计划工作表

市场测试描述（简要描述市场测试。注意提醒学生尽可能降低成本。列出你测试的假设，同时描述你希望从测试中获取的信息）：

关键任务（列出开展市场测试需要完成的关键任务）：	人员职责分工：	进度截止时间：
所需资源（列出资源，包括财务和非财务资源。按照用途分别列示）：	如何应用：	
预期产出（期望获取的关键信息）：	指标（如何衡量测试取得了相对成功，如获取的顾客数量、顾客反馈等）：	预测与现实差距（关注行动结果比预测的更好还是更差，并解释缘由）：

测试带来的关键学习收获：

你将如何重塑你的创业活动并规划下一个测试？

资料来源：Zacharakis, A., A. Corbett and W. Bygrave (2020), *Entrepreneurship*, 5th edn, Hoboken, NJ: Wiley.

练习6-7 机会评估清单

作者：安德鲁·扎卡拉基斯

与实践类型的联系：⊛ 🖐

涉及的主要创业主题

机会评估；测试；市场或竞争分析

基本描述

　　机会清单（见本练习结尾的教学手册）是一个评估创业想法吸引力的工具。当投资人想要与创业者见面并考虑是否投资他们的创业企业时，常会用到一些决定是否投资的工具，这为本练习工具的形成打下了基础。这项分析工作通常是快速完成的（5～15分钟），并且建立在使用者的假设基础上，就是他们按指标对自己的想法进行打分和汇总。学生可以结合一个案例分析来使用这份清单，但是随后应当将其用于评估他们自己的创业想法。通常，如果对一个想法的评估主要集中在清单表的中间栏目而不是右侧栏目，那么这个想法是有潜力的（见本练习结尾的清单示例）。在完成清单之后，学生们应当：①更好地理解他们的哪个想法得到了最大认可；②更加明确他们需要什么信息来证实那些自己在清单中填写的诸多假设。因此，可以把机会清单视为一张"尽职调查"日程表。这张表运用不同指标展示了一系列的重要问题，尤其对那些准备开发创业想法和启动新企业的学生而言，这个练习对他们开展实地的和二手的研究都很有帮助。

使用建议

　　本练习适用于所有层次的学习者，包括本科生、研究生、MBA学生和高级职业经理人培训学员等。通常，本练习可以全班一起参与，最好被安排在一门创业核心课程的开始阶段，而且本练习没有班级规模的限制。通常会将全班以三四人一组的方式进行分组教学。

开展方式

　　面对面、在线。

学习目标

- 识别一个具体想法是否具有潜在优势和劣势的判断指标。
- 评估几个创业想法来认识什么想法能成为最具吸引力的机会。
- 识别未来研究的领域，以期更好地理解如何运用特定指标评估想法。

理论基础和素材

Zacharakis, A., A. Corbett and W. Bygrave (2020), *Entrepreneurship*, 5th edn, Hoboken, NJ: Wiley, ch. 3. To obtain a free examination copy of this book, please go tohttps://www.wiley.com/en-us/Entrepreneurship%2C+5th+Edition-p-9781119563099.

材料清单

- 课堂上使用的案例简版（见上一个名为"小测试为了大成长"练习结尾附的案例示例"从垃圾到能源"）。
- 机会清单（附在本练习结尾）。
- 扎卡拉基斯（本练习作者）完成的清单。

学生的事先准备工作

一个短小的课堂案例，无须课前准备工作。

时间计划（90分钟）

0:00～0:15　导入和介绍机会清单

学生通常会有诸多创业想法，但是并不是每个想法都有潜力转化为成功的企业。这份清单是一个工具，来帮助创业者理解哪一个想法最有潜力，还可以指导他们收集信息来检验他们填写清单的那些假设是否成立。清单中的绝大多数指标都具有自明性，不用解释说明，但是如果学生不太理解某些指标，请向学生做进一步说明。例如，学生通常容易问到潜在竞争者的含义。这些竞争者一般是指那些常处于创业早期阶段的企业，因此还没有广泛知名度。所以，学生需要充分意识到，其他创业者极有可能有着与自己一样的概念想法，而且也在尝试寻找创业方案。

0:15～0:45　小组集体讨论

学生围绕一个案例完成机会清单。作为本练习的一个实例，我选取了上一个名为"小测试为了大成长"练习结尾附的案例"从垃圾到能源"。提醒学生，小组集体讨论后要根据他们填写的清单情况，为机会是否具有吸引力进行投票。通常，我会让学生独立完成清单（20分钟），然后再进行分组，让学生与坐在附近的其他学生一起讨论他们的分析（10分钟）。

（1）学生根据清单指标进行机会评估，按照机会属于"更具优势"（中间栏目）还是"更具劣势"（右侧栏目）的情况进行勾选。

（2）需要重点提示学生的一件事：没有一个机会在所有指标方面都更具优势。关键在于评估这些指标是否具有相对劣势，据此考察自己能否设计出相应的商业模式将这些劣势指标变成优势，或者制定战略将那些劣势的消极影响最小化并同时发挥出优势的杠杆效应。

（3）在评价一个想法时，如果中间栏目（"更具优势"）被更多人勾选，就意味着值得更进一步的探索。如果右侧栏目（"更具劣势"）被更多人勾选，就意味着最好摒弃这个想法。我会提醒学生，你们最有价值的资产是时间，如果你能快速排除掉一个坏想法，就意味着你会有更多时间聚焦富有潜力的好想法。

0:45～1:30　机会评估的深入讨论

在全班范围开展调查，看看多少学生评估机会具有吸引力、多少学生评估机会不具有吸引力。然后，以班级为单位，确定这个创业想法是不是一个好的创业机会。

激发学生进行讨论或辩论。在同一个指标上，不同的学生对机会的评估也会不同。例如，一个学生可能把"减少垃圾排放"趋势视为一种威胁，因为这就意味着消费者很可能产生更少的有机垃圾。另一个学生则有可能将其视为一种机会，因为人们都会意识到不应该再将有机垃圾进行填埋。围绕认知如何影响决策和行动进行讨论。不同的人可能会从完全对立的角度来评估创业想法，因此这也会最终导致他们放弃或坚持这个想法。

最后，我会向全班展示我对"从垃圾到能源"机会的评估清单（见本练习结尾所附的表 6-1，即已填写完成的清单）。我会强调我的分析并不是"正确答案"，而是我个人对机会的认知而已。如果我在一个团队当中，这个环节就是我参与讨论的起点，即我怎样看待这个机会，并引导后续研究进一步关注如何对关键假设进行验证。

课后作业

大多数学生会有一些正在考虑的创业想法。我会让学生一起逐条评价他们的想法，以此推断出最好的机会。这是一个节约时间的机制。如果一个学生有五个想法，那么完成每个想法的深入研究分析可能需要耗费数百小时。这份机会清单有助于帮助学生聚焦最有潜力的机会。如果学生正在进行创业想法的开发，那么这份清单能被用来指导学生进行后续的深入探索。

教学小贴士

首先，当学生用清单评估自己的想法时，要注意学生的个人偏见。创业者热爱自己的想法，通常会带着个人偏好进行判断，这样可能会强化先入为主的认识。因此，用一份清单表格形式让学生个人或小组开展评价并交流看法，有助于克服先天偏见。不同两组之间的差异性认识，可以作为一个交叉点供后续研究分析，并据此不断完善商业模式。

其次，以团队方式开展练习的过程中，我会鼓励每一位成员先独立进行评估，然后再和小组成员一起讨论，了解彼此如何认识每一个评估指标并做出判断。这样的做法有助于帮助学生更加深入地理解创业想法，以及了解为何这些指标最终能转化为一个可行的商业模式。

教学手册：机会清单

	更具优势的机会	更具劣势的机会
顾客		
可识别的	核心用户明确	核心用户不明确
人口统计特征	能被清晰界定和聚焦	只能模糊界定且无法聚焦
心理特征	能被清晰界定和聚焦	只能模糊界定且无法聚焦
市场趋势		
宏观市场	多样性和聚焦性	单一性和分散性
目标市场	多样性和聚焦性	单一性和分散性
机会窗口	开放	封闭
市场结构	新兴的 / 分割市场	成熟的 / 衰退市场
市场规模		
大小	核心顾客群体庞大	顾客群体小且不清晰
需求	大于供应	小于供应
市场成长性		
速度	20% 或以上	小于20%
定价 / 购买频次 / 价值		
定价	毛利大于40%	毛利小于40%
购买频次	经常性、重复性	一次性
价值	通过价格充分体现	渗透定价
运营成本	低且具有流动性	高且固定
边际净利润	大于10%	小于10%
销售量	非常高	中等
分销		
你处于价值链的什么位置	高利润、高影响力	低利润、低影响力
竞争		
市场结构	新兴的	成熟的
直接竞争对手数量	很少	很多
间接竞争对手数量	很少	很多
替代品数量	很少	很多
潜在竞争对手	不可能	有可能
竞争对手优势	弱	强
成功的关键因素		
相对定位	强	弱
供应商		
相对权力	弱	强
价值链中控制的总利润	低	高
政府		
监管	低	高
税收	低	高
全球环境		
顾客	感兴趣、可触达	无兴趣、难触达
竞争	不存在或很微弱	已存在且很激烈
供应商	有意愿	难获得

资料来源：Zacharakis，et al.，2020。

表 6-1 填写完成的机会清单示例（以"从垃圾到能源"为案例）

	更具优势的机会	更具劣势的机会
顾客		
可识别的	核心用户明确	核心用户不明确
人口统计特征	能被清晰界定和聚焦	只能模糊界定且无法聚焦
心理特征	能被清晰界定和聚焦	只能模糊界定且无法聚焦
市场趋势		
宏观市场	多样性和聚焦性	单一性和分散性
目标市场	多样性和聚焦性	单一性和分散性
机会窗口	开放	封闭
市场结构	新兴的 / 分割市场	成熟的 / 衰退市场
市场规模		
大小	核心顾客群体庞大	顾客群体小且不清晰
需求	大于供应	小于供应
市场成长性		
速度	20% 或以上	小于 20%
定价 / 购买频次 / 价值		
定价	毛利大于 40%	毛利小于 40%
购买频次	经常性、重复性	一次性
价值	通过价格充分体现	渗透定价
运营成本	低且具有流动性	高且固定
边际净利润	大于 10%	小于 10%
销售量	非常高	中等
分销		
你处于价值链的什么位置	高利润、高影响力	低利润、低影响力
竞争		
市场结构	新兴的	成熟的
直接竞争对手数量	很少	很多
间接竞争对手数量	很少	很多
替代品数量	很少	很多
潜在竞争对手	不可能	有可能
竞争对手优势	弱	强
成功的关键因素		
相对定位	强	弱
供应商		
相对权力	弱	强
价值链中控制的总利润	低	高
政府		
监管	低	高
税收	低	高
全球环境		
顾客	感兴趣、可触达	无兴趣、难触达
竞争	不存在或很微弱	已存在且很激烈
供应商	有意愿	难获得

练习6-8　运营无小事

作者：阿莉莎·乔诺·查尔斯

与实践类型的联系：✳ ☾

涉及的主要创业主题

失败；创业团队；运营

基本描述

　　对学生而言，启动新创企业过程中可能遇到的运营挑战是很难感同身受的。这个练习模拟了经营一家企业的过程，让学生通过实践切身体会当中的挫折感，他们面对的运营挑战包括：不得不同时驾驭经营一家企业的各项职能；在繁杂的新创企业环境中厘清如何开展工作；起初忽略不计的不当行为和诚实的错误所导致的严重后果；即便是在刚起步的创业团队中也要强调检查和平衡的重要性；等等。在练习当中，学生尝试向顾客销售产品，管理他们的存货，存取现金，查看他们的财务绩效，向他们的董事会成员报告，掌握彼此沟通的最佳方式以便更好地交流企业各个方面的经营状况，避免企业偷盗行为或能及时抓到小偷，处理噩梦般的公共关系危机以及在那些不打算买任何东西的顾客身上所投入的时间、精力等。这个练习有助于让学生强烈感受到，在经营创业企业过程中，哪怕是一件小事情，都能变成一场击垮企业的大灾难，因此，有必要掌握方法来保证良好的运营和控制系统，从而防微杜渐，避免小事情成为大灾难。

使用建议

　　本练习适用于本科生和研究生层面的各类创业课程，而且本练习没有班级规模的限制，能在小班和大班课程中开展。根据班级规模和结构，每个模拟企业运营的学生团队人数一般是6 ～ 14 人。如果有条件，每个团队尽量有学生相对熟悉财务知识，这会有助于练习的开展。

开展方式

　　面对面、在线。

学习目标

- 体验运营的复杂性，哪怕是运营一家产品简单且单一的新企业。
- 针对运营当中的设计决策、无心之过、故意犯错问题，开展原因和结果的分析与评估。
- 从过程视角和团队视角，设计具有实效性和效率性的创业运营方案。

理论基础和素材

Wu, S.J., S.A. Melnyk and B.B. Flynn (2010), 'Operational capabilities: the secret ingredient', *Decision Sciences*, 41 (4), 721-754.

材料清单

- 需要两名学生或助教，他们不参与练习过程，而是扮演银行家和供应商的角色。

- 为每个团队提供的三份每周业绩报告（见本练习结尾所附材料），在每周模拟运营时需要填写一份。
- 每个参与练习的团队需要准备一个袋子，由扮演银行家和供应商的助教或学生管理，袋子里包括：
  - 250 份"产品"，例如单个的包装糖果（如 Starburst 或 Tootsie Rolls）。
  - 650 美元的玩具钞票。
  - 向"银行"开具的 600 美元"支票"。
  - 为顾客提供的四张玩具信用卡（如塑封或纸质卡片方式）。
  - 为每个团队的顾客进行特别说明：购买的数量是多少、购买价格是多少、购买方式是什么（现金还是信用卡）。在预售周召集所有顾客过来，团队其余成员继续进行准备工作，向顾客单独进行私下说明，并提醒学生不要告知其他人这些说明事项。虽然说明的事项很具体，但也鼓励学生通过自己的创造性做法来测试他们团队的销售人员，比如主动进行讨价还价和索要大幅折扣。向学生的说明事项包括：
    - ❑ 销售第一周
    - ——顾客 1：用现金购买 10 单位产品。
    - ——顾客 2：用现金购买 15 单位产品。
    - ——顾客 3：用现金购买 25 单位产品。
    - ——顾客 4：用现金购买 5 单位产品。
    - ❑ 销售第二周
    - ——顾客 1：用信用卡购买 20 单位产品。
    - ——顾客 2：用现金购买 10 单位产品。
    - ——顾客 3：用信用卡且每次 4 美元的方式购买 40 单位产品。
    - ——顾客 4：进行一次长时间的讨价还价，要以每单位产品 2 美元的价格购买，但是要不停地找借口谈判或拖延、不要达成交易。
  - 为模拟运营团队成员准备粘贴纸，体现他们扮演的不同角色（见本练习结尾所附的学生指导表格）。

学生的事先准备工作

在进行练习的前一天，对班级学生进行分组，既可以指定成员，也可以自行组合，每组人数为 6 ～ 14 人。所有的小组团队需要查看练习的学生指导说明、扮演的角色（在学生指导说明中有详细介绍），在练习开始之前向授课教师报告团队中每个人扮演的角色、规划小组练习的进程以及所需的材料（在学生指导说明中有详细介绍），在练习实施当天把所需要的教学材料带到课堂。

时间计划（60～90分钟）

准备工作　提前安排两名助教或学生不参与小组练习，单独向他们说明以下事项，并确保不要让班级中其他同学知道以下内容。这个环节的最佳实施时间是在课程开始之前。

- **银行家**——向银行家说明他需要做的事：①在模拟运营过程中，从每个团队的银行账户中以支票方式为每个团队取出 600 美元（填好支票并开具给相应团队），以现金方式为每个团队提供 50 美元现金。②在每个团队的袋子里准备 600 美元现金。团队只能通过支票方式取走他们想要的额度。③全过程记账，记录学生团队存款和取款情况，银行家很重要的工作就是跟踪每个团队的账本（见本练习结尾所附的银行家的账本）。在每一周模拟运营结束的时候，银行家需要为团队提供"会计报表"（就是用一页纸体现出他们的期末余额）。

■ 银行家同时也扮演计时员的角色，按照如下顺序及时向每个团队说明每一轮活动的时间长度，并及时提醒新一轮的开始时间：

□ 预售周——5 分钟。

□ 观察员进行汇报——每个团队 1 分钟。

□ 第一周：全部采用现金方式销售——10 分钟。

□ 业绩账本的准备工作——3 分钟。

□ 观察员进行汇报，准备业绩账本——每个团队 1 分钟。

□ 第二周：以现金和信用卡方式销售——10 分钟。

□ 业绩账本的准备工作——3 分钟。

□ 观察员进行提醒说明，准备业绩账本——每个团队 1 分钟。

● **供应商**——向供应商说明他需要做的事：学生需要找他来"购买"存货，这意味着他们每购买一个单位就需要支付 4 美元。但是，供应商也应当做出如下安排：

■ 每个团队第一次的购买往往是一笔大订单，但是供应商不一定完全交付。例如，如果订单是 100 件，供应商可以只交付 97 件。这样做可以考察有多少个团队根据收据情况进行存货统计。在此基础上，供应商可以补上差额。

■ 在预售周之后，对于团队的任何一次购买，供应商都需要团队在下订单后等候 4 分钟，以此来刺激交货时间。

0:00 ~ 0:10　向学生总体介绍提供给他们的学生指导说明中的相关要求，并且简单介绍此次模拟运营的实施过程：

● 模拟运营的过程将从预售周开始。在这周，每个团队独立进行组织分工，使用教师提前准备好的任何材料，自由预订产品，随时开展内部的战略讨论等。

● 提醒他们每一轮的时间安排。

● 向学生解释说明，在每一轮结束时，每个团队的观察员将向全班汇报他们在本周就机会的挑战和成功之处的一两个发现，以及团队需要努力的方向。在观察员进行汇报时，团队成员需要准备每周业绩报告（见本练习结尾所附材料）并将此提交给教师。这些账本材料能反映出哪些团队很好地开展运营、哪些团队出现了问题。

0:10 ~ 1:00　根据事先的时间安排和相关要求，开始进行模拟运营练习。但在第 2 周，需要增加以下环节：

- 教师从每一个学生团队当中找一名学生扮演会计角色，把这位学生拉到一边进行说明，让他找个适当机会（当没有人注意的时候）偷走团队储备的现金。这样做的目的是看看多少团队的运营过程形成了高效的制衡机制，从而能防止类似不当行为发生。

- 教师从每一个学生团队当中找一名学生扮演运营成员角色，把这位学生拉到一边进行说明，让他找个适当机会（当没有人注意的时候）偷走团队储备的产品。这样做的目的是看看多少团队的运营过程形成了高效的制衡机制，从而能防止类似不当行为发生。

- 教师从一个学生团队（并非每个团队）当中找一名学生扮演顾客，把这位学生拉到一边进行说明，让他"公开发布"一个差评（比如让他用大号字在班级黑板上写下差评）。如果相应的团队没有注意到这个情况，教师要让团队停下来，告诉他们遇到了公关问题而且亟待处理。这样做的目的是分散那些正在销售其他产品的销售团队的注意力。

- 教师从一个学生团队（并非每个团队）当中找一名学生扮演顾客，把这位学生拉到一边进行说明，让他假装因为吃了糖果而被卡住或出现中毒，以一种尽可能显而易见和容易扩散的方式大声反映。如果相应的团队没有注意到这个情况，教师要让团队停下来，告诉他们遇到了公关问题且亟待处理。这样做的目的是分散那些正在销售其他产品的销售团队的注意力。

1:00 ～ 1:15/1:30　对模拟运营过程进行讨论。以下问题有助于激发学生开展争论：

- 你们团队的运营实效和效率怎样？原因是什么？

- 如果你需要重新进行一遍这次运营过程，你打算对自己的行动方式做什么改变？

- 在此过程中你遇到了哪些意外情况？
  - 这是一个重要问题，有关偷盗和公关主题。若学生没有提到偷盗行为，则询问他们是否发现了任何不合规或不当之处。据此询问学生又是如何应对突发危机或坏消息的？

- 从过程视角和团队成员的视角，谈谈参与组织运营的方式给你带来了什么启发？
  - 这个讨论主题可在简单介绍职责划分和制衡机制之后深入进行。

课后作业

为了让学生检查自己的学习情况，教师可以在课后做出如下安排：让学生谋划一个运营过程路线图，并且为其他类型的运营过程构建和分配权责机制，比如针对服务企业。

教学小贴士

如果每个团队至少有一名学生已经学习过会计学基础，则有助于本练习更好地开展。如果这个条件难以实现，那么可以安排课前预习，让学生提前了解这方面的初级知识，特别是有关会计部门如何记录销售和存货的基础知识。

在销售周，为了提升学习效果，需要鼓舞全班士气，可以在课堂上播放一些轻松欢快但不会产生干扰的音乐。

在预售周，学生就需要进行组织分工。教师有必要花时间在课堂上来回走动，看看每个团队的组织情况，询问他们是否已经准备好，以便确保团队运营的各项条件已经具备，而且每个成员都知道自己正在和将要做什么。这期间可能需要教师鼓励沉默不语的学生团队尽快开始成员之间的交流。这一周时间里团队需要订购存货、会计人员需要开具支票、销售人员应当讨论策略等。

第一周的销售工作相对简单，因为顾客正在用现金购买相对少量的产品。这一轮容易给团队带来一种盲目自信，认为运营过程是相对容易管理的。虽然他们对于一些变化的情况可能在沟通时会发生争执，但是第一轮的销售情况通常相对顺利。这对他们而言，是很好的机会来消除运营过程的摩擦，特别是在观察员反馈之后。

第二周的销售工作就会面对更加纷繁的情况——沟通、授权和控制。无论是顾客方面还是教师加入的"干扰"环节，复杂程度全面升级，这就真实反映了一家创业企业亟待整合各项运营环节，不得不同时管理好各项事务，还有可能去打破团队先前业已达成一致的流程和规范，迫使团队感受到生死攸关、进入生存模式。对一些团队而言，比如那些运营控制做得比较好的团队或具有突出表现成员的团队，他们可能会及时发现团队中的不当行为或偷盗现象，而且极有可能倾向于"开除"那些做错事的团队成员，这样做就会导致团队出现人手不够的情况。此时教室可能会比较嘈杂或出现大声喧哗的情况。而这一局面正好可以为学生提供一个反映真实情况的场景：当你运营一家新创企业时，经常会没有足够的时间和人力来处理好同时发生的各种难题。不论发生什么情况，一定要把握好时机，这样才能应对混乱并确保自己有足够的时间去审视和反思，认识到这一点对巩固学习尤为重要。

始终需要注意的是，本练习并没有对学生的行为做出特别具体的要求。很多情况下学生可能会问教师他们是否可以做 X 或 Y。为了最大化提升学生的创造性，避免给学生怎么做提出过多指导或规则。

资料来源

本练习源自百森商学院詹尼佛·爱丽丝（Jennifer Ellis）最初开发的练习。

银行家的账本

企业名称	
启动时的现金	600 美元
订单提取额度	
结束时的现金：预售周	
第一周——存款	
第一周——取款	
结束时的现金：正式运营第 1 周	
第二周——存款	
第二周——取款	
结束时的现金：正式运营第 2 周	

企业运营模拟
学生指导说明

这是对"典型"企业运营过程的简短模拟。你的团队代表一家销售一件产品的小企业。

预演之前，每个团队需要准备以下工作：

● **团队成员和分工。**

每个团队由多名成员组成，一些人扮演观察员，团队成员将按以下分工合作开展工作：

- 1～2人代表会计部门。
- 2～4人作为销售人员。
- 1～2人代表运营部门。
- 2～4人作为"顾客"。
- 1人作为沟通部门负责人，负责收集汇总企业的各类信息材料。
- 没有被安排工作的1位成员，作为团队的观察员。

● **每家企业在运营过程中都应能始终掌握销售、现金和存货情况。**

这个过程的现实例子包括：

- 运营过程始终掌握存货情况以及由专人进行负责。明确你如何掌握存货信息并能控制存货的订购、接收、交接和销售。
- 具有简单的会计体系，以便记录财务方面的往来，并在每个运营周期形成财务报表（如销售报表和资产负债表）。
- 可以使用任何线上工具或电子表格等方法，以便与团队所有成员及时分享相关信息，并在全班的模拟运营过程中跟上节奏、避免浪费时间。

模拟过程（概览）

当你到达教室，每个团队将会在模拟运营开始前收到100单位的最初存货。产品售价为10美元、成本是6美元，你可以从你的供应商（将会由你的老师或指定的同学扮演）处购买产品。所有的销售都需要交付完成，顾客用于购买产品的现金要保留。扮演顾客的学生都会收到提前准备好的250美元（当然是玩具钞票）。每个团队将会得到银行的650美元贷款（其中600美元支票用于购买存货、50美元现金用作平时支出）。预测每周销售量是30单位产品。每个团队有两周时间销售产品，最小的订单量是10单位。所有的信用卡交易将会收取2%的手续费。在线订单需要信用卡支付。当订单被运输或交易时，信用卡公司会把钱转给企业。

在课程开始的时候，运营部门的成员将会为团队向供应商购买最初的存货。运营部门买回产品后，可能会提前分配给销售人员，也可能根据需要进行分配，这取决于企业采取了何种存货控制系统。在此之后，每个团队将正式实施企业经营全过程的"预演"，体验订货、销售、管理存货和管理现金等。整个预演过程划分为几"周"（具体分为几周由教师来确定）。在每周结束时，沟通部门负责人应当准备好一手的存货报告（多少件、多少钱）以及财务表格。如果有必要复购，那么每个团队需要管理好额外订单的支付和接收。请确信你的团队伙伴在预演开始时已经熟悉本团队将要开始的运营过程。

指定的观察员将要跟踪了解团队的整体运营情况。在每周结束时，观察员需要进行报告，反馈所在团队运营方面做得不错的地方，以及提醒后续需要提升的方向。

请你尽可能熟悉所有相关的信息（成本、价格、信用卡交易、交货时间、订单数量最小限制、在线订单等），做好相应的准备（运营是系统性的过程），以便我们能顺利开展这次预演。

特别提醒：在模拟运营开始之前或进行当中，每个团队都可能有成员收到各种不一样的额外安排。

每周业绩报告

团队名称：＿＿＿＿＿＿＿＿＿＿＿＿　　销售周：＿＿＿＿＿＿＿＿＿＿＿＿

本周交易账本（可选）
（但是你会发现，填写完成这个表格有助于让收入报表和资产负债表填写更容易）

业务活动	资产		流动性		权益	
	现金	存货	应付账款	收入	销货成本	支出

简明损益表	周
销售单位	
收入	
销货成本	
Gross margin	
信用卡费	
其他支出	
净利润	

资产负债表	周
现金	
存货	
总资产	
应付账款	
总负债	
期初权益	
新的留存收益	
总权益	

		总负债＋权益	
	你的财务记录	每次账面盘点	
现金余额			

存货对账

	你的每笔记录	库房每次盘点	员工每次盘点
现有数量			

解释你的财务记录与每次账面盘点之间的差额：

备注：

哪些工作运行良好？哪些工作你可以做得更好？

1）

2）

3）

练习6-9　想法动起来

作者：谢里尔·凯泽

与实践类型的联系：⊛ 💡 👁

涉及的主要创业主题

创意构思；建立网络；测试；资源获取

基本描述

　　这个练习建立在经过验证的实践基础上，强调这样一条主张：当身处充满包容性和生成性的群体中，每个人的需求都会得到更好的满足。关注群体带来的慷慨和赠予（gifting），有助于创业者更好地追求可能性并拓展个人的资源基础。

　　寻找三四个人来展示创业的挑战。这些人可以来自班级内部或外部。学生可能更喜欢校外的创业者能被邀请到班级来并分享他们遇到的挑战，创业者通常也愿意听到来自学生的建议。无论是谁，每个人用五分钟时间说明他们遇到的创业挑战。在发言人做完创业挑战的分享之后，请团队进行快速思考，提出"可行的下一步"（actionable next steps）。在一个小型团队中，成员要尽可能快地构思出高质量的后续行动步骤，只能使用他们当前已有的资源、认识的人和知道的信息。请注意，如果一天时间内无法迈出第一步，那么这些方案就称不上是"可行的下一步"。

　　这个练习活动需要成员主动倾听，尽可能整合他们自己手头的资源，然后把产生的想法"赠予"面对挑战的创业者。我之所以采用了"赠予"这个词，是因为这个过程需要"赠予者"的行动是源自他们的个人体验或人际关系。毋庸置疑，赠予行为是反映慷慨性的最简单方式，除了向他人证明有简单价值之外。在百森商学院，我们在创业行动的所有领域都创建了具有"赠予性"的社群。这些社群的行动起点就是以团队方式无私分享彼此的想法。

　　创业型领导者需要变革型思维方式。这意味着创业型领导不仅要关注当下正在发生的，而且更为重要的是，还要重视接下来将要做的。这个练习采用了百森商学院的"想法动起来"做法，旨在推进创业想法或克服一名创业者、企业领导者或某个人自己正在面临的挑战。这个过程的节奏非常快，允许参与人员运用百森的"创业型知行"方法体系开展测试，以便帮助正在面对挑战的某个人或某个组织解决一个问题、推进一个想法或克服一项挑战。我们会鼓励学生带着好奇心和关爱心去对待那些需要他们提出想法的人。整个团队将围绕挑战开展行动，并且帮助分享者找到"可行的下一步"或后续行动方案，以期将他们的创业想法变成现实或及时克服他们遇到的难题。练习的结果就是让汇报挑战的每个人能轻松得到团队赠予的"可行的下一步"。

　　这个练习还能提升个体影响力，让创业者更有能力召集多元化的团队成员，并激发大家分享彼此的想法和资源。如果挑战的汇报人仅仅询问那些平时认识的人或合作伙伴，他就不能收获这个练习带来的、许多意料之外的往来和关系。

使用建议

　　本练习可以在各种类型的团队中开展。我已经面向本科生、研究生、创业者、经理人进行了成功教学。而且，本练习不受班级规模的限制，可以在小班或大班课程中进行教学。不论是十个人还是百余人，这个练习都行之有效。

开展方式

面对面、在线。

学习目标

- 有机会帮助这样一位创业者或某个人，他坦诚分享了自己遇到的想法、问题、挑战、困惑，期望能克服它们并更好地前进。
- 真实体验"赠予"这个概念带来的感受，并在帮助其他人推进想法过程中分享你的想法和知识。
- 实践一种新工具，它能用在任何情境当中，有助于把一件事从一个想法变成一组行动或把挑战变成机会。

理论基础和素材

Parker, P. (2018), *The Art of Gathering*: *How We Meet and Why It Matters*, New York: Riverhead Books.

Sanford, C. (2020), *The Regenerative Life*: *Transform Any Organization*, *Our Society*, *and Your Destiny*, Boston, MA: Nicholas Brealey.

材料清单

- 由海迪·内克开发的百森商学院"创业型知行"（ET&A）学习手册一页，以便学习者通过这页材料理解本练习的意义（这页手册可以在以下网址中获取：https://www.babson.edu/media/babson/site-assets/content-assets/about/academics/centres-and-institutes/the-lewis-institute/fund-for-global-entrepreneurship/Entrepreneurial-Thought-and-Action-(ETA).pdf）。
- 便利贴，每个团队最好能有一部平板电脑。

学生的事先准备工作

在开课或练习之前，询问每个人他们正在为推进某件事做什么思考。这件事可能是一个想法、一家企业或一个项目——可以是任何一件具体的、容易理解的事情。为了获得更高质量和有价值的反馈，要注意收集足够明确的需求信息。所有成员应当带着想法参与练习。他们可能不一定有机会展示创业想法，他们应当为此做好准备以便在时间允许的情况下快速扼要地进行展示。

这个练习还可以用在特定领域的课程中，比如用于食品领域的创业课程。我们已经邀请了六位食品领域的创业者到课堂上分享他们的挑战，全班通过"想法动起来"练习帮助这些创业者应对挑战。这一点非常重要且有实效，学生接触到了现实世界的问题，用了方法工具形成具体措施推动一家食品企业的发展。

时间计划（60分钟，但是也可以延长至90分钟）

0:00 ～ 0:15　教师向学生清晰介绍本练习：是什么、不是什么。

"想法动起来"练习源于百森商学院的 ET&A 框架体系。针对向你分享的创业者提出的挑战或亟待解决的想法，请你按照"我是谁、我知道什么、我认识谁、我目前有什么资源"的逻辑，提出你的思考和想法（在本练习中将此命名为"礼物"）并"赠予"分享者。本练习不是漫无边际的"头脑风暴"。学习过程有具体的要求，而且能提出"可行的下一步"行动步骤。注意避免笼统宽泛。尽量小处着手或是可行的大想法。每一位向他人"赠予"想法、社会联系或资源的学习者，必须要在本练习过程全部结束前将其兑现。我们之所以在本练习材料清单中注明便利贴，就是提醒"赠予"者要将"礼物"写下来并附上自己的电子邮箱和练习地址，以便让接收"礼物"的人能继续跟进。这个过程以人为本且极具实效。

"礼物"是什么？它可以是一个能提供帮助的人名，一个提供有帮助信息的网址。它也可以是帮助他人采取下一步行动的指导说明，或者是一种联结，换言之，通过任何做法或行动促使他人向前一步，积极进行后续步骤，主动去创造新事物、去变革现有状况、去克服挑战。

0:15～0:25　把全班进行分组，每组 5～10 人。尽量让学生认真完成准备工作。如果学生因条件所限没有进行相应准备，教师此时需要询问每个人他们正在为推进某件事做什么思考。这件事可能是一个想法、一家企业或一个项目——可以是任何一件具体的、容易理解的事情。为了获得更高质量和有价值的反馈，要注意收集足够明确的需求信息。

0:25～0:27　教师选择三个人来分享他们的想法。在每个人都理解了整个过程之后，教师可以告诉他们开始分享。如果时间充分，可以问问分享者谁第一个开始。如果他们没有准备好，可以问问其他自愿分享的人。建议轻松幽默地告诉学生可以分享他们正在考虑的任何事情。只要是他们打算以某种方式展示的事情，与工作、居家或个人有关的皆可。

0:27～0:30　第一个人分享自己的想法需求，团队所有人都应当主动地、投入地倾听分享者。

0:30～0:35　每个团队快速形成想法并提出三个可行的后续步骤。团队应当把所有想法进行记录和标注。

0:35～0:40　每个团队将他们形成的三个可行的行动想法"赠予"分享者，同时把写好行动细节的便利贴提供给分享者以便他后续知道如何使用团队的"礼物"。

0:40～1:10　按照第一个分享者的上述过程，针对后面两个分享者，分别再重复进行一遍"想法动起来"练习（每个分享者 15 分钟）。

如果时间允许，可以让更多的人进行分享。

1:10～1:20　进行总结。教师从整体上做出总结，向学生说明本练习最为重要的收获之一就是运用全新的语言来激活未来的行动。如何表达至关重要。通过运用"赠予"理念，我们希望让学习者个人和团队都能挖掘内心、开启脑力、全身投入，帮助那些充满困惑、需要帮助的人继续前进。"赠予礼物"与头脑风暴有着根本差异，因而得到的响应也不一样。在总结环节，教师可以询问学生是否已经在团队之间或团队内部进行了相似工作。学生如何运用此方法激发出了创造性和可行性的想法和解决方案？注意营造一种愉快、开心、充满想象力的氛围，这会让学生在"赠予"过程中体验到真实的慷慨感。创造新想法的导向有助于以非常低的成本形成一种进行测试的习惯。

课后作业

学生课后可以在团队内部、创业者或管理者之间以及家人和朋友之间，将这个练习融入任何头脑风暴和讨论会当中。当学生收到了其他人的"礼物"并采取了相应行动，请学生对此进行记录和展示。

教学小贴士

十余年来，这个练习已经面向数百名创业者或个体进行了实践。本练习最为重要的收获之一就是运用全新的语言来激活未来的行动。如何表达至关重要。通过运用"赠予"理念，我们希望让学习者个人和团队都能挖掘内心、开启脑力、全身投入，帮助那些充满困惑、需要帮助的人继续前进。"赠予礼物"与头脑风暴有着根本差异，因而得到的响应也不一样。

还有一点对教师而言非常重要，那就是向学生强调，是否全面充分地了解分享者的企业和挑战并不是必要条件。提醒作为"礼物赠予人"的学生，我们提供的是自己的见解，建立在其他人分享的想法和赠予的"礼物"基础上。注意向学生强调，本练习提供一个包容性、自由性的平台，目的就是让大家为需要帮助的人提供更好的反馈，让他能采取行动、进行创造。例如，当一位食品领域的创业者分享了他的创业想法（或遇到的挑战）时，我们没有必要对他到底做什么食品、企业属于哪种类型进行过多了解。我们每个人都是饮食男女，通过我们自己的亲身体验其实已经熟悉食品行业的某些方面。鼓励学生跳出智力的、认知的既有模式，转向个性化、试验的模式。提醒学习者让自己的"礼物"更加具体和可行。这可以是非常简单的，就像建立联系、留个网址、提供其他人能马上采取行动的建议，或者为其他人指出具有引导性的观点主张。总之，小是好的。

资料来源

这个练习是路易斯研究所（Lewis Institute）为百森商学院的社会创新项目所开发的，而且已经在很多场合进行了应用。

第 7 章

反思：思考力训练

　　基于反思的实践练习，是一个元认知（metacognition）的学习过程，这是一种思考的实践，通过思考将学习过程整合成一体。本书前文所有练习都是行动导向的，这里的反思练习也是行动导向的，不过是以理解意义为目的，帮助学习者更好地认识前面的玩耍、移情、创造和试验练习的行动。除此之外，创业教育中的反思需要的是自我反思、自我意识、自我认知。本章将向你呈现8个基于反思的实践教学练习。

练习7-1 谋划未来愿景

作者：坎迪达·G.布拉什

与实践类型的联系：(图标) (图标)

涉及的主要创业主题

创意构思；规模化与成长管理；思维模式

基本描述

这个练习旨在让学生设想一家新创企业、一个创业项目或其他创新类型的某种未来状态，思维方式要跳出对它们进行以行动为基础的测试。学生将进行一个想象力练习，然后提炼出具体步骤来按照设想去行动并加以推进。

由于新企业的创建、创新活动或创业项目的开发通常都聚焦于具体策略方面的行动、试验和其他启动活动，因此，创业企业或项目的愿景和蓝图方面容易被忽略。事实上，学会构建、描绘、沟通一个鼓舞人心的愿景是一项基本功，对创业者激励他人参与、带领企业发展、联结更多力量实现企业目标都非常重要。

使用建议

本练习适用于所有层次和类型的学习者。无论是一个创业项目、一家新企业还是一项首创性任务，构建愿景都是十分必要的，因此本练习适用于所有类型的创业课程。通常而言，对于这个练习我们建议安排在课程后半段，也就是学生已经学习了基本的框架体系，准备开展行动去测试和检验创业想法的可行性、实效性和影响力的时候，可以采用本练习实践反思。这个练习有助于把所有的事情"打包"，为未来的推进工作提供整体性的反思指导。特别需要说明的是，本练习对企业所有者尤为重要，他们经历过新企业启动，通过在训练营或工作坊参与实践，能直接把练习所得用到当前正在从事的企业活动当中。

开展方式

面对面、在线。

学习目标

- 为你的新企业（创业项目或创新活动）构建一个愿景，谋划出未来蓝图。
- 练习如何去与他人沟通愿景。
- 识别出实现愿景的第一步行动。

理论基础和素材

Decker, K. and B. Decker (2015), 'Communicating a corporate vision to your team', *Harvard Business Review*, 10 July, [2020-02-25]. https://hbr.org/2015/07/communicating-a-corporate-vision-to-your-team.

Jick, T. (1989), 'The vision thing', Teaching Note 9-490-019, Cambridge, MA: Harvard Business School.

Kouzes, J. and B. Posner (1988), *The Leadership Challenge*, San Francisco, CA: Jossey-Bass.

Nutt, P. and D. Backoff (1997), 'Crafting vision', *Journal of Management Inquiry*, 6 (4), 308-329.

Smith, M. (2015), 'Vision statement examples and inspiration' (2015), 17 February, [2020-02-25]. https://businessingmag.com/1746/strategy/vision-statement-examples-and-inspiration/.

材料清单

● 教学手册 1：愿景预演（见本练习结尾所附材料）。

● 教学手册 2：谋划未来愿景（见本练习结尾所附材料）。

● 教学手册 3：坚持、放弃与创造（见本练习结尾所附材料）。

● 8.5 英尺 × 11 英尺⊖的混色纸张若干。

● 每个小组有一套多种颜色的彩笔。

学生的事先准备工作

提前学习教学手册 1：愿景预演（见本练习结尾所附材料）。

时间计划（90分钟）

虽然这个练习按照 90 分钟来安排，但是也可以使用 75 分钟或 60 分钟完成一轮反馈。

0:00 ~ 0:03　**介绍**

在课程开始前，需要学生完成教学手册 1 的愿景预演练习，形成一个工作表带到课堂。提醒学生注意，本练习的目的是为新企业（创业项目或创新活动）构建一个愿景，并练习如何与他人沟通愿景，据此识别出能实现愿景的第一步行动。

0:03 ~ 0:08　**阐述愿景的定义**

如何界定愿景？向学生阐述愿景的定义，为练习的实施提供具有可操作性的概念界定（见本练习结尾处的"教学手册 1：愿景预演"内容，或者可以参考"Jick,1989"）。

愿景是一个"心智图式"或未来蓝图。一个强有力的愿景能帮助一家新创企业走向成功。愿景是一个具有明确性和鼓舞性的图景，提供了不断进步升级的创新方式。

如何界定战略？评价战略和愿景之间的差异。战略是指一套行动和决策，它是实现愿景的计划方案。什么是目标和目的？这是一套反映战略实施情况的指标体系，有其时间界定和度量标准。那么，什么又是使命？阐述使命的内涵。使命是关于组织做什么、为谁做、为何做的一套具体的目标方向。

综上所述：愿景是组织的未来之态。愿景是以下内容的图景展示：

● 聚焦未来。

● 简洁清晰。

● 根植价值。

● 鼓舞人心。

⊖　1 英尺≈0.304 8 米。

● 对你的组织（或你）而言，是独一无二的。

为什么组织需要愿景？愿景提供了一幅雄心勃勃的蓝图，激励人们参与进来去推动组织进步。如果没有愿景，组织往往会陷入短期思考的泥潭。

0:08 ~ 0:15 **讨论**

请学生查看他们课前已经完成的教学手册1。根据你在练习中的学习情况，你认为构建愿景是一件很容易的事还是很困难？你需要战胜的挑战是什么？

0:15 ~ 0:25 **练习**

将全班同学进行分组，平均4人或6人一组围桌而坐。先用1分钟请全班同学回顾课前的练习以及他们完成的愿景表格。然后发给学生教学手册2、8.5英尺×11英尺的练习纸以及做记号用的记录笔等。学生将在这张练习纸上"画"出他们的愿景。

0:25 ~ 0:35 **学生两两组合**

学生1向学生2读出他们对愿景的描述并展示愿景图式。学生2根据以下列示的问题进行反馈。然后，学生2向学生1读出他们对愿景的描述并展示愿景图式，学生1再根据下列问题反馈。

● 愿景描述是简洁清晰的吗？

● 它聚焦未来吗？

● 它能鼓舞人和吸引人吗？

● 愿景描述是否抓住了企业未来的本质？

● 画的图能否传递出愿景的未来蓝图？

0:35 ~ 0:40 **个人练习**

根据反馈情况，学生用几分钟时间修订他们的愿景描述和图示。

0:40 ~ 1:00 **再次小组练习**

让小组中的每个人都向小组内的其他成员分享他们调整后的愿景描述。每个学生大概用1.5分钟左右的时间。在分享之后，每个小组根据以下列示的问题进行反馈：

● 听者能否抓住愿景当中的"独特之处"？

● 描述的愿景能否引发对未来图景的想象？

● 听者是否抓住了愿景当中的"独特之处"？

● 为了更好地提升，有什么建议？

在所有人完成发言之后，每个圆桌小组需要形成一份总括性的思路框架，以便在更大范围下进行展示。

1:00 ~ 1:10 **小组汇报**

每个小组选择一位成员，代表小组向全班分享本小组完成愿景构建的全过程。比较常见的情况是，绘制的图景往往与写下来的愿景描述不一致，或者愿景描述不够清晰明确等。这个环节可以让一些学生向全班分享他们绘制的图景和写下的愿景描述。

1:10 ~ 1:20 **教学手册3练习表**

下一步将开始实施环节。向学生发放教学手册3练习表，请全班同学思考他们已经从事的创业活动，反思这些活动与他们刚才谋划的新愿景是否一致。那些与愿景保持一致的，应当继续坚持和强化拓展。那些不一致的，则应当放弃。然后，会发现在这个过程中创造出了新的事物。

1:20 ～ 1:30	**小结和问答**

请学生来分享他们下一步将要做什么？哪些是他将要坚持做下去的？哪些则会停止？创造出了什么？为什么沟通愿景如此重要？为何你的团队能理解并个性化你的愿景也很重要？

全班对练习过程进行反思

如果没有愿景，一个组织很难有生机勃勃的成长之路，员工得不到足够激励，决策制定也难以有清晰的方向。如果组织中的每位成员都能以同样的语言交流相同的愿景，这种鼓舞人心的场景就会成为企业文化的一部分，所有成员也会齐心协力地去追逐大家共同向往的目标。

课后作业

练习之后，学生需要花时间再去修改调整他们的愿景陈述，而且如果有必要，也需要更新愿景图示。后续教学环节可能包括在下次课上让学生带来更新版的愿景描述和图示，并再次向班级进行展示或提交给教师作为一次作业进行评分。

教学小贴士

对一些接受过自然科学和工程专业良好训练的学生或擅长任务导向的学生而言，这个练习的开展很有挑战性。在这种情况下，教师使用一些图片或文本的实例说明愿景的定义和作用，可能对这些学生的理解更有帮助。通过谷歌搜索"未来愿景"（vision of the future）可以看到很多实例。通过一些网站和博客也能找到"优秀的愿景描述"实例。同时，让学生思考愿景缺失可能造成的后果，也很有意义。对本科生而言，他们很可能容易对战略、使命和愿景的概念异同感到困惑。为此，要注意强调愿景的核心焦点在于鼓舞人心和价值导向。如果这个练习用于公司创业、创业项目、新企业启动或社会创新活动的话，那么有必要改变教学语言风格，在预演和所有教学手册活动中，从新创企业情境调整到合适的情境。

教学手册 1：愿景预演

反思本课程迄今为止的相关学习材料、内容主题和知识框架。审视自己当前已经开展或从事的创业活动，思考它们能否表明你的新创事业是有实效的、可行的且鼓舞人心的。虽然你的工作可能已经实施，你已采取行动来测试你的创业假设，验证是否有现实需求，以便确认你的创业项目是否解决了顾客问题以及你的解决方案是否奏效，但是，还需要注意一件更具本质意义的事，那就是思考你的创业项目的未来愿景。换言之，你的创业愿景是什么？关于你的新创事业的未来，你有什么梦想？什么是你的宏伟蓝图？

愿景是一个"心智图式"或未来蓝图。一个强有力的愿景能帮助一家新创企业走向成功。愿景是一个具有明确性和鼓舞性的图景，提供了不断进步升级的创新方式。愿景与传统相承接，并与当下人们能采取的行动相联结，最终去实现变革。愿景凝聚人们的情感、能量，出色的愿景能整合、激发和创造出蓬勃的热情。愿景不同于目标或目的，后者往往有具体的时间限制和指标要求；也不同于战略，后者是按照时间进度来引导行动和决策；更不同于机会，后者能被测量或开发。无论是个人、团队、社团、组织还是创业型或在位的企业，都需要树立愿景。

愿景有如下四个关键维度。

- 价值观：愿景根植于这些对你当下和未来而言最为重要或者最不重要的价值判断。
- 未来导向：愿景构建一套未来的模式，这意味着空间和时间被嵌入愿景当中。未来可以根据你的倾向用年（三年、五年）、事件（退休）或者其他维度来衡量。
- 意象：意象包括形象的、三维的、可视化的思考。
- 意图：意图是你做事的缘由，也是设定目标和战略的基础。

在一开始你谋划创业愿景时，你需要进行一些反思，思考你到底想去何方。为此，请用10～15分钟时间考虑以下问题：

- 能代表你创业的 3～5 条价值观是什么？
- 对那些参与你创业的人来说，他们最为热衷和感兴趣的是什么？
- 对于那些与你合作共事的人，你最看重的价值观是什么？
- 你希望你的创业企业或项目，在未来三年成为什么状态？
- 你创业的核心能力是什么？
- 如果你拥有的资源十分有限，你在创业中将要做的两件事是什么？
- 在你的创业当中，竞争对手无法复制的两件事是什么？

在回答了上述问题之后，闭上眼睛，把你的所思所想在脑海中形成一幅图示，展现未来五年后你的创业将会呈现何种状态。办公室看上去会是何种场景？谁将在那里工作？他们都在做着什么？你又将做些什么？什么样的活动将会发生？什么时候你会打开电脑，你又会在屏幕上看到什么？当一位顾客走进来，他会是谁？睁开眼睛，把你的设想写下来，从而形成你创业的愿景描述（大约40字）。

教学手册 2：谋划未来愿景

1. 用一分钟回顾你在教学手册 1 的预演练习中构建的创业愿景。
2. 用一张 8.5 英尺 ×11 英尺的彩纸，把你的愿景画成一张图。
3. 与另一位同学结对，每个人向对方展示自己的愿景描述和图示。然后，彼此进行反馈交流。
a. 愿景描述是简洁清晰的吗？
b. 它聚焦未来吗？
c. 它能鼓舞人和吸引人吗？
d. 愿景描述是否抓住了企业未来的本质？
e. 画的图能否传递出愿景的未来蓝图？
4. 根据反馈情况，如有必要请修改、更新你的愿景描述和图示。
5. 以小组的方式，每个人都向小组其他成员分享自己调整后的愿景描述。小组对每个人进行反馈。每次展示时间限制在 2 分钟以内。

a. 听者能否抓住愿景当中的"独特之处"？

b. 描述的愿景能否引发对未来图景的想象？

c. 听者是否抓住了愿景当中的"独特之处"？

d. 为了更好地提升，有什么建议？

e. 你们小组得出的总括性的思路框架是什么？

教学手册 3：坚持、放弃、创造

愿景（在此处写下你的愿景描述）

坚持

你正在从事的活动中，哪些是行之有效的、在支撑你的愿景？

放弃

你正在从事的活动中，哪些并没有在支撑你的愿景？

创造

你应当做些什么来支撑你的愿景？

练习7-2　为什么我应该投资你

作者：勒斯·查姆　海迪·M. 内克

与实践类型的联系： 🧠 👁 💡

涉及的主要创业主题

创业融资；建立网络；资源获取；推介

基本描述

　　每一位创业者都必须是一名推销员，他们通常推销的第一件产品就是他们自己而非自己的企业或真正的产品。而且，在新创企业早期阶段，实际上几乎不可能把创业者与创业企业区分开来。学生需要很自然地回答一个基础性的问题：为什么我应当投资你？对此，学生应当感到轻松自如，而且能充满激情地、自信地阐述他们的价值和带来的回报。

　　在这个小练习中，学生将会被问到一个问题："为什么我应该投资你"，并在全班同学面前用不到一分钟的时间回答。这个练习的呈现方式可以多种多样，教师可以通过不同的方式让学生进行展示并收集学生的反馈，不断提升学生回答问题产生的实际效果。

使用建议

　　本练习更加适用于有经验的学习者，比如研究生和实践者。

开展方式

　　面对面、在线。

学习目标

- 准备一段快速、个性的自我推介演讲，体现出差异性和针对性。
- 通过一种让学生最为舒适自然的方式进行自我推介。
- 对学生所言与听众所听进行比较。

理论基础和素材

Gibori, R. (2019), 'The most well-kept secret on how to attract investors', *Crunchbase*, 15 March, [2020-06-12]. https://about.crunchbase.com/blog/how-to-attract-investors/.

Marcus, B. (2012), 'Mastering the art of authentic confident self-promotion', *Forbes*, 22 February, [2020-06-12]. https://www.forbes.com/sites/bonniemarcus/2012/02/22/mastering-the-art-of-authentic-confident-self-promotion/.

Wax, D. (n.d.), 'Building relationships: 11 rules for self-promotion', *Lifehack*, [2020-06-12]. https://www.lifehack.org/articles/communication/building-relationships-11-rules-for-self-promotion.html.

Witty, A. (2018), '5 tips for practicing self-promotion without being totally annoying', *Entrepreneur*, 6 February, [2020-06-12]. https://www.entrepreneur.com/article/308559.

材料清单

- 空白纸张（每个学生一份）。
- 索引卡（每个学生两张）。
- 计时器。

学生的事先准备工作

以上列示的阅读素材需要学生在练习之前或之后研读。要让学生提前知道，下次课需要一些学生（或每位同学）在课堂上进行不超过一分钟的自我陈述（没有课件，只是口头展示），内容就是回答下面的问题：为什么我应该投资你？除了阅读以上提供的素材和资料，没有其他需要向学生提供的信息。如果你教授的是一些有经验的实践者，这个练习无须任何"热身"，不用向学生提前说明或让他们准备。

时间计划（15~45分钟）

0:00 ~ 0:05　与学生开展讨论，向他们说明一个众所周知的情况：投资者最先投资的是人而不是其他任何事物。正因为如此，每一位创业者需要自如和自信地展示自己的价值、成就和专长。自我推介对很多人而言并非易事。想要在自信满满与实事求是之间进行平衡，需要你学会建立个人品牌。

0:05 ~ 0:10　向学生说明练习的组织方式将分为如下三个阶段。

- **阶段 1（自我展示）**：围绕"为什么我应该投资你"这个问题，请三个学生向全班陈述他们的回答。在三位同学全部展示之后，全班向展示人进行反馈，说明他们听了之后感到有说服力和没有说服力的地方。这一阶段至少重复两轮，即总共至少有六位同学进行展示并收到反馈。
- **阶段 2（组合与分享）**：学生两两组合，彼此进行展示交流（相关细节参见下方说明）。
- **阶段 3（反思与改写）**：围绕"为什么我应该投资你"，请所有同学写下自己对这个问题的"最佳"回答。

0:10 ~ 0:25　**阶段 1**

请三位（或最多五位）同学向全班进行展示。提醒每位同学演讲时间至多 1 分钟。此过程可以使用计时器。在学生展示之后，请全班同学进行反馈。建议反馈内容可以从以下问题入手：

- 通过他们的陈述，你发现有哪些自我推介方式？
- 令你印象深刻的有什么？
- 通过他们的陈述，你发现有哪些与众不同之处？
- 哪些最有效果、哪些最无效果？
- 自我推介演讲为什么对一些人而言非常困难？

在反馈环节，你可以重点说明哪些演讲内容清晰明确（比如我已经是 X 公司的创业团队成员，而且这家公司在 2019 年被 Y 公司收购等）、哪些又模糊不清（比如我是一位终身创业者），从中有助于你认识到一些学生能轻松自如地表达他们的价值，而另一些学生可能难以做到这点。

再次请其他三位学生按照以上过程进行新的一轮陈述和反馈。相信你可以看出，第二批展示的学生已经吸收了对上一批同学的反馈，将其内化到自己的展示过程。教师可以采用与以上问题相似的问题进行本阶段小结，同时也可以添加以下问题：相比较上一批学生的展示，这一批学生的表现更为突出的地方在哪里？

0:25 ～ 0:35 **阶段 2 的第一部分**

阶段 2 的练习过程由两个部分构成，每个部分都需要学生结对（两两一组）进行。第一部分，每个学生向同伴陈述（1 分钟），同伴对此进行反馈（2 ～ 3 分钟）。鼓励小伙伴给对方更有意义甚至是更为批判性的反馈。倾听者可以运用如下问题来展开他们的反馈：

- 关于自己的价值，展示人的陈述是清晰明确的还是模糊不清的？
- 如果你是一位投资人，你会投资这个人吗？为什么？
- 展示人需要在哪些方面进行提升？
- 展示人的陈述有哪些地方值得你去学习并应用到自己的自我推介演讲中？

接下来，角色互换，演讲者变成听众。

0:35 ～ 0:45 **阶段 2 的第二部分**

在第二部分，向每位学生发放两张索引卡。在一张卡片上，请每个学生写下他们想要听众了解的三个要点。接下来，让学生找一个新伙伴。在这个环节，学生将会再次进行一分钟陈述，依然是围绕"为什么我应该投资你"这个问题进行回答。在一分钟陈述之后，听者写下他们从陈述中听到的三个要点。这时候，交换角色。在每个学生完成自我推介演讲之前，学生不要向对方分享自己如何填写的索引卡。

当学生完成了彼此的陈述后，每个人把自己作为"倾听者"时填写的索引卡分享给对方。学生可以围绕以下问题进行讨论：

- 他们的索引卡之间匹配吗？换言之，听众听到的要点，与演讲者希望听众听到的要点一致吗？
- 对倾听者来说，陈述中有哪些令人信服的地方？你会投资这个人吗？请说出投资或不投资的原因。
- 总体上，请谈谈你的个人品牌。你有个人品牌吗？或者你希望你的个人品牌是什么？

0:45 ～ 0:50 **阶段 3**

这个阶段将对练习进行简短反思。当所有的反馈都已完成，让每位同学围绕"为什么我应该投资你"，在一张空白纸上写下（手写）自己对这个问题的"最佳"回答。5 分钟之后，向他们说明下一步的安排。请学生在线上讨论区张贴或提交他们刚才的最佳答案。这个讨论区也可以是画布、黑板或其他方式，总之是对全班同学公开的，或者也可以是仅对教师开放的。

0:50 ～ 0:60 **总结讨论**

对本练习的关键要点进行总结，通常包括但不限于以下几方面：

- 投资人投资创业者而非企业，尤其是那些创业早期的投资人。

- 每位创业者都是推销员。
- 平衡好自我推介和实事求是之间的关系需要自信心。请找到你的最新舒适区。
- 写下你认为的三个要点非常重要，因为在纸上撰写的过程将会赋予这三个要点更多意义。
- 所有过程都需要实践。实践并不意味着预演，实践就是行动，目的在于你对此深信不疑，而且你可以鼓起勇气向全体成员而不仅是投资人展示你的价值。

课后作业

练习之后，向学生布置一项作业，请他们张贴或提交自己的最佳答案。

教学小贴士

时间非常重要，要安排好时间节奏推进练习进程。同时，要意识到全班同学可能因性别或文化差异而表现出不同。例如，研究成果已经提出，女性相较于男性往往更难进行自我推介。由于教学情境存在差异，教师也可以为课堂设计其他相关主题。如果教师主讲的是创业必修课程，上课学生可能并不想开办企业，这种情况下可以提醒学生，这个练习同样重要，为此可以将练习聚焦的核心问题调整为：为什么我应该聘用你？

练习7-3 不确定性和公司创业：TMRO框架

作者：安德鲁·C.科比特

与实践类型的联系： （图标）

涉及的主要创业主题

规模化与成长管理；创业团队；思维模式

基本描述

这是一个非常有意义的反思练习，学生通过练习可以深入理解为什么他们当前运营的企业、之前从事的企业以及大多数企业，很难成为创业型的企业。学生能深刻认识创业活动的影响因素是什么，并且能聚焦于那些有助于开拓未来的行动。这是一个简单易行却非常重要的练习。整个练习的表现形式，只需要你用一些便笺纸和几张挂图纸、做一些记号，但是，练习中的反思和讨论带给你的回馈将是深远和有意义的。

学生和实践者通常会抱怨，他们身处的组织非常官僚化，很难有时机去把他们的创业技能运用到大型或在位的组织当中。研究已经向我们表明，由于存在各种各样的不确定性，使得组织难以发现、孵化和转换出焕然一新的产品和服务。有一点是客观存在的，越是大型的企业，往往越难有时间投入到寻找创业型方案的过程当中，但究其原因，绝不仅是因为它们的规模大或结构复杂，抑或他们没有优秀的人才。比如 Kodak、Polaroid、Netscape、My Space 和 Blackberry 等企业以及最近一些零售企业（Toys "R" Us、Borders、Sears、Pier 1 Imports、Macys 等），它们之所以倒下或身陷困境，往往是出于一些基础的原因：它们没能很好地管理组织当中的 TMRO（technical，market，resource，organizational）不确定性。为此，这个练习向研究生和管理层级的学员介绍了 TMRO 框架，帮助他们理解如何去管理、构建和实施公司创业活动。

使用建议

本练习适用的最佳教学对象是研究生或管理者教育课程，聚焦于公司创业内容主题，但是也可以用于一些创业类的课程。本练习为本科层面的学生带来的学习收获可能有限，因为他们几乎没有在任何公司或实践领域的工作经历。本练习适用的班级规模大小为 12 ~ 60 人。

开展方式

面对面、在线。

学习目标

- 识别出四种最基本的不确定性，它们阻碍企业开展突破性创新，创造出焕然一新的产品或解决方案。
- 通过一个简单易行但是影响深远的练习，帮助学生更好地理解他们企业的创业能力。
- 围绕两类影响因素讨论每类因素内部和两类因素之间的差异：一是阻碍组织开展创业活动的影响因素；二是帮助组织成功实施创业的影响因素。

理论基础和素材

Corbett, A.C. (2018), 'The myth of the intrapreneur', *Harvard Business Review*, 26 June, [2020-03-30]. https://hbr.org/2018/06/themyth-of-the-intrapreneur.

O'Connor, G. and A. Gri&n (2002), 'Special issue on teaching and learning new product development', *Journal of Product Innovation Management*, 19 (1) .

O'Connor, G., A.C. Corbett and L. Peters (2018), *Beyond the Champion*: *Institutionalizing Innovation through People*, Redwood City, CA: Stanford University Press.

O'Connor, G., R. Leifer, A. Paulson and L. Peters (2008), *Grabbing Lightening*: *Building a Capability for Breakthrough Innovation*, San Francisco, CA: Jossey-Bass.

Rice, M.P., G. O'Connor and R. Pierantozzi (2008), 'Implementing a learning plan to counter project uncertainty', *Sloan Management Review*, 49 (2), 54-62.

Thangavelu, P. (2018), 'Companies that went bankrupt from innovation lag', [2020-03-20]. https://www.investopedia.com/articles/investing/072115/companies-went-bankrupt-innovation-lag.asp.

Valuer (2018), '50 examples of corporations that failed to innovate', [2020-03-30]. https://valuer.ai/blog/50-examples-of-corporations-that-failed-to-innovate-and-missed-their-chance/.

材料清单

在传统的面对面授课教室：在这样的教学场景中，你所需要的材料清单包括为每位学生提供的小型便笺纸（3 英尺 × 3 英尺），在教室前方摆放夹有大纸的画板，或者也可以是白板或黑板，以便让学生可以张贴他们填写了内容的便笺纸。在第二个部分的练习中，你只需要另外一张挂图纸，展示表 7-3 的内容，并为每个学生提供两个记号钉（我会为每个同学提供一个红色和一个绿色的记号钉）。所有的同学还需要有一支铅笔或签字笔。

- **在线方式**：事实上，本练习所有环节设计都可以在线上进行。我发现能替代面对面的白板模式的最佳方案，是采用谷歌课件模板制作一个大的白色背景。然后，你可以再制作一个其他颜色的、代表便笺纸的电子版本，放在大的白色背景旁边。你可以很方便地向所有学生分享谷歌课件页面，并且告诉他们在这页基础上，把内容录入到电子便签纸上，然后进行相应的标记并展示在"大板"上。

学生的事先准备工作

上课之前，你不需要向学生布置任何事情。但是如果你想让学生在思维模式方面加深理解，你需要让他们阅读全部的或部分的以下基础阅读材料：

Corbett, A.C. (2018), 'The myth of the intrapreneur', *Harvard Business Review*, 26 June, [2020-03-30]. https://hbr.org/2018/06/the-myth-of-the-intrapreneur.

Thangavelu, P. (2018), 'Companies that went bankrupt from innovation lag', [2020-03-20]. https://www.investopedia.com/articles/investing/072115/companies-went-bankrupt-innovation-lag.asp.

Valuer (2018), '50 examples of corporations that failed to innovate', [2020-03-30]. https://valuer.ai/blog/50-examples-of-corporations-that-failed-to-innovate-and-missed-their-chance/.

时间计划（90分钟）

课前准备：在正式上课之前，教师需要准备两张挂图纸，以便让学生在此标注他们的答案。一张挂图纸上，是一个 2×2 的矩阵图，包括四个方框，每个方框将会注明其所代表的主题：技术、市场、资源、组织（见图 7-1）。另一张挂图纸上，写下了八类活动，这些活动被研究者认为是一个想要成为创业型组织的大型组织必须要做好的八个事项。这八类活动分行列示，并且有对应的方框，以便让学生在第二部分练习当中标记他们的红色记号钉和绿色记号钉（见表 7-1）。

技术（technical）	市场（market）
资源（resource）	组织（organizational）

图 7-1 不确定性类型

表 7-1 大型组织中的创业活动

为创新和创业活动建立明确的组织结构	☐
为内部和外部合作者的联结提供丰富的交流	☐
在你的行业和市场领域建立强大的社会网络	☐
具备开展突破性创新和创业的特定人才和技能	☐
具备开展突破性创新和创业的特定工具和流程	☐
对跨项目、项目组和系统之间进行有效的治理	☐
在企业内部孵化新创项目和衍生企业的良好标准	☐
崇尚创业和突破性创新的企业文化和领导力	☐

第一部分

0:00 ～ 0:10　　练习一开始有一项热身，询问同学们有关失败的产品和企业。请学生分享一个实例，说出一家已经失败、不再存在的企业，或者遭遇了巨大的产品失败的企业。注意，先不要问学生为什么他们会失败，这样容易带来对本练习的认识偏差，教师可以在后面环节提问。然后，立即向学生提出一个简单的问题，这个问题将为整个练习打好基础：较大的组织在创新创业方面总是遇到麻烦，你认为最根本的原因是什么？我会将这个问题通过课件的形式展示出来，以便从视觉上强化学生的认识。

　　　　　　　　询问学生对此问题的当下反应，并在他们的便笺纸上写下他们脑海中跳出的第一个想法。然后告诉学生把填写完的便笺纸先放在一边，过几分钟还会再用到它。

0:10 ～ 0:20　　接下来，我会用一页课件向学生展示那些先前已经失败的企业的 logo，这些企业因为欠缺创业型的活动和没有能力开展创新而失败。这个环节旨在再一次给学生一个视觉上的提示。这些失败的企业是非常"经典"的：Kodak、Motorola、Polaroid 和 Blackberry，以及最近的一些零售企业（如 Sears、Kmart 和 Blockbuster）。

然后在下一页课件，我会向学生展示一些当下的企业，以及为什么这些企业正身处困境当中。比较好的案例是那些在传统零售领域的企业（比如 JC Penny 和 Macy's, et al.），但是你也可以通过互联网搜索那些具有时效性的典型案例。这样做有助于为学生提供一个充分讨论和碰撞的机会，因为他们知道当前这些正在挣扎中的企业。例如，我会通过讨论的方式鼓励学生参与并分享切身体会。最后我会用一张图片进行再一次的视觉提示，这张图片是一个产品、市场或企业的生命周期图（它们通常都是相同的），包括启动、成长、成熟、衰退阶段（或者其中也有多种形式）。在此提醒学生创业对于现存企业的重要性，创业能帮助他们突破衰退阶段，具体方式包括：努力在企业内部孵化新的衍生企业，或者以最低的成本创造出全新的产品线。要向学生重申，他们之前识别的那些企业可能尚未从衰退阶段恢复元气。

0:20～0:30　　让学生再返回到他们刚才已经写好的便笺纸上，这时候，老师向学生解释企业创业当中不确定性的概念。研究表明，阻止企业成长的原因在于，企业不能很好地管理四种基本类型的不确定性，当他们打算开展创业活动以及着手实施创新活动而不是仅仅对现有的产品进行渐进的改善的时候，企业都会面临这些不确定性。我与合作者（见 *Beyond the Champion*–O'Connor, et al., 2018, 以及其他基础资料）开展的研究表明，人的因素和组织不确定性是关键影响因素，使得组织难以开展创业活动。20 多年的研究表明，这些不确定性可以被划分为四种类型（技术、市场、资源、组织），不过人的因素、官僚化和其他相关的因素也会产生重要影响。教师可以将表 7-2 可以打印出来发给每位同学作为分析工具，或者也可以将其展示在一页课件上在全班进行讨论。

为了更好地激活全班同学的参与，请先不要给出每种类型不确定性的定义。先请学生回答每种不确定性类型的含义是什么。在展示书面定义之前，让学生用自己的语言说明他们所理解的各类不确定性。我一般会从技术不确定性开始，然后转向市场和资源，最后讨论组织的不确定性。

对每种不确定性进行小结，并再次明确它们的内涵。接下来让每一位学生起立，拿出他们的便笺纸，看看他们写的内容，并将这张纸贴在你提前设计好的第一张挂图纸上矩阵图的相应方框里。这时候你通常会发现，在位于挂图纸上方的技术或市场的方框中，会贴有一两个学生的便笺纸，不过也有可能没有任何便笺纸。在左下区域的资源方框中，你可能会看到一些便笺纸，但是绝大部分——通常超过 90% 的便笺纸都会集中在右下方的组织不确定性的方框中。

这个练习我已经在数十次的教学当中应用过，教学对象包括研究生、管理者、来自同一家企业的员工、来自多家企业的不同部门的员工等，练习的结果往往都具有相似性。过去十年，我在四个大洲的教学中也采用过这个练习，练习的结果也大同小异。这种情况提示我们，相比较一家企业的发明能力、资金或其他资源的支持，抑或为他们的新产品发现正确的市场，人和组织的因素对企业创业而言，总是最为重要的。从本质上看，企业创业其实是一个关于人和组织的主题（O'Connor, et al., 2018）。

0:30 ～ 0:55　伴随着反思环节的深入，现在有趣的事情开始了。当学生开始把他们的便笺纸贴到挂图纸上，评论和笑声也会随之而起，尤其当他们发现几乎所有人的便笺纸都贴在了组织的不确定性方框内。一旦每个人都返回到自己的座位上，你随即向大家简单提问："有何评价？"在最初的反馈之后，你可以围绕以下列示的问题进行更进一步的提问：

- 如果这反映出人和组织是核心问题，那么，为什么企业（以及常见的压力）似乎都在高度关注最前沿的技术和最新的市场？
- 你当前所处的企业有着不一样的情况吗？
- 企业应当怎样做才能启发他们的员工、让他们更具创业精神？
- 企业应当激发自身独特的创业或创新功能吗？

如果你是在管理者培训项目中开展这项练习，尤其是当学员来自同样一个组织时，这个练习能转变成一场对企业的深入诊断。如果你觉得有必要，这个过程的时间可以延长。

第二部分

0:55 ～ 1:05　在第二部分，让学生理解怎样着手处理第一部分发现的问题。这时候你可以简要地向学生介绍一些研究表明的正确的做法，比如你需要营造一种组织氛围以便让企业更容易焕发创业精神。在此环节，我会向学生提供表7-2。相关信息参见练习结尾所附的材料，并且我会向学生逐条解释这些活动。如果你愿意，你也可以通过课件的方式逐条向学生展示，不过学生往往会需要某种形式的教学手册作为参考，以便他们更好地在第二个画图纸上做标记，所以说教学手册在此时是非常必要的。

1:05 ～ 1:10　让每一位学生走到教室前方，把他们手中的绿色记录钉和红色记录钉标记在第二张挂图纸上表7-1的相应位置。向学生提前说明，如果他们认为当前或之前的企业哪方面表现良好，那么就把绿色记录钉标注在相应方框内。询问学生："这些活动当中的哪一项在你的企业中表现最佳？请把绿色记录钉标注在后面的方框中。"然后让学生把红色记录钉标注在企业最需要提升的活动对应的方框当中。

1:10 ～ 1:30　请学生自由组合成小组，围绕他们看到的挂图纸上红色和绿色记录钉的情况，进行8 ～ 10分钟的讨论。随后的时间进行全班的讨论并进行小结。在你开展这项练习时，你很有可能遇到与以下情况相类似的绿色记录钉（我们擅长的）和红色记录钉（我们需要提升的）情况。大多数人会认为，他们的企业交流活跃（表7-2的第二项），具有强大的社会网络（第三项），合适的能力（第四项）。在消极的方面，你通常会看到，他们不具备一套结构（第一项），并且几乎没有人会告诉你他们的企业已经有了合适的指标（第七项）。学生将会报告他们的企业已经有了正确的文化并且高层领导者倡导创业（第八项），但是在接下来的环节，他们常常又会深感困惑：这些到底是他们想当然的还是客观存在的。

通过小组的方式，让学生讨论挂图纸上红色和绿色记录钉的结果，目的是让他们分享自己对为什么会出现这个结果的想法和认识。然后展开更大范围的全班讨论。在这个讨论之后，进行总结。把整个课堂的练习作为一个整体，提醒学生反思企业创业和突破性创新的挑战，但是要向学生说明这些是能被管理的（通过更好地理解 TMRO 框架），而且有一点对企业来说非常必要：企业要不断地演化和进步。

课后作业

无。

教学小贴士

如果你是第一次进行这项练习，以下这些提示会有助于你顺利开展教学：

- 在练习的一开始，当你向学生问道："较大的组织在创新创业方面总是遇到麻烦，你认为最根本的原因是什么？"你通常会遇到这样的反馈，学生可能会问：是从总体上对此做出回答还是根据他们之前或正在从事的企业进行相应的回答？针对性的反馈往往能带来更加充分的讨论、丰富的实例和良好的学习效果，所以尽量鼓励学生根据自身的经历进行回答。

- 提前做好准备以便开展以下讨论：围绕"小型的、年轻的、充满活力的企业"与"大型的、年老的、停滞不前的企业"，比较二者的优势和劣势。即便我们知道创业并不必然与企业的组织规模相关，但是在练习过程当中通常都会遇到类似问题。因此要提前有所准备，考虑好如何与学生交流，以便能形成一份优势和劣势比较清单，并且分析为什么规模和年龄通常会成为重要的影响因素。

- 当学生看到记录钉的结果时，一些学生经常会认为，没有人知道怎样有效地处理公司创业和突破性创新中的组织问题。虽然这种情况有时也存在，但是我会告诉学生，他们正在讨论的情况是，绝大多数企业都会很重视对技术和市场的理解，并较少关注对资源问题的深入思考。

表 7-2　第二部分练习的教学手册

大型组织中的创业活动	内涵界定
1. 为创新和创业活动建立明确的组织结构	具有清晰明确的组织权责安排，能为创业和突破性创新提供架构支撑 能识别出创业和突破性创新与渐进性创新或 R&D 的差异，并且具有一套支撑结构
2. 为内部和外部合作者的联结提供丰富的交流	组织设计打破了官僚化，在组织内部、组织与外部的合作者和潜在伙伴之间建立联系，为创业想法和机会的联结、进行测试、开展联合创造提供了条件
3. 在你的行业和市场领域建立强大的社会网络	更高水平的领导团队往往在组织内部和外部都具有强大的社会网络能力和政治影响力。与行业内的创新专家建立良好联系，也能得到组织内部和外部的其他人的帮助
4. 具备开展突破性创新和创业的特定人才和技能	人力资源的开发对创业和突破性创新能产生直接的积极影响——相关的人才和技能有助于发现和孵化突破性的机会；有能力激发这些人成为能独当一面的运营单元
5. 具备开展突破性创新和创业的特定工具和流程	这些工具和流程有助于支持组织内部的和外部的机会合作。我们的想法来源和社会化转化过程是开放的，有能力孵化项目，培训更多人理解创业意义。运营过程有助于激活和管理具有高成长性的新事业

（续）

大型组织中的创业活动	内涵界定
6. 对跨项目、项目组和系统之间进行有效的治理	我们对创业和突破性创新的规划，与我们企业的战略意图具有清晰明确的联系。我们具有顾问委员会和外部观察员，能帮助我们监测项目。我们还有一群合适的人能进行正确的治理和科学的决策
7. 在企业内部孵化新创项目和衍生企业的良好标准	创业活动的指标是各种各样的——既有财务的也有非财务的——这与在位的成熟企业有着很大不同。ROI可以被用来考察机会组合以避免风险。创意的质量、创业想法的丰富性或稳健性、基于学习的里程碑事件、更加宽广的时间范围对机会评价都非常重要
8. 崇尚创业和突破性创新的企业文化和领导力	企业有一种学习导向的文化，关注想象力。具有宽容失败的氛围。我们通过试验来学习。每个人都知道，虽然他们在从事有风险的创业项目，但不会因为这种风险的存在而轻易就丢掉工作。组织为创业行动提供了一种心理上和组织层面的安全保障

练习7-4　透视新事业创建过程中的创业者身份

作者：埃利安娜·克罗西娜

与实践类型的联系：(图)

涉及的主要创业主题

思维模式；创意构思；创业团队；创业者身份

基本描述

　　"我是谁？"创业者如何回答这个问题，在创业过程中会产生非常重要的影响。在创业者启动和组建新组织的过程中，创业者会把自己的身份认知带入全过程，因此他的创业组织就有了身份印记。"他们是谁？"不仅仅在启动环节，新组织创始人选择或抑制的身份会随着时间的推移在整个创业项目经营过程中产生影响、留下印记。为了让学习者更好地理解"他们是谁"的表现形式和产生过程，本练习将帮助那些开启新事业和推动企业成长的学习者，更好地具备自我意识。研究表明，这种自我意识至少在两个方面是非常关键的：首先，身份感知能激励创业者制定创业相关的决策，从而与他们的身份（包括支撑他们的个人价值观和愿景）相契合，并且伴随自身的行动，这些动机和行为还会得到增强；其次，当创业者面对挫折时，身份感知则会增强他们的雄心壮志从而促使创业者坚持下去。

使用建议

　　本练习适用于本科生或研究生，可以用于各类创业课程。本练习没有班级规模的限制。无论是小班还是大班都可以进行。

开展方式

　　面对面。

学习目标

- 了解能反映"他们是谁"的多种身份。
- 与其他人——一开始是与课堂上的其他同学分享他们的多种身份，并且通过合适的表达来解释，为什么一些身份相比较其他身份更加重要。
- 以那些代表"他们是谁"的最为关键且具有核心地位的身份为基础，设计一个"天马行空"的想法来启动一项可能实现的联合创业新项目。

理论基础和素材

Crosina, E. (2018), 'On becoming an entrepreneur: unpacking entrepreneurial identity', in P. Greene and C. Brush (eds), *Elgar Research Agenda for Women and Entrepreneurship. The Construction of Social Identity: The Case of Women Entrepreneurs*, Cheltenham, UK and Northampton, MA, USA: Edward Elgar, pp. 93-113.

Gruber, M. and I. MacMillan (2017), 'Entrepreneurial behavior: a reconceptualization and extension based on identity theory', *Strategic Entrepreneurship Journal*, 11 (3), 271-286.

Hoang, H. and J. Gimeno (2010), 'Becoming a founder: how founder role identity affects entrepreneurial transitions and persistence in founding', *Journal of Business Venturing*, 25 (1), 41-53.

Hogg, M., D. Terry and K. White (1995), 'A tale of two theories: a critical comparison of identity theory with social identity theory', *Social Psychology Quarterly*, 58 (4), 255-269.

Murnieks, C., E. Mosakowski and M. Cardon (2014), 'Pathways of passion: identity centrality, passion, and behavior among entrepreneurs', *Journal of Management*, 40 (6), 1583-1606.

材料清单

- 双面胶带。
- 多份便笺纸。
- 一份便笺纸或活动挂图纸。
- 记录笔。

学生的事先准备工作

学生需要将他们绘制的六张图带到课堂：三张图代表着他们拥有的中心角色（如夫妻、父母、职业），另外三张图则代表着他们在所从属的重要集体当中的角色（例如，在一个宗教团体、家族或运动团队中）。这些图需要提前打印出来（不允许是绘图电子版）。这些图的来源可以是各种各样的，包括个人相册或杂志，而且对图的大小也没有要求，只要学生能把这些图带到课堂上。

时间计划（90分钟，但是也可以延长至120分钟）

0:00～0:05　请学生拿出他们带来的图，让他们从中选出最能反映"他们是谁"的图，接下来为这些图片排序。排序的标准是角色整合的数量以及连接各种关系的强度。如果某个角色或社会群体，涉及与其他人的诸多深度联结，那么它的排序将高于那些仅仅只有少量肤浅联系的角色。例如，如果作为一名教授，使得你与许多其他人（如同事和学生）建立了紧密联系，而且你重视和保持着这种强有力的联系，那么教授很可能就是一个非常重要的角色，因此你会将这个角色排得比较靠前。但是成为一名教授，也有可能让你失去与许多有价值的其他人的联系，那么，根据你对自我身份的认知界定，教授这个角色对你而言就不是很重要，因此将它排在其他角色后边。

0:05～0:10　请学生拿出他们选择的排名前两位的图，将这两张图并排张贴在教室墙上某一处。为了简化张贴过程，可以向学生提供双面胶带。然后让他们在两张便笺纸上写下自己的名字，并将写好名字的便笺纸贴在每张图上。

0:10～0:15　请全班同学在教室查看同学们贴的图，留心图上贴的同学的姓名，很有可能有些同学用的图和其他人一样。

0:15～0:20　根据图片相似程度，请学生组成小组。每个小组的人数以7～8人为宜。

0:20～0:40　当学生已经完成了自我分组，请学生向他们小组的成员解释，他们的图片反映了自己的哪些方面，为什么他们会选择这些图片（每个人的发言时间大约为3分钟）。

在开始小组讨论之前，当学生分好组时，有必要先选择一名"书记员"，这个人的任务是把团队成员选择的自身角色图的共同之处先记录下来。

0:40～0:50　激发小组成员开展讨论，可以先请书记员根据他们对角色图的观察和记录向全班汇报自己的看法。老师在黑板上记录下他们汇报的核心主题，包括选择特定角色图的动机。以一个主题为例，在讨论过程中学生可能会认为儿子或女儿的角色是非常重要的，与此相关的是要关照年迈的父母。在这个情境下，要向学生解释角色的概念和社会身份以及其在创业当中的核心要义，包括坚持到底、自我驱动和焕发激情。为更好地理解概念的内涵，学生可以研读"理论基础和素材"当中的文献资料，图7-2对这些概念及其联系进行了形象的描述。

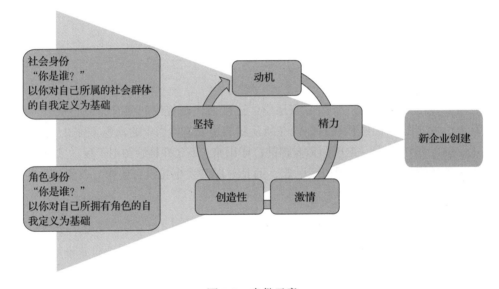

图 7-2　身份示意

0:50～1:20　请每一个小组形成一个"天马行空"的商业想法，小组同学将根据这个想法相互合作并充满激情地去工作，成员之间有着共同的动机，这也是他们的基础角色和社会身份的根基。如果学生感觉这项任务太有挑战性，请他们反思他们与成员之间分享的动机。在这种情况下，你有必要介入进来，提出一些有针对性的问题，来帮助学习者更加具体明确地进行练习，把他们的想法动机转化为可以开展行动的项目。比如，前文提到扮演儿子或女儿的角色以及照顾年迈父母的角色，老师可以针对学生选择这两个角色的动机进行以下提问：为什么扮演儿子或女儿对你而言那么重要？在照顾方面，你又具体做了哪些事情？学生对此会进行反馈，教师很有可能得知，作为儿子和女儿与父母有着高度紧密的强联系，伴随学生的成长过程，他们从父母那里得到了关爱和支持。除此之外，教师很可能也会发现学生非常愿意去报答他们得到的关爱，去悉心照料年迈的父母。根据这些反馈的信息，接下来教师可以鼓励学生在此基础上提出具有创造性的解决方案——提供产品或服务，从而为他们逐渐老去的父母提供帮助。请每一个小组派一名代表，用一张海报来展示他们的想法，这张纸上应该有一张图——代表了小组认为能反映每位成员自我定义的"最佳角色"。为了便于这个过程的实施，请为每个小组提供挂图纸、双面胶带和记录笔。

1:20～1:30　邀请一些团队向全班其他同学分享他们的想法和讨论过程，从而激发更大范围的学生讨论。讨论的问题包括以下方面（但是不仅限于此）：

- 你们展示的海报代表着什么？能向全班同学描述一下你们的想法吗？
- 请向全班同学介绍一下你们形成这个想法的过程。
- 在上述过程当中，你们是否遇到了阻碍？如果是，这些阻碍是什么？
- 在形成想法和完成海报的过程中，是否有一拍即合、无缝对接的畅快时刻？如果有，能描述一下吗？
- 从这个练习当中，你的收获是什么？
- 如果你必须重复做一遍这个练习，你会做出什么样的调整？

课后作业

在本练习之后，请学生在课下写一份简要的反思总结（3～5页），谈谈他们在这个练习当中的学习体会，以及今后他们如何把这些学习体会应用到实际的商业实践过程中。

教学小贴士

- 根据班级学生数目的多少，在教室开辟足够的空间让小组开展讨论（也就是允许学生自由组合，7～8人一组），这一点非常关键，以便在练习开展过程当中不会太拥挤和喧闹。
- 最后一个注意事项是一些学生可能不太愿意敞开心扉讨论自己。为了避免这种情况的发生，老师可以把自我角色的图示带到课堂进行分享。除此之外，老师在上课之前也可以向学生强调，并没有"正确"或"错误"的答案，以免打消那些担心在练习过程中会感到不自然的学生的顾虑。鼓励学生跳出舒适区，因为练习当中的分享越公开、越活跃，学生的学习效果就越好。

练习7-5 百森活动分析

作者：布拉德利·A. 乔治

与实践类型的联系：（🧠）（❄）

涉及的主要创业主题
规模化与成长管理

基本描述
　　创业者往往会发现管理他们企业的成长是非常困难的。因此，他们通常会紧盯着每一天的运营情况，以至于忽视了业务的市场拓展和企业的发展规划，并且很少有时间去关注成长战略。他们会发现自己陷入了一个泥潭：总是需要越来越多的资源，却总没有足够的时间或金钱。不幸的是，企业成长管理往往需要创业者去做那些他们现在可能并没有在做的事情。这个练习的目的就是帮助创业者更好地理解，如何能科学配置时间，以便让自己有充分的自由时间去思考创新性的活动，从而帮助企业实现成长。

使用建议
　　本练习更加适用于实践者学习，因为他们已经拥有了一家企业并打算推进企业成长。这个练习尤其对小企业管理有帮助，因为这些企业的资源受到高度约束。本练习还可以用于创业者训练营、工作坊或一些创业加速器的学习活动。

开展方式
　　面对面。

学习目标
- 制订时间分配方案以科学地用于企业经营的方方面面。
- 识别出对创业者个人非常重要的关键性活动。
- 找到节约时间的办法，以便有更多的时间从事企业构建活动。

理论基础和素材

Cooper, A., M. Ramachandran and D. Schoorman (1997), 'Time allocation patterns of craftsmen and administrative entrepreneurs: implications for financial performance', *Entrepreneurship: Theory and Practice*, 22 (2), 123-136.

Lucky, E.O. and M.M.S. Minai (2011), 'The conceptual framework of entrepreneur and self-management', *International Journal of Business and Social Science*, 2 (20), 180-185.

材料清单
- 需要向每位练习参与者提供以下材料：3 英尺 × 5 英尺的索引卡（25 张黄色的、15 张绿色的、10 张粉红色的）。
- "教学手册：识别出最花费你时间的活动"，参见本练习结尾所附的材料（每人一份）。

- 额外还需要一些黄色、绿色和粉红色的 3 英尺 ×5 英尺的索引卡。

学生的事先准备工作

在这个练习开始前，至少提前一周向学生发放 3 英尺 ×5 英尺的索引卡：黄色、绿色和粉红色的各 25 张（总共 75 张卡片）。并且请学生按照以下要求在卡片上把他们在企业管理当中开展的所有活动记录下来：

- 在每张卡片上记录一项活动，并把这些卡片带到课堂上来（如果你用完了所有的卡片，那么把额外的活动记录到一张纸上）。确保你把所有的卡片和纸张都带到了教室。
  - 黄色的卡片：记录你的企业每天都从事的活动。
  - 绿色的卡片：记录你的企业每周都从事的活动。
  - 粉红色的卡片：记录你的企业每月都从事的活动。
  - 试着去估计你花在每项活动上面的时间，并将其同时记录在每张卡片上。

时间计划（总计90分钟，但是也可以根据训练营等情况延长时间）

0:00 ~ 0:05　向学生介绍练习和学习目标。主要的目的是让创业者充分意识到他们是如何分配自己的时间的，以便创业者能高度重视这件事情，因为这将会影响他们管理企业成长的能力。同时练习也有助于创业者重视一些领域，创业者应该在这些领域开展变革，从而能"超越"企业而不是"深陷"企业去开展工作。

0:05 ~ 0:15　在此环节，让学生把他们课前准备环节填写的卡片进行梳理，将卡片分为两组：一组是他们本人完成的活动，另一组是其他人完成的活动。

0:15 ~ 0:25　请学生把他们个人完成活动的卡片进行汇总，并且计算出他们每天用在企业管理当中的平均时间，计算方式参考以下说明：
- 将粉红色卡片上填写的每周从事活动的时间加总并除以 30。
- 将绿色卡片上填写的每周从事活动的时间加总并除以 7。
- 将黄色卡片上填写的每日从事活动的时间加总。
- 将以上三个计算结果再进行加总就得出了他们每日用在企业管理中的平均时间。

0:25 ~ 0:35　在教室前面放一张活动挂图纸，纵轴注明"每日小时"数，数目从 0 至 24。每位学习者之前已经计算得出了他们每日用在企业管理中的平均时间（以小时为单位），此时，教师让每个人在挂图纸上与自己平均时间对应的小时数旁边，用记录钉做个记号。

教师对标记结果做简要小结。对许多创业者来说，这个结果可能并没有什么奇怪之处，但是一般而言，他们可能从来也没进行过类似计算。讨论的出发点在于，他们当中的绝大部分人几乎没有"空闲"时间。但是，如果他们想要实现企业的成长，就必须做一些当下他们并没有在做的事（否则企业将不会顺利成长）。这就意味着，如果创业者没有充分的时间去考虑企业成长，他们就不可能去开展创新性的活动，为此，他们需要放弃一些当前正在做的事。这就引发了本练习后续环节的活动和讨论。

0:35 ~ 1:00　接下来，请创业者进一步把他们个人完成的活动，按照以下种类进行区分。

市场营销和顾客相关的活动

- 这些活动与分析、触达或服务你的顾客有关（决定谁是你的顾客，如何获得顾客，如何向他们开展产品或服务的销售、促销和投放广告，制定价格，收集和评估顾客的反馈）。

运营以及产品或服务相关的活动

- 这些活动决定并创造出你的产品或服务。具体可能包括：设计你的产品或服务，创造或制造出你的产品或服务，供应链订单、原材料管理，产品或服务的包装，如何将你的产品或服务运输或传递到你的顾客手中，产品存储、库存管理等。

人员相关的活动

- 这些活动与你企业当中的人员相关。具体可能包括：撰写或评估合同、筛选和评价简历、面试、招聘、解雇、监督或评价员工的绩效。

财务相关的活动

- 这些活动与你企业当中的财务事项相关。具体可能包括：支付账单、填写发票、工资发放、处理付款、银行账户结算和融资等。

其他活动

- 这些活动是以上四类活动之外的活动。

采用与前一个环节相同的过程，让学生计算出他们每天用于以上几类活动的平均时间。教师在教室前面再放另一张活动挂图纸，纵轴注明"每日小时"数，数目从 0 至 24，横轴则按照以下顺序标注出活动类型：营销、运营、人员、财务、其他。每位学习者计算出了他们每日用在不同类型活动中的平均时间（以小时为单位），此时，教师让每个人在挂图纸上与自己平均时间对应的小时数旁边，用记录钉做个记号。

1:00 ～ 1:15　对结果进行讨论。这个环节对创业者通常极具启发性。他们中的绝大多数人往往会发现，自己把大部分的时间都用在了运营和产品相关的活动上，而对营销关注甚少。在大多数情况下，他们往往忙于应对每日的运营问题，以至于几乎没有时间去思考他们该如何分配自己的时间。针对这种情况，教师可以围绕以下问题组织学生讨论：如何"超越"企业而不是"深陷"企业去开展工作。

1:15 ～ 1:30　对整个练习进行讨论和总结。请学生开始思考和讨论：他们如何去解放时间，以便自己能更好地投入到有助于企业成长的管理活动当中——授权、自主性、创新、精简组织。首先要让学生思考，他们作为企业的所有者必须要从事的个人活动有哪些，这样做的好处是让学生意识到成为创业型的管理者具有挑战性，因为许多创业者会对放弃一些领域的控制权感到犹豫，虽然对这些领域的控制是企业管理的重要工作，但并不需要他们的特定技能或具体投入。接下来的环节，请学生对以下问题进行头脑风暴式的思考与讨论：

- 放弃一些活动的结果是什么？
- 投入更少的时间去创新和变革活动的方式有哪些？
- 一些工作可以实现自主化吗？如果可以，需要做的事情有哪些？

● 为了进行授权来完成活动，需要什么样的技能？

这个练习的最后一部分是激发学生进一步思考上述可能性，因为没有充分的时间让学生进行全方位的分析。本练习会给他们提供一个对未来工作有实用性的思维框架。在练习结束时，可以向学生提供两张工作表（见本练习结尾所附的材料）。

课后作业

无。

教学小贴士

如果有条件，尽量提前给学习者提供一些与他们的行业相关的现实案例。例如，如果我们的教学对象都是来自食品行业的创业者，那么我们可以向学生提供一个清单示例（见专栏 7-1），以便学生能充分地思考各种各样的活动。

如果有较为充裕的教学时间，或者你在讲授的是一个时间跨度比较长的课程，你也可以让学生试着记录以下活动：他们当前没有做但是他们认为应当去做的事，因为这些事情有助于企业成长；同时让学生在这些活动旁边注明他们认为应当为此花的时间。这样做的目的是给学生一个意识，就是他们需要解放出多少时间。接下来，你可以让学生把这些活动，与他们之前记录的关于创新、自主性和组织精简的活动进行比较。比较他们在当前活动中花费的时间，以及为了新活动他们应当投入的时间，从而帮助学生把自己的时间、精力安排在应该优先投入的地方。

资料来源

这个练习是由百森商学院的布拉德利·乔治与坎迪达·布拉什共同开发而成。

专栏 7-1　"活动"清单示例：以小型食品企业创业者的项目工作为例

"布拉德热狗车"（Brad's Hot Dog Truck）的相关活动如下（部分活动）：

◇ 每日活动：

● 清洗干净烤箱和煎锅——25 分钟。

● 为食品供应做准备——45 分钟。

● 在黑板上写下当前的菜单——5 分钟。

● 制作热狗——10 分钟（30 秒钟 /8 个热狗——打开包装、放到烤架上、从烤箱取出，每天销售 160 个热狗）。

● 与顾客交流——60 分钟（2 分钟 / 顾客，每日与 30 名顾客交流）。

● 卖热狗、收付款（现金和信用卡）——40 分钟（30 秒 / 交易，80 笔交易 / 天）。

◇ 每周活动：

● 买热狗和面包材料——10 分钟。

● 为销售车加油或充气——包括运输时间 20 分钟。

● 为员工发工资——30 分钟。

◇ 每月活动：

- 订购纸质和塑料包装——30 分钟。
- 撰写博客——1 小时。
- 汽车维护——2 小时。

教学手册：识别出最花费你时间的活动

活动	每天大约多少小时	完成这些活动所必需的能力	你如何进行创新（为了提升效率所采取的不同做法）

（与上面表格相同的活动）

活动	每天大约多少小时	你如何实现自主性	你如何进行精简

练习7-6 设计你的诚信品牌

作者：贝丝·戈尔茨坦

与实践类型的联系： 🧠 👁 ❄

涉及的主要创业主题

顾客开发；创业营销；原型制作；推介

基本描述

在这个练习当中，学生将会进行角色扮演活动，他们将向对方进行品牌演讲。每一个学生将扮演两个角色，一个角色是利益相关者（如顾客、顾问、企业创始人、员工、合作伙伴），另一个角色是创业者。学生角色扮演的某个利益相关者的具体身份，应当能被另外一个学生识别出来。这个练习有助于学生更好地理解他们自身的价值，以及他们如何将自身价值与利益相关者的需求连接起来。当角色进行互换时，扮演利益相关者的学生就能真切体会到之前他们扮演创业者进行创业演讲时听者的感受。除此之外，通过开发顾客画像，学生还能学会如何来明确他们的利益相关者的需求，从而使自己能有效实现个人品牌信息与顾客兴趣点的共振。

使用建议

与本练习相关的学习主题包括：品牌构建、个人品牌、诚信型创业领导力、沟通、思想型领导力、市场营销。这个练习可以用在本科生和研究生层面的相关课程中，包括市场营销学、领导力、创业学、管理学、销售管理、品牌管理。当然，这个练习也适用于实践领域的学习。班级规模大小不限，10～200人皆可。

开展方式

面对面、在线。

学习目标

- 让学生对创业型领导者进行反思。
- 围绕一个独特的品牌信息进行创建和沟通。
- 识别利益相关者的需求，以使个人价值契合顾客兴趣。

理论基础和素材

Chumpitaz Caceres, R. and N.G. Paparoidamis (2007), 'Service quality, relationship satisfaction, trust, commitment and business-to-business loyalty', *European Journal of Marketing*, 41 (7-8), 836-867.

Coleman, A. (2011), 'Towards a blended model of leadership for schoolbased collaborations', *Educational Management Administration & Leadership*, 39 (3), 296-316.

Rangarajan, D., B.D. Gelb and A. Vandaveer (2017), 'Strategic personal branding – and how it pays off', *Business Horizons*, 60 (5), 657-666.

Tonkin, T.H. (2013), 'Authentic versus transformational leadership: assessing their effectiveness on organizational citizen behavior of followers', *International Journal of Business and Public Administration*, 10 (1), 40-61.

材料清单

- 教学手册 1：典型顾客画像。
- 教学手册 2：个人品牌推介。
- 为学生的个人价值陈述准备空白纸张。

学生的事先准备工作

在本练习的课前环节，教师需要向学生提供教学手册 1，并请学生用 30 分钟时间完成他们的典型顾客画像。如果这是一门管理类或营销类的课程，学生可能已经针对一家企业完成了市场分析工作。请学生应用相同类型的分析来思考此次练习，聚焦顾客画像，绘制出创业者打算建立商业联系的顾客轮廓，精准面向顾客来推进他们的创业项目。这些创业者既可能是一家企业的拥有者，也可能是这家企业的创始人、员工、管理者、合作伙伴或专家教授。他们根据自己对顾客需求的认识，形成顾客画像。例如，创业者可能正在准备去见一位银行家，以便得到他对企业的支持和银行贷款，这时候创业者的个人价值和信用与他的商业计划一样都非常重要。需要注意的是，由于练习中将要对顾客画像进行访谈式的交流，所以在学生开始这项练习之前，他们应当完成顾客画像。

时间计划（75～120分钟）

如果顾客画像已经提前完成，那么这项练习的总计时间为 90 分钟。如果学生没有能在课前完成顾客画像，那么，还需要按照"典型顾客画像"材料（见教学手册 1）在 30 分钟内绘制出顾客画像。如果练习时间需要调整为 75 分钟，那么就让学生提前完成个人品牌推介材料。

0:00 ～ 0:15　介绍什么是品牌

这项练习的开始是一个讨论环节，围绕构建品牌的重要性进行讨论。先请学生说出他们最喜欢的品牌，并进一步回答如下问题：为什么他们喜欢这些品牌？这些品牌最吸引他们的特点是什么？这些品牌带来了怎样的感知和体验？学生对品牌有忠诚度吗？如果学生是忠诚的顾客，然后就继续询问这些学生：你为什么相信这个品牌？什么时候你可能会怀疑它？

当学生在讨论他们喜爱的品牌时，要注意他们面部表情和肢体语言方面的变化。比较典型的是，学生可能会微笑；表现得非常激动；他们的语音语调也会有变化。如果你发现了这些情况，要向全班同学指出这类变化。

你需要向学生解释，品牌是非常有影响力的。你可以通过向学生提出以下问题来小结导入环节："请大家说出，全球最有价值品牌中排名前三位的品牌是什么？"在学生对此进行猜测之后，你可以向他们展示"国际品牌"（Interbrand）发布的"2020 全球最有价值品牌"（可以从以下网址查阅：https://www.interbrand.com/best-brands/）报告，让学生了解全世界范围内排名靠前的品牌。请注意：此处关注的是品牌价值，而不是企业所获得的收入。

0:15 ~ 0:25 **转向个人品牌**

在此环节，教师需要转向对个人品牌的讨论，也就是将个体作为品牌。向学生展示一些领导者的图片，比如史蒂夫·乔布斯（Steve Jobs）、比尔·盖茨（Bill Gates）、马拉拉·尤萨夫扎伊（Malala Yousafzai）或学生熟悉的领导者。请学生分享：这些领导者让他们信任的品牌价值都是什么？他们的个人特点是什么？为什么人们愿意跟随他们，或者相信他们？

接下来，讨论构建个人品牌的重要性，以及个人品牌如何帮助一个人有能力成为一名诚信型创业领导者。询问学生：他们是否曾经把自己视作一个品牌？不论学生回答的结果是什么，请他们说明原因。

0:25 ~ 0:40 **进行个人价值陈述**

在此环节，学生需要去思考他们能否理解并且界定出自己的个人品牌，并准备为此采取行动。教师此时需要帮助学生开发出个人价值陈述的内容。请学生根据以下问题和说明写下来：

- 你所坚守的或你最为热衷的两条核心价值观是什么？学生给予反馈的价值观可能包括保护地球、关爱动物、促进家庭幸福等。
- 你如何根据你的价值观来做事？请选取你已经做过的事进行举例说明。这些事个人生活方面的，也可能是学校或工作方面的。
- 请说明你在哪两个领域具有专业特长，例如市场营销、技术创新、体育运动或对一个行业的专业且深入的了解。
- 现在，形成一份个人价值陈述。这是一个涵盖以上所有信息的简短句子。大概 280 字，所以请记住，一定要让陈述简短精练并切中要义。

接下来你可以通过以下方式进行小结：让学生以两两组合或小组团队的方式来分享自己的个人价值陈述，甚至也可以让每个学生把自己的陈述作为谷歌网络文件进行在线分享。我们将会在后面的教学环节用到这些信息。

0:40 ~ 1:10 **顾客画像**

为了完成品牌练习，学生在此环节需要形成一张顾客画像。如果上课之前，学生没有完成顾客画像，请向学生提出以下要求："请设想一个非常重要的利益相关者，你希望他对你的业务知识特别感兴趣，或者你希望与他建立一种合作联系。"这就是他将要去思考的一个人物轮廓，以便能运用教学手册 1 来构建一张顾客画像。

需要提醒学生的是，这个人选范围是非常广泛的，既可以是潜在的消费者、投资人、员工、管理者、合作伙伴，也可以是一位教师和团队成员。这些利益相关者当中的每一个人都有着独一无二的需求，由于学生需要考虑展示他们的品牌价值，所以教师应当提醒学生注意，每个人都会特别在乎他们自身品牌当中与众不同的方面，以便他们能满足他人相应的需求。

通过使用教学手册 1，学生现在应该能开始了解有关这个利益相关者的足够多的信息。当学生填写信息时，请让他们填写得清晰明确，因为在随后的练习活动中，他们还将把这页教学手册向同班的伙伴进行展示。

- 姓名——真实的或虚拟的。

- 身份或角色。
- 企业描述（企业在什么时候做什么事情，描述得尽量清晰和容易理解）。
- 说明两条人口统计特征数据（例如，女性，30多岁）。
- 说明两类需求和目标（例如，吸引其他人，促进企业成长）。
- 介绍两种行为（例如，工作时间很长，每天进行体育锻炼）。
- 对你而言，为什么这个人是一个非常重要的目标顾客？
- 目前看，下一步应当做什么？你希望与这个人会见的结果是有什么样的事发生？

1:10～1:25　进行创业推介

接下来，学生将要面对一位非常重要的利益相关者，进行60秒的品牌推介。这个推介将会提供一些独一无二的品牌信息，因为他们要想致力于成为创业型的领导者，必将面对很多问题和挑战，这一环节有助于他们对此进行反思。

学生的这段创业推介将面向的是他们形成的顾客画像。学生需要掌握他们的利益相关者尤其在乎的是什么，以确保他们的品牌推介能与利益相关者特定的需求产生共振。同时，学生也会把他们已经完成的个人价值陈述融入进来。

结合个人品牌推介（教学手册2），请学生根据以下提示写下他们的反馈：

（1）从一段简短精练却令人信服的陈述开始，描述你的顾客价值和潜在收益。

（2）对你的经历或经验进行清晰的描述。

（3）提供证据表明你值得信任或描述你的独特价值。

（4）邀请对方采取下一步的行动——你呼唤的行动。

在这里要提醒学生，他们的展示时间是60秒，所以不应当在此环节尝试去分享完整的事迹。这个推介的安排就像一个先导片，吸引其他人的投入。目的是让其他人乐意去采取你呼唤的行动。你希望对方采取的行动可能是另找时间进行一次详细面谈，或者也可能是马上发出邀请进行深入交流。

1:25～1:45　请学生在班级快速找一位小伙伴，他们不用为此花太多时间。教师需要让学生避免向他们特别亲密的朋友进行创业推介。然后学生向他们的伙伴进行"品牌信息"的推介，而对方则扮演利益相关者的角色。随后他们进行角色互换。你也可以向学生说明，他们的演讲可能会发生在各种各样的场景当中，学生可以设想自己的演讲场景。两个学生之间将彼此进行反馈，分享对方做得好的方面，以及自己为了提升效果需要进一步完善的地方。

以下是提供给学生做练习的一些书面指导（教师也可以将这些内容展示在PPT课件上）：

（1）现在，你即将开始的练习是，通过角色扮演尝试向一些不一样的人进行创业推介。

（2）请起立，带着你的演讲稿和你的顾客画像（10秒）。

（3）请用30秒的时间，找到一位小伙伴，最好是你不太认识的同学，你们之间将进行创业推介的交流。一旦你们两两组合成功，请彼此面对面安静地站好（30秒）。

（4）彼此交流顾客画像，了解对方同学的画像——这个角色将是你要扮演的（2分）。

（5）如果你已经决定在你们两个人当中自己先开始进行演讲，请举起你的手（请等待其他小组也都确定好先推介的同学，并且这位同学也已举起了他们的手）（10秒）。

（6）如果你先进行推介，你有60秒的时间通过一段发言来吸引和抓住对方的注意力。记住，对方正在扮演的角色就是你的顾客画像。请等待场景的确定，然后我将告诉你何时开始。我们将会在推介之间暂停。我会告诉你什么时候你的伙伴可以开始他的推介。

（7）当60秒结束的时候，我会举起我的手。当我举手时，你应当拍一下你的手，然后停止推介（教室应当变得非常安静，但是你也可以多拍几次手来回应我的提示）（30秒）。

- 这个环节的活动可能是非常喧闹的，所以一旦你开始让学生演讲，你可能很难引起学生的注意。所以告诉学生当他们看到你举手的时候拍一下手，目的也是尽可能缩短吸引学生注意力的时间。

（8）准备好了吗？下面是推介的场景。

- 在学生开始推介之前，向他们设想一个场景。要尽可能地让学生有身临其境之感。例如，你可以说，"设想一下，你正在星巴克（或是一个当地的咖啡馆或餐馆）排队，你期望的顾客正站在你的前面，也打算下个订单。你想要与他说话，并估计在他排队取单之前你只有1分钟的时间进行阐述"。其他可能的场景也可以是：你正在一个公交车站或火车站等车，你的车马上就要来了。

（9）教师把计时器设定为60秒钟，然后告诉同学们："第一个推介开始。"此时，教室将会变得非常喧闹，但也激情四射（1分钟）。

（10）当学生完成了推介，请他们停下来（教师举起了手），让教室安静下来。现在让另一个人开始推介（2分钟）。

（11）在第二个人也完成推介后，请学生分享彼此的感受：对方表现突出的是什么？自己需要做些什么可以提升效果？

（12）现在对教室中的每个人进行小结，请他们思考以下问题：

- 推介的体会如何？这比你想象的更容易还是更困难？
- 表现不错的地方有哪些？意料之外的问题又有什么？
- 你从推介当中学到了什么？
- 你从倾听、理解推介当中学到了什么？
- 下一次，你将在哪些方面做出调整？

（13）在小结之后，请每位同学把小伙伴的顾客画像还回对方，然后再另外找一位同学进行推介。

（14）以上推介练习重复两到三次，可以变换场景甚至改变他们必须推介的时间长度。例如，最后一轮推介可以是30秒。需要注意的是，每一组推介之后都要进行小结，要让学生之间进行分享和反馈。

1:45～2:00 **练习总结**

总结环节围绕学生对价值的反思展开，学生通过练习应当体会到：他们不只是构建和传递了品牌价值并进行推介，而且利益相关者在听推介时的体验和感受也非常重要。用于总结的问题主要包括：

- 通过这个活动，你发现自身独一无二的品牌价值是什么？
- 当你在传递你的品牌信息时，你是否有效抓住了你的关键利益相关者的思路和需求呢？
- 在你传递你的品牌信息的过程中，有什么意外之处吗？这个过程比你设想得更加容易还是更加困难？
- 你能实现你期望的结果吗？什么会推动或阻止这些结果的发生？
- 你或你的小伙伴在传递自己的价值信息时，有哪些值得肯定的地方？你或你的小伙伴在哪些方面需要采取行动，以便提升推介的效果？
- 作为一名诚信型创业领导者，你下一步将做些什么来确保你的品牌信息能助力你的职业和身份？

最后，向学生提出一个问题来对整个练习进行总结：你们需要做些什么来提升品牌推介的效果？请学生记录下他们能做的事——内容可能包括更新推介内容或练习推介方式。在下一次上课之前，请他们完成这些活动，并在下一次课上报告他们取得的进步。

课后作业

在课后环节，教师应当给学生一些时间去完成他们在练习结尾讨论的行动计划。下一次课上，学生需要报告他们取得的进步。

教学小贴士

这个练习所采用的角色扮演和互换的信息开展方式，目的是增强学生的参与度，让学生有机会提升推介技能，从而更好地增强自信。与此同时，学生还可以学习和反思，假设自己是一名诚信型创业领导者，该如何面向各种类型的利益相关者，去树立和传递自己的品牌价值。当你解释这个练习如何进行的时候，学生通常会认为这些活动做起来是轻而易举的，可能并不会严肃认真地对待。直到学生完成了一轮或两轮的面对面推介，他们会改变看法。当学生推介时，他们就会有切身体会，通过对方提供的反馈，学生会发现自己提供的信息并不是特别清晰明确，或者学生会发现自己有推介障碍。还有一个方面值得注意，关于如何提升学生的品牌推介，学生要给对方非常诚实的反馈，教师要重视这个环节的价值。除此之外，这个练习也可以围绕商业模式推介或产品原型推介的需要，进行简单微小的调整，从而有助于相关主题的开发和传递练习。

以下是一些额外的信息，可供教师在课前或课中的角色扮演当中与学生进行分享。

- 如果你是目标顾客（顾客画像）：请花几分钟时间查看顾客画像，以便更好地理解你扮演的角色，并且确认你到底是一个很难打交道的目标顾客还是能被轻松搞定的目标顾客（请不要将此告诉对方同学）。
- 如果你是企业的所有者：你已经了解了目标顾客，虽然你之前并没有见过他们，但你知道他们非常符合你的典型顾客画像。尽可能想出多种方式以使你与这个人建立联系并能与其交谈,然后开始你的交流。记住,要让你的推介听起来通俗易懂而且值得信任。这就需要你高度地关注顾客的需求,而不是仅仅进行一场你想象中的正式报告。

教学手册 1: 典型顾客画像

(请注意填写清晰明确,你将会把这份材料提供给其他人阅读)

1. 姓名 (真实的或虚拟的): _____

2. 身份或角色: _____

3. 企业名称和描述。(企业在什么时候做什么事情,描述尽量清晰和容易理解)

4. 说明两条人口统计特征数据。(例如,女性,30 多岁)

5. 说明两类需求和目标。(例如,吸引其他人,促进企业成长)

6. 介绍两种行为。(例如,工作时间很长,每天进行体育锻炼)

7. 对你而言,为什么这个人是一个非常重要的目标顾客?(在你推介过程中,你不需要对此进行说明,但是对此有清晰明确的认识是非常重要的)

8. 呼唤行动:目前看,下一步应当做什么?你希望与这个人会见的结果是有什么样的事发生?

教学手册 2: 个人品牌推介

你将面向一位非常重要的利益相关者,开始一段 60 秒的个人品牌推介。这将提供独一无二的品牌信息,从而帮助你反思你对典型顾客画像而言最关键的价值。你的推介必须让利益相关者的个人需求与你的个人价值陈述产生共振。

你的展示时间是 60 秒,所以不应当在此环节尝试去分享完整的事迹。这个推介的安排就像一个先导片,吸引其他人的投入。目的是让其他人乐意去采取你呼唤的行动。你希望对方采取的行动可能是另找时间进行一次详细面谈,或者也可能是马上发出邀请进行推介深入交流。

现在,请根据以下四点提示开始你的个人品牌推介:

(1)从一段简短精练却令人信服的陈述开始,描述你的顾客价值和潜在收益。

(2)对你的经历或经验进行清晰的描述。

(3)提供证据表明你值得信任或描述你的独特价值。

(4)邀请对方采取下一步的行动——你呼唤的行动。

练习7-7　组织文化

作者：帕特里夏·G.格林

与实践类型的联系：

涉及的主要创业主题

创业团队；规模化与成长管理

基本描述

　　每一个组织都有一种文化，这是一套潜在假设，它会唤醒价值观来塑造组织，可以通过人工制品来象征这些价值观。组织文化是重要的商业资源，支撑着一家企业的创立和成长，否则创业和成长将变得非常困难。文化是可以打造的，相关问题包括企业文化能否成为有意识的行动，能否有效计划、能否成为自然而然的一种意识、能否反映企业创建者的价值观和行动。

　　本练习分为两个部分，分别包括一个课堂上的活动和一份课后作业。在第一部分，学生在课堂上以小组的方式开展活动，教师将给学生六张"文化设计文档"卡片。每张卡片都包括潜在假设、价值观、人工制品。每个团队通过使用其选择的那套卡片的内容，共同工作来描述组织的文化，在其选择的卡片上描述任何组织可以产生的文化特点。在第二部分，给每个学生留一项家庭作业，让他们对所选择的潜在假设、价值观和人工制品进行分析和反思。

使用建议

　　本练习尤其适用本科生或研究生课程。本练习对实践者也有促进作用，有助于他们直接对自己的企业进行改进。

开展方式

　　面对面、在线。

学习目标

- 理解并应用与组织文化和创业相关的多学科的关键概念。
- 评定某个具体的组织文化。
- 对有关人、工作和生活的潜在假设进行评价。

理论基础和素材

Brush, C.G., P.G. Greene and M.M. Hart (2001), 'From initial idea to unique advantage: the entrepreneurial challenge of constructing a resource base', *Academy of Management Executive*, 15 (1), 64-78.

Cameron, K.S. and R.R. Quinn (1999), *Diagnosing and Changing Organizational Culture: Based on the Competing Values Framework*, Reading, MA: Addison-Wesley, pp. 23-59.

Greene, P.G. and C.G. Brush (2009), 'The creation of culture in emerging organizations', paper presented at the USE Conference, Elsinore, Denmark, October.

Schein, E. (1983), 'The role of the founder in the creation of organizational culture', *Organizational Dynamics*, 12 (1) : 13-28.

材料清单

- 文化设计文档。这套文档将会在课堂上被使用。文档包括 30 张卡片，每 10 张分别代表人工制品、价值观和潜在假设的主题（见本练习结尾所附的表 7-5，上面有每张卡片的具体内容）。根据教师喜好，这些卡片可以准备得很简洁（比如就是在每张卡片上面写下具体内容）或者很美观（比如可以进行装饰或塑封）。如果教师认为需要添加价值观内容，那么可以自行增加卡片。对于本练习，文档被分为三组，每组分别代表人工制品、价值观和潜在假设。
- 挂图纸。每个学生团队需要一张，每个团队 4～6 名学生。
- 多种颜色的记录笔。

学生的事先准备工作

无。

时间计划（90分钟）

如果有必要，这个练习也可以分别通过两个课堂教学环节来完成。为了确保所有的学生团队都有 3 分钟的时间来展示他们的合作结果，教师可以根据班级规模的大小来适当地调整时间安排。如果有必要，团队规模也可以进行相应的调整，以便掌控好时间。以下是按照每组 6 名学生、全班一共 6 个小组的方式进行的时间安排。

0:00～0:10　围绕组织文化，开启一段简短的班级讨论，请学生为组织文化下定义（教师需要让学生意识到组织文化包括三个主要属性：人工制品、价值观和潜在假设）。

如果这是一门聚焦创业的课程，相比较其他大多数定义，沙因（Schein）的定义可能更适用，他的定义抓住了文化中创造性的要素：文化就是"一个群体在尝试解决外部适应性问题和内部整合性问题时，自身所发明、发现或开发出的一种基本假设模式，这个模式发挥了很好的作用，已被证明很有实效，因此，有必要将其传授给新成员，从而让他们在面临上述内部和外部问题时，也能以正确的方式来感知、思考和体会"。

接下来让学生描述他们所在组织的文化，比如他们的学校、工作单位或家庭。在这一部分，发现板（discovery board）的方式对启发学生的思路很有帮助。为了形成一个发现板，只需要简单地询问学生，他们对组织文化的定义是什么？尤其对他们正在和已经身处的组织而言，文化的概念内涵包括什么？如果这门课是面向本科生的，就可以列举大学的例子。请把学生的回答记录在一个白板、挂图纸上或教师选择的其他方式。将板面分为三列区域，但是注意不要标出这三列是什么。每当一个学生给出了他们的回答，教师要快速思考这个答案更适合作为一个潜在假设（将其填写在第一栏）、价值观（将其填写在第二栏）还是人工制品（将其填写在第三栏）。在每一栏已经填写了几条内容后，请学生思考并回答第一列的相通之处，也就是第一列代表了什么。一旦有学生给出了"假设"这个词，或者与其紧密联系的其他同义词，则在第一栏标出"潜在假设"。同样，当有学生提出了"价值观"相关主题词，在第二栏标出"价值观"。最后，当有学生提出了与"人工制品"相关的主题词，那么则在第三栏标出"人工制品"，如表 7-3 所示。请为学生提供空间，让他们能自主地发现组织文化的这三个主要特点，而不是简单直接地告诉学生答案，因为学生自主发现的方式，有助于他们对这些概念有更深刻的理解。

表 7-3　发现板示例（学生可能给出的答案类型）

潜在假设	价值观	人工制品
任何时候每个人都需要被监督	自由	桌球台
我们都需要关爱地球	创新	达成一笔大单后敲钟
我们为完成工作而生	安全	晚餐桌上有家庭的油画作品
我的孩子最后会接手这家企业	快速	每天起止时间的打卡钟

0:10 ～ 0:15　对全班进行分组，每组 4 ～ 6 人。现在，每组必须确定其新创企业的基本特征，最后能用一个企业名称和两三个句子来描述这个企业是做什么的。

0:15 ～ 0:25　在学生填写卡片之前，教师把文档分为三叠：一叠代表潜在假设、一叠代表价值观、一叠代表人工制品。每一组派一名代表走到教室前面。第一组学生代表从每一叠卡片当中分别选择两张卡片（也就是两张潜在假设、两张价值观、两张人工制品）。然后，团队需要在他们的六张卡片上进行记录，接着把所有的卡片再放回到那三叠当中，而且这三叠卡片还会分别被重新打乱顺序。接着是下一组，选择六张卡片并在上面做记录。这个过程将会反复进行，直到全班所有的组都完成了这个过程，也就是选择并标记了其工作中组织文化的六个属性。

替代方案 1：允许每一个学生小组选择七张卡片，需要把其中一张卡片放回文档当中，并且在练习的任何时候都不会用到。

替代方案 2：允许团队交换卡片。只有当学生团队有额外的时间（如 45 分钟），练习可以进行这样的安排，因为交换过程将会花费更长的时间。

如下是活动过程说明：

"这些卡片代表着你们的新企业的组织文化。请你们一起合作来描述这个文化是什么样的，请尽可能使用具体的例子。组织文化可能包括这些事情：员工如何在一起工作？哪种类型的事情会被认为非常重要？一旦你们形成了对组织文化的认识，请通过某种方式与班级其他同学进行分享，比如一段表演、一张海报或你们选择的其他方式。每个团队有 3 分钟时间进行展示。现在你们有 30 分钟的时间去开展团队分析和准备你们的展示，所以请你们注意控制好时间安排。"

0:25 ～ 0:50　这个环节由学生团队自主进行。任课教师可以在教室来回走动，解答学生提出的问题，确保学生控制好时间并按进度进行。为了让每一位同学注意进度，教师也可以在屏幕上采用电子秒表在线计时的形式进行提醒。

0:50 ～ 1:10　这个环节由每个学生小组通过自己选择的方式，展示他们的组织文化。根据全班的学生团队数目，任课教师尤其要注意提醒和控制好时间。三分钟是一个最佳时间。如果此时课堂有任何额外的时间，可以允许学生对团队成员的展示进行提问。

1:10 ～ 1:25　这个环节由教师先进行简短的小结。

根据学生的展示，教师提炼出共同一致的主题，也可以告诉学生自己从他们的展示中发现的独特属性。教师小结的基本框架要围绕三个文化属性之间的关系：你们（作为企业的创建人）如何看待周遭的人和这个世界（潜在假设），将会决定你认为你的企业应当崇尚的价值信念（价值观），以及这些价值观如何被其他人感知到（人工制品）。此时教师也可以继续使用发现板，也就是课程一开始形成的内容，这样对引导学生讨论大有裨益。

1:25 ～ 1:30　向学生强调（或重申）：反思练习是企业创业当中非常关键的工作，并为每位学生布置一项课后作业（不是以团队方式进行），让他们根据课堂上这项练习，写一份反思报告，解释他们对潜在假设、价值观、人工制品的理解，以及这三个属性是怎么建立联系的，并围绕如下三个问题做出解答：

（1）组织文化如何对新创企业产生积极的作用？

（2）你期望你的新创企业具有哪种文化？

（3）为了实现你期望的文化，你应当去做些什么？

课后作业

正如前文所言，学生需要在课后写一份反思报告。如果觉得有必要，学生也可以将这份报用在以后的其他课堂上讨论。

教学小贴士

- 反复强调组织文化概念的重要性，因为组织文化是一笔实实在在的资源，所以，即便创业者创办企业时非常忙碌，但也需要在组织文化上投入时间和精力。
- 重视反思练习的重要性，反思是一个极具价值的工具，向学生重申，坐下来进行思考，实际上也是在为某些事情开展行动。
- 部分卡片之间可能会彼此冲突。例如，一张价值观的卡片是关于"创新性"的，另一张潜在假设的卡片是关于"需要认真监督员工"。为此，教师应当充分做好准备，引导学生在他们的讨论和分析当中去思考如何来解决这种冲突。
- 如果教师的授课班级规模非常大、小组数目也很多，那么可以进行如下的课程安排，请每一个团队在课外拍摄一段展示视频，然后发布在教师教学管理系统上（如在讨论区板块或画布板块），这样学生就可以看到和评论所有的视频展示。

附 录

文化设计文档内容

　　文档至少包括 30 张卡片。每张卡片上的内容示例如表 7-4 所示。根据教师的认识，教师也可以再增加额外的卡片。每张卡片的正面要标注出其所属的属性名称（潜在假设、价值观和人工制品），而卡片的背面则写上文化属性的示例（见专栏 7-2）。

表 7-4　卡片内容

潜在假设	价值观	人工制品
每个人彼此联结的世界最为美好	守时	提供免费啤酒的酒吧
最能激励人的是金钱	取胜	看护儿童玩耍的空间
可持续发展是我们每个人的责任	多元	符合人体工程学的设计
家庭问题在家里解决	学习	达成一笔大单后敲钟
最好的企业都会一代代传承	诚实	前台摆放宠物用食品
基本上每个人都是理性的	创新	每天起止时间打卡钟
努力和勤俭会带来成功	回报	个人拥有独立办公室
组建团体是生活中的重要部分	美好	全面实现纸制品循环
让所有人享有更好的教育是一个社会目标	坚持	晚餐桌摆放家庭合影
合作与竞争一样也能带来丰硕成果	合作	入口墙上张贴企业开发专利的海报

专栏 7-2　卡片示意

正面	背面
潜在假设	每个人彼此联结的世界最为美好

练习7-8 五位陌生人

作者：威廉·B.加特纳

与实践类型的联系： 🖐️ 💡

涉及的主要创业主题

建立网络；资源获取

基本描述

　　这个练习需要学生每天去会见"陌生人"，每周五天、每天会见一位。"陌生人"是指学生上课前不认识的任何人，也可以不是班里的同学（后者的练习效果更好）。如果一门课程为期15周，那么一位学生将会见75位"陌生人"，这是一个非常好的学习过程，因为如果想要成功地创建一家新企业，创业者往往必须接触约250位陌生人，这可不是一个小数目。一天见一位"陌生人"的练习活动，重视的是实现"小胜利"的过程（Weick，1984，p.43）："小胜利是指一项具体的、完整的、能被完成的而且具有适度重要性的产出"；同时，有助于学生提升洞察力（通过每周的反思），发现那些能帮助自己把可能性变成现实的其他人，得到他们的资源和能力支持。

使用建议

　　本练习适用于本科生或研究生层面的创业类课程。没有班级规模大小的限制。在小班或大班课程上都可以开展。

开展方式

　　面对面、在线。

学习目标

- 通过"一天见一位陌生人"的"小胜利"，构建创业者的社会网络。
- 组建一个相对明确的团队，团队成员个人能给予支持，提供资源和帮助。
- 提升洞察力，在寻求帮助时能通过合适的方式获得其他人的支持。

理论基础和素材

　　关于新企业创建过程中的社交网络及其作用价值的相关理论文献：

Burt, R.S. (2004), 'Structural holes and good ideas', *American Journal of Sociology*, 110 (2), 349-399.

Burt, R.S. (2019), 'Network disadvantaged entrepreneurs: density, hierarchy, and success in China and the west', *Entrepreneurship Theory and Practice*, 43 (1), 19-50.

Engel, Y., M. Kaandorp and T. Elfring (2017), 'Toward a dynamic process model of entrepreneurial networking under uncertainty', *Journal of Business Venturing*, 32 (1), 35-51.

Granovetter, M.S. (1977), 'The strength of weak ties', in S. Leinhardt (ed.), *Social Networks*, New York: Academic Press, pp. 347-367.

除了"六度分割"（six degrees of separation）外，研究每个人与其他人建立联系的方式和原因的相关资料：

Milgram, S. (1967), 'The small world problem', *Psychology Today*, 1 (1), 61-67.

The Small-world experiment: https://en.wikipedia.org/wiki/Small-world_experiment?oldid= 667294912 C (accessed 15 February 2020).

关于社交网络的构建方式的研究：

Baker, W. (2020), *All You Have to Do Is Ask*: *How to Master the Most Important Skill for Success*, New York: Currency.

Grant, A.M. (2013), Give and Take: A Revolutionary Approach to Success, New York: Penguin.

Kaandorp, M., E. van Burg and T. Karlsson (2020), 'Initial networking processes of student entrepreneurs: the role of action and evaluation', *Entrepreneurship Theory and Practice*, 44 (3), 527-556.

Weick, K.E. (1984), 'Small wins: rede#ning the scale of social problems', *American Psychologist*, 39 (1), 40-49.

材料清单

无。

学生的事先准备工作

如果你发现学生在参与社交网络练习过程当中，打算了解一些背景素材和资料，那么你可以从上述资料清单当中选择相应内容并安排学生进行课前阅读。

时间计划（因为练习都是在课外完成，所以可以根据实际情况自由安排时间长短）

建立社会网络是创业过程中一项非常基础的工作，因此学生需要每天进行这项练习。所有的创业者都可以被视为在从事"社会型创业活动"，换言之，创业是一个组织其他人的社会过程，把包括潜在消费者、员工、投资人和顾问等在内的其他人投入到新企业创建过程当中。这个过程需要去见很多新面孔——"陌生人"，也就是创业者在开启自己的创业之旅前从来不认识的人。此处提到的社交网络内涵（参见前文列示的资料素材）意味着，通过与其他人建立联系——社会网络，创业机会得以被开发和实现。创业并不是一个特立独行的举措。没有其他人的帮助和参与，创业者的"大船"将不会启航。

我在教学中发现，要求学生每天见一位陌生人，有助于降低学生与陌生人交流的焦虑感，这也可以被视作取得了一次"小胜利"（Weick，1984）。虽然不是什么大手笔的操作，但是，学生反思这个过程以及会见陌生人所产生的价值的时候，他们会发现，这些联系人实际上对新创企业具有非常积极的作用。创业的想法、资源、帮助和建议等，很可能都来自学生会见并参与进来的陌生人。目前，我还从来没有遇到一位学生回到课堂上说这项活动没有任何用处（相反，我的许多学生回到教室会分享这项活动发挥出的切实作用）。

让学生走出教室、寻找那些他们根本不认识的陌生人去交流，也会遇到一些阻力。以下两本书可以提供一些有价值的建议，启发学生更好地从他人那里获取帮助：《你只需要提出请求》（*All You Have to Do Is Ask*）（Baker，2020）和《平等互利》（*Give and Take*）（Grant，2013）。

我会让学生提供他们会见的每一位陌生人的联系人信息（电话号码或邮箱地址），因为这样做有助于保证学生能坦诚地、切实地去与"陌生人"交谈。当然，我也会遇到不希望发生的情况，那就是有些学生宁愿虚构联系人信息，也不愿真实地参与同陌生人交谈的练习。所以，我通常也会随机给联系人打电话，为他们愿意与我的学生们交谈而表示感谢。通常，这些陌生人都会非常高兴地接到电话，表示很乐意与学生建立联系，一些人最后都成为我的课程和项目的支持人（比如导师、顾问和创业计划评价人）。

本练习是一个在教室外面进行的活动。但是，我通常也会在课堂上花 5 ~ 10 分钟的时间让学生谈一谈他们这个星期见到的"陌生人"，让学生反思以下问题：会见这位"陌生人"的具体过程是怎样的、在他们之间交流时发生了哪些事、交谈过程有什么体验、通过与这个人的交流收获了什么价值。关于如何对这个练习进行反思，以下内容进行了详细说明。

"五位陌生人"练习指导说明

在这个学期每一周的周一到周五，你每天至少要接触一位"陌生人"，也就是每周见五位"陌生人"。每周你将向我提交一份报告，列出你会见的"陌生人"信息。对于每一个"陌生人"的信息，你需要至少用三四个句子来说明：你交谈的陌生人是谁（向我提供这个人的具体电话号码或邮箱地址，以证明你已与这个人交流过）、你与这个人交谈的原因是什么、你期望从这个人身上学到什么、实际上你从这个人身上学到了什么。同时你还需要做出评价，说明哪一位"陌生人"看上去会提供更多的"帮助"（介绍其他联系人、洞察力、资源和建议等），以及你做出这个判断的理由是什么。表 7-5 可以用来报告你的活动情况。

表 7-5 "五位陌生人"报告表

联系人姓名	联系人信息[1]	被引荐还是"陌生电话访问"（cold call）	你与这个人交谈的原因是什么 你期望从这个人身上学到什么	实际上你从这个人身上学到了什么 你得到了什么"帮助"（介绍其他联系人、洞察力、资源和建议等）
联系人 1				
联系人 2				
联系人 3				
联系人 4				
联系人 5				

①参见下方第 6 周反思清单当中的第一条说明。

除此之外，每一周还有一项安排，就是请反思与"陌生人"会见的过程。

第 1 周：叙事型反思。描述发生的过程。（你如何找到了"陌生人"去建立联系？你都是在什么时间与这些"陌生人"见面交谈的？你们在哪里见面？你问了对方什么问题？他们如何进行的回应？会见持续了多长时间？）

第 2 周：情感型反思。关注你的感受、这些感受产生的原因以及你是如何去管理情绪的。

第 3 周：认知型反思。思考你和对方的认知能力以及这些能力如何影响了你们的会见过程。

第 4 周：分析型反思。解释练习活动的全过程，或者分析重要的影响因素及各因素之间的交叉性或相关性。（在过去四周时间里，会见"陌生人"的过程有变化吗？你提出的问题有变化吗？见面时间更长了还是更短了？随着时间的推移，对你的创业开发过程而言，你与自己找到的这些"陌生人"的见面，将会产生更多的价值还是更少的价值？）

第5周：评价型反思。对练习过程的经历进行评价，识别出用于评价的标准。（当你打算建立自己的联系人社会网络时，什么将会发挥实效？哪些联系人相较于其他人对你而言更有价值？为什么做出这样的判断？相比较你已经参与过的其他活动，与"陌生人"建立联系的本练习过程，在哪些方面更具效率性和实效性？）

第6周：批判型反思。根据这个练习的经历和方法，反思自己在这个过程中的学习收获，同时也识别出可能的替代方案或矛盾之处。

重要说明：

- **必须要提供联系人信息。**如果学生告诉我，他们的联系人想要匿名，那么，这种联系人信息对这个练习而言是不符合要求的。我会明确地告诉学生，会见五位"陌生人"，其实是反映一位创业者每周见到新面孔数目的最小值，所以，一些新的联系人可能希望匿名处理，这种情况正常，但是他们不能被计算在内。
- **与其他学生的会见清单也是不符合要求的**（除非这些学生是一件产品或一项服务的特定顾客）。学生应当确保已经会谈的人包括行业专家、竞争对手、从事与自己类似创业活动的其他创业者、能提供风险投资帮助的人（法律顾问、投资人、导师等）。所以，如果你的顾客很可能就是面向学生，也不要五位联系人都是学生，否则，你也没有完成这项练习的任务。
- **每天会见的陌生人不仅限于一人。**如果你每天想会见更多的陌生人，那么就请这样去做。每天一人，只是本练习的最小值，你完全可以超过这个数目。

在本学期，每周你都将会收到关于参与这项练习的提醒。这个练习的成绩将占你这门课程成绩的 20%。

课后作业

这个练习需要学生每周完成一份报告。报告的内容可以同时关注以下六类反思或其中任何一类：叙事型、情感型、认知型、分析型、评价型和批判型（参见前文列示）。

教学小贴士

创业者通常有两种方式构建人际社会网络，这两种方式联系的两类人，都会对他们开发创业项目提供重要帮助：被引荐和陌生电话访问。

被引荐。我会建议学生提前查阅文献资料 *The small world problem*（Milgram，1967），以便让学生认识到，社会网络建立和发展的基础，就是与其他人已经形成的联结。事实上，世界上每个人与任何一个"陌生人"之间所间隔的人不会超过六个，这就意味着，随着社会网络的发展壮大，你很有可能会遇见那些你一直在寻找的人。*The small world problem* 表明，你可以通过已经建立联系的人，去拓展"陌生人"，也就是让你的联系人引荐更多"陌生人"。所以，我会告诉学生，让他们已经认识的人去提供可能帮助他们的"陌生人"信息，这样学生就可以获取能帮助他们的人的姓名，这也是人们会见过程的一部分。因此，通过举荐方式也可以构建社会网络，帮助你在已有的社会联系基础上，再去联系其他人。例如，"你好！X（你认识的人）向我引荐了你，告诉了我你的名字。X 说你对 Y 有一些建议和想法。"这样一来，新的联结很可能得到响应，因为他们都认识 X。这反映了弱关系纽带的优势（Granovetter，1977）。

陌生电话访问。虽然仅仅通过被引荐的方式也可能形成很有帮助的社会网络，但是几乎每一位创业者还会投入时间、精力去通过"陌生电话访问"来寻求帮助，也就是联系那些与任何熟人都没有先前关系的"陌生人"。从个人角度看，我比较喜欢通过"陌生电话访问"的方式，识别和寻找那些可能为某个特定的项目带来帮助的人。我发现每一个人都有必要开发出他们自己的"陌生电话访问"的方式，这会对创业具有积极作用。可能有些人会担心，他们如何能获得开展"陌生电话访问"的意见和建议，其实网络上有他们想要的丰富资源。只需要在搜索引擎中键入"陌生电话访问的最佳方式"，就可以看到大量的视频和网址，这些视频和网址提供了各种各样的操作说明。事实上，教师也可以安排一次课堂讨论，让学生来分享他们成功进行"陌生电话访问"的经验（这些经验做法可以是他们在网站上查到的资料），更提倡学生分享进行"陌生电话访问"的亲身经历。

在与其他人的交谈过程中总有一些重要的意外收获，也就是说，许多时候都是随机的交谈，比如说在飞机上、在一次会议中或在某个社会活动中，结果你发现交谈的对方正是你需要的人。但是，最有价值的联系人，也就是未来将助你一臂之力的人，往往是通过战略型的识别方式找寻到并建立关系的。在表 7-5 中，让学生填写出建立联系的"陌生人"是被引荐的还是通过"陌生电话访问"的，教师可以提醒学生反思，当他们每一周逐步建立和完善自己的社会网络时，哪一种联系人最终提供了更多的帮助（以及背后的原因）。

为了让学生意识到自己还有其他方式可以收集到信息并建立社会网络，教师可以提醒学生研读以下很有帮助的文献：Kaandorp 等学者（2020）的《大学生创业者建立社会网络的过程》（*Initial Networking Processes of Student Entrepreneurs*）。

最后还需要注意的是，关于"以人作为受试者"，每一所高校和大学很有可能已经制定了相关政策规定，所以，对于学生之间以及学生与其他人之间如何进行交流互动的"试验"，通常也会有学校的管理要求。因此，提醒开展本练习的教师需要与所在部门相关管理机构确认，以便得到开展学生与其他人交流练习的指导，如果这项活动用于科学研究，需要进行相关测评和监督。

按照主题分布的练习

主题	实践	练习	页码
商业模式开发	玩耍	亦敌亦友的组词	39
	移情	投资谈判	107
	创造	尴尬的处境（Hot Seat）	151
	试验	运用商业模式画布测试创业想法	166
顾客开发	移情	日常生活的一天	66
	移情	AEIOU 观察法	85
	移情	如果我是我自己的顾客呢	88
	移情	在黑暗中摸索	93
	移情	目标市场买方角色	115
	创造	接受访谈时，请告诉我	143
	反思	设计你的诚信品牌	235
设计思维	玩耍	合作完成艺术作品	16
	玩耍	百森飞机制造公司	21
	玩耍	几何图案挑战	61
	移情	顾客旅程地图	80
	移情	AEIOU 观察法	85
	移情	在黑暗中摸索	93
	创造	用 4H 框架进行推介	134
	试验	运用商业模式画布测试创业想法	166
	试验	供应链创新：降低生态影响	175
创业融资	移情	成功的推介风格	76
	移情	投资谈判	107
	反思	为什么我应该投资你	215
创业营销	移情	日常生活的一天	66
	移情	顾客旅程地图	80
	移情	如果我是我自己的顾客呢	88
	移情	目标市场买方角色	115
	创造	用 4H 框架进行推介	134
	反思	设计你的诚信品牌	235
创业团队	玩耍	合作完成艺术作品	16
	玩耍	坐着投掷网球	35
	玩耍	亦敌亦友的组词	39
	创造	对创业者来说，公共政策应该是什么	148
	试验	培养性别洞察力，提升包容性创业领导力	157
	试验	运营无小事	196
	反思	不确定性和公司创业：TMRO 框架	219
	反思	透视新事业创建过程中的创业者身份	226
	反思	组织文化	242

（续）

主题	实践	练习	页码
失败	玩耍	剧作烘烤大赛	53
	玩耍	通过艺术创作克服你的恐惧	57
	试验	思维的转变	172
	试验	转型的价值：你应投资哪家公司	181
	试验	小测试为了大成长	185
	试验	运营无小事	196
家族创业	移情	产生创意：一项家务事	70
	移情	西尔维亚·沃特斯顿互动案例	98
创意构思	玩耍	拼图游戏和故事绘图	26
	玩耍	亦敌亦友的组词	39
	玩耍	剧作烘烤大赛	53
	玩耍	通过艺术创作克服你的恐惧	57
	玩耍	几何图案挑战	61
	移情	产生创意：一项家务事	70
	移情	顾客旅程地图	80
	移情	AEIOU 观察法	85
	移情	西尔维亚·沃特斯顿互动案例	98
	移情	目标市场买方角色	115
	创造	通过联合国可持续发展目标创造未来	125
	创造	创意板	139
	创造	接受访谈时，请告诉我	143
	试验	运用商业模式画布测试创业想法	166
	试验	小测试为了大成长	185
	试验	想法动起来	204
	反思	谋划未来愿景	209
	反思	透视新事业创建过程中的创业者身份	226
市场或竞争分析	移情	投资谈判	107
	创造	创意板	139
	试验	机会评估清单	191
思维模式	玩耍	合作完成艺术作品	16
	玩耍	拼图游戏和故事绘图	26
	玩耍	通过艺术创作克服你的恐惧	57
	玩耍	几何图案挑战	61
	试验	思维的转变	172
	反思	谋划未来愿景	209
	反思	不确定性和公司创业：TMRO 框架	219
	反思	透视新事业创建过程中的创业者身份	226
建立网络	玩耍	亦敌亦友的组词	39
	创造	资源获取背后的付出	129
	试验	想法动起来	204
	反思	为什么我应该投资你	215
	反思	五位陌生人	247
机会评估	移情	投资谈判	107
	创造	成长的选择	120
	创造	通过联合国可持续发展目标创造未来	125
	创造	创意板	139
	试验	运用商业模式画布测试创业想法	166
	试验	小测试为了大成长	185
	试验	机会评估清单	191

（续）

主题	实践	练习	页码
推介	移情	成功的推介风格	76
	创造	用 4H 框架进行推介	134
	创造	创意板	139
	创造	尴尬的处境（Hot Seat）	151
	反思	为什么我应该投资你	215
	反思	设计你的诚信品牌	235
资源获取	移情	成功的推介风格	76
	移情	投资谈判	107
	创造	资源获取背后的付出	129
	试验	供应链创新：降低生态影响	175
	试验	想法动起来	204
	反思	为什么我应该投资你	215
	反思	五位陌生人	247
规模化与成长管理	玩要	百森飞机制造公司	21
	移情	投资谈判	107
	创造	成长的选择	120
	创造	对创业者来说，公共政策应该是什么	148
	试验	供应链创新：降低生态影响	175
	反思	谋划未来愿景	209
	反思	不确定性和公司创业：TMRO 框架	219
	反思	百森活动分析	230
	反思	组织文化	242
测试	玩要	坐着投掷网球	35
	玩要	亦敌亦友的组词	39
	玩要	剧作烘烤大赛	53
	试验	运用商业模式画布测试创业想法	166
	试验	思维的转变	172
	试验	供应链创新：降低生态影响	175
	试验	转型的价值：你应投资哪家公司	181
	试验	小测试为了大成长	185
	试验	机会评估清单	191
	试验	想法动起来	204
其他（性别、身份、运营、公共政策等）	创造	对创业者来说，公共政策应该是什么	148
	试验	培养性别洞察力，提升包容性创业领导力	157
	试验	运营无小事	196
	反思	透视新事业创建过程中的创业者身份	226
	反思	设计你的诚信品牌	235